做一个得力的班主任

徐晓莉 ◎ 著

中国轻工业出版社

图书在版编目（CIP）数据

做一个得力的班主任/徐晓莉著. —北京：中国轻工业出版社，2024.1（2025.4重印）

ISBN 978-7-5184-4576-9

Ⅰ.①做… Ⅱ.①徐… Ⅲ.①中学－班主任工作－研究 Ⅳ.①G635.16

中国国家版本馆CIP数据核字（2023）第193022号

保留所有权利。非经中国轻工业出版社"万千教育"书面授权，任何人不得以任何方式（包括但不限于电子、机械、手工或其他尚未被发明或应用的技术手段）复印、拍照、扫描、录音、朗读、存储、发表本书中任何部分或本书全部内容，以及其他附带的所有资料（包括但不限于光盘、音频、视频等）。中国轻工业出版社"万千教育"未授权任何机构提供源自本书内容的电子文件阅览、收听或下载服务。如有此类非法行为，查实必究。

责任编辑：吴　红　　　　　责任终审：高惠京
文字编辑：李芳芳　　　　　责任校对：刘志颖
策划编辑：吴　红　　　　　责任监印：吴维斌

出版发行：中国轻工业出版社（北京鲁谷东街5号，邮编：100040）

印　　刷：三河市鑫金马印装有限公司

经　　销：各地新华书店

版　　次：2025年4月第1版第2次印刷

开　　本：710×1000　1/16　印张：16.75

字　　数：160千字

印　　数：5001—8000

书　　号：ISBN 978-7-5184-4576-9　定价：52.00元

读者热线：010-65181109

发行电话：010-85119832　　010-85119912

网　　址：http://www.chlip.com.cn　http://www.wqedu.com

电子信箱：1012305542@qq.com

如发现图书残缺请拨打读者热线联系调换

250519Y1C102ZBW

推荐序：做一个得力的班主任是个技术活

听人介绍徐晓莉老师，有一种"吹牛"的感觉：担任26年班主任、两周一次杭州广播电台"大鱼家长会"的直播节目、六次学习强国直播录像、分组开家长会还让家长们自己撰写新闻稿发公众号、不是行政干部却带着一帮人做德育研究、是三个工作室的领衔人……神奇的是，这些高难度的事儿，她居然事事得心应手、从容不迫。

这是普通老师干的活吗？吹牛吧，我想。然而，更让人惊讶的是，这些事情她不仅做成了，而且影响挺大！

因为"青春期教育直播"，长江文艺出版社专门与她签约出版青春期教育类图书；因为德育研究，她成为班主任界几个专业媒体的封面人物；她所带的班级每届中考成绩都名列前茅……难怪她在学校备受重视：有参观必有她分享，有工作室必有她出马。她拥有28年的教师资历，26年的班主任工作经验，她就是学校的一块金字招牌啊！

在羡慕和嫉妒的同时，我们不禁思考一个问题：她是怎么做到的呢？读她的这本书，我们发现，原来做一个得力的班主任是个技术活，不仅仅需要情怀，更需要头脑、思维、方法、程序和工具。

1. 她的得力，源于她善于造势

组班之前向同事造势，建班之初向学生造势，开班之后向家长造势……《孙子兵法》里有这样一句话："计利以听，乃为之势，以佐其外。势者，因利而制权也。"意思就是高人做事善于谋势、借势，善于运用自己有利的条件和资源，构建得心应手的态势和趋势，以作为自己成就事业的外在优势。所谓"势"，就是资源组合的一种有利状态和能量。

徐老师是科学老师，专业是物理教育。她精通物理学科中的"势能"，善于在教学和班级管理中谋势、借势，对心理学、教育学及管理学技巧顺手拈来，而且她谋势、借势的方法巧妙，令人乐于接受。因此，她把班级工作做得风生水起，每个人都乐意和她共事。有水利万物而不争之势，也有顺其自然、水到渠成之势，非常值得学习。

善于用"势"的班主任，不仅仅自己工作得力，还让同事、学生、家长顺势而为，身心都轻松。我每次见到徐晓莉老师，她都是一种美美的、精神满满的样子，浑身散发着快乐与自信。

2. 她的得力，源于她善于借物

中国管理哲学里对"道、法、术、器、势、志"论述得比较多。"道、法、术"也许容易被理解，而"器"是什么呢？器就是外物。荀子的《劝学》里有这样一句话："君子生非异也，善假于物也。"这句话我们从中学读到大学，又读到工作。那么什么人善借于物？

聪明人善借于物，对自己有清醒认知的人善借于物。工作真不是单打独斗，一个工作得力的班主任，一定善于整合资源、善于利用各种媒介成事。徐老师善于借物，她不仅仅善于借物使自己得到专业成长，还能够帮助学校提升影响力。她担任"中国陶行知研究会青春期教育专业委员会工作室的领衔人"，意外把陶行知研究会的基地学校"借到"自己学校里来，而且这件事居然是原来不在计划中的，校长对此的惊喜之情可想而知。

读她的这本书，听她讲这些有趣的故事，搜集她借物的方法，真是忙中偷乐的一件快意之事。

3. 她的得力，源于她理念科学

徐老师不是投机取巧之人，她的课堂教学和班主任工作双管齐下，教学、管理两不误。我常听一些刚入职的教师说："我只想做好我的专业，站好我的课堂。"他们不知道，教师的职责本来就是教育在先、授课在后。教育管理没有做好，课堂教学怎么会有效果呢？

徐老师的课堂建设、学习型小组建设工作鲜活生动，孩子们在课堂上简直就是一台台主动学习的智能机器人。为什么能够取得这样好的效果？抛开她科学的小组建设方法、精准的学生角色分工、有效的运转机制之外，还与她科学的教育管理理念分不开。

"让每个孩子在自己的赛道上发光""世界的美好与我们环环相扣""我和你们永远在一起""成就他人就是成就自己""静能生慧""悦人悦己"……书中美好的理念随处可见。每个领域都有她独到的感悟，而且她的方法能够落地生根、产生效益。徐老师，我们服了！

4. 她的得力，源于程序严谨

她常分享"秩序感"：时间有序、空间有序、事件有序、应急有序……我们很好奇，有序重要吗？她耐心解释："序代表的是思维、是程序、是工作步骤、是系统思维，很多教师眉毛胡子一把抓，自己都没有想清楚，别人怎么知道如何配合她？"有序是做好工作的关键一环。

什么叫"听君一席话，胜读十年书"？醍醐灌顶就是胜读十年书的感觉。我们以前只知道努力工作，努力给自己做加法：这个方法好，我借鉴；那个方法不错，我搬来。结果，我们忘却了"万物皆有法"，方法安排也是有先后之分的。做事情程序不严，管理思路不清，计划安排步骤不实，本身就是"秩序"有问题。

理解了徐老师的有序，我们终于明白：为什么课桌上要"三有三无"，因为它们会影响学生的课堂注意力；为什么学习物品要摆放整齐，因为涉及思维的严谨……

这些细节小而实在，徐老师的方法简单有效，还真的值得借鉴。

5. 她的得力，源于术道结合

工作有法，贵在得法；工作有道，贵在得道；工作有术，贵在善用。徐老师却更进一步，她的工作得力，不仅仅是这些"道、法、术、器、势、志"都有，更在于她能够巧妙融合，"道术一体"。

徐老师虽是理科教师，但业余喜欢博览群书——彼得·M. 圣吉（Peter M.

Senge）的《第五项修炼》(The Fifth Discipline)，彼得·F. 德鲁克（Peter F. Drucker）的《管理的实践》(The Practice of Management)，她都翻阅好几遍了。此外，她还是心理学研究高手，更是陶行知研究会青春期教育工作室的骨干教师，全国好几次大型课程比赛的大奖获得者。她工作中蕴藏的心理学、管理学智慧，让我们大开眼界。

什么叫术道结合？方法有依据、规律能够得以运用，这就是术道结合！在这本书中，徐晓莉老师不仅把日常管理的技巧讲得非常生动，还把背后的原理阐释得非常清晰而有趣，令人如沐春风。

6. 她的得力，贵在工具普适

近些年，写书的班主任老师多，交流方法的也多。有些书中的方法具有较强的特殊性，我们读起来激动，想起来冲动，在班上去落实，却没有收到效果。什么原因？方法和工具还是有区别。

什么是工具？管理学领域里这样定义：工具是普适性的一种方法、手段或程序。工具的最大特点是，不仅每个人都能够用，而且每个人使用后都能够取得同样的效果。工具具有普适性，而不是特殊的。徐老师把很多做法都已经梳理成工具了。相信不论是刚入职的教师，还是有经验的骨干教师，抑或是资深班主任，运用她书中的工具，如培养靠谱学生的四个步骤等方法，都能够取得像她一样的教育效果。

更令人惊喜的是，徐老师考虑到教师们的需求，又花心思把小节内容梳理成小工具，以"晓贴士"的形式呈现在文章中，帮助我们更好地理解。这简直就是我们这些没时间看书的教师的福音，通过理解文章背后的工具图片，习得相应的工作经验，真是太好了！

一本书，能够给我们带来思维启迪，就已经是好书了；能够感染和激发我们的教育情怀，就已经是好书了；能够包含一线教师工作方法和经验，就已经是好书了。但是，徐晓莉老师的这本书明显更进一步，不止于此，还有程序、标准、系统、工具，还有"道、法、术、器、势、志"。

"既有……""还有……""又有……",这真是一本满足我们需求的好书,值得推荐。

是为序。

郑学志

2023 年 7 月 18 日

(郑学志:全国知名班主任、郑州市郑中国际学校德育校长、郑州市创新实验学校执行校长、湖南省班主任专业委员会常务副理事长)

前　言

我为什么写这本书？

做了班主任 26 年，若非热爱，很难坚持。可是，仅仅是因为热爱吗？很多教师起初对工作也很热爱，可是慢慢地就被各种事情"磨砺"得极度疲惫和憔悴，逐渐失去了激情和斗志。而我，看起来还是精神奕奕，精力十足。我相信，这还是因为我"适合"做班主任。

我身上应该有一种能力，这种能力让我对做班主任驾轻就熟、毫不费力，而且乐在其中，这种能力让我成为一名"得力"的班主任。是的，做班主任这件事，我很"得力"。这本书的书名《做一个得力的班主任》就是这样得来的——我希望所有班主任都充满力量，做事得力。

最初的我，做班主任并不得力，甚至还一度被"嫌弃"。

20 年前，我从湖北老家抽调到杭州一所中学工作，领导让我担任初三班主任，并兼任两个初三班级的物理课和一个初一班级的生物课。我信心满满，并精心准备了第一次家长会。结果，开家长会的时候，当地一群家长用本地话嚷着"要换班主任"的话，我虽然听不太懂，但是看那架势，我知道我是被"嫌弃"了——我还没有正式上任，就被要求换班主任，就因为我是新来的。对于我是否能带好毕业班，家长们还不放心呢。

怎么办呢？我的"犟劲"上来了。我稳住家长，在家长会上发表了即兴演说。大意是：请家长给我一个机会，我会把班级成绩搞上去。如果三个月内班级成绩没有起色，我就自动辞去班主任。

说到做到，从接班之日开始，我利用双休日去班级每一个学生的家里家访，了解每一个学生的家庭背景、学习情况，利用双休日时间组织班级学习小组、定期去指导，帮助学生提升学科成绩，主动和家长沟通，帮助学生做好学业规划……

两个月后的期中考试成绩出来了,我带的班级学科成绩位于年级第一,学生的成绩也有了很大进步,在优秀率方面尤其突出。带头要换掉我的家长终于服气了,因为他们的孩子对我的评价非常高。

我用成绩证明了自己,也用短短一个学期的时间在新学校站稳了脚跟。我明白得力是需要用成绩来证明的,而成绩,绝不是天上掉下来的馅饼,需要班主任勤奋、用心以及有智慧地付出行动。

如果说,一开始我变得"得力"是为了迎接挑战,向家长和学校证明自己,那么后面当我逐渐成为区教坛新秀、市教坛新秀,区名师、市卓越教师……我觉得,成为一个得力的班主任,就已经是我做班主任"不得不"拥有的"标签"了。

1."得力"是我对做事、做人的一种追求

在不断修炼自己和促进学生成长的过程中,团队对我有了崇拜和信任,领导力就产生了。要让学生"靠谱",自己就要先"靠谱"。

"得力"需要不断挑战。为了让学生度过一个有意义的"丰满"暑假,我和班级家委会一起制订了21天跑步计划。打卡时间是早上6:30,为了做好示范,更是为了通过此次活动"倒逼"自己锻炼,我坚持每天早晨6点起床,在操场跑5圈。在我的引领下,班级里25名学生和10位家长每天早晨6:30就在操场运动了。人需要对自己"狠"一点,我虽然年近50岁,但也没有到需要"躺平"的年纪。何不在管理班级的同时,顺便管理自己的身材?

"得力"需要不断创新。以前遇到家长的问题,我总是不厌其烦地和家长谈心、沟通,但是发现解决一个问题后,又会产生新的问题。后来,我升级了我的思维模式:把工作前置,多做预防性教育,问题就不断减少了;积极开展家长培训,把家长从问题的"提出者"变成问题的"解决者"。家长的思维模式发生改变,家庭教育的效果就会大大改善。

2."得力"是我对学校、家长和学生的一种承诺

一所好学校,离不开一群优秀的人。他们做事得力,工作有水平、有创新;他们有激情,有传承,不断夯实学校的根基。

每到期末,学校都有一个传统"节目",就是各教研组、年级组汇报交流。比如:语文组确定的工作目标就是培养江南"五一"学子——有一手好字、有一张铁嘴、有一肚子干货、有一双发现美的眼睛、有一颗善于思考的心;数学组则是亮出"绝活"——只要是优质课比赛,必然能拿一等奖。数学组曾上交8节"一师一优"课去市里评比,拿到的结果居然全是市级一等奖!数学组厉害之处就是开展校本教研,尤其是善于课例研究……

我校不仅有优秀的团队,也有一群优秀的教师,他们是学校的"瑰宝"。即将退休的洪涛老师,以前是学校的党委书记,后来担任德育校长。由于工作需要,他不辞辛劳,迎难而上,在他近60岁的年纪担任年级组长时,他开玩笑地说:"官越做越小了,可是能力越来越强了!"现在的他,会做短视频,在为学校的20周年校庆忙碌。看着洪老师做的短视频,大家会感动得流泪,这是一群优秀的人!他们不管在什么岗位都能发光。这是对学校、对学生的一份承诺,也是我学习的榜样。

担任班主任的同时我还兼任学校德育校长助理。不论多忙,只要学校需要,我都能"迎难而上"。培训班主任、为学生开展青春期教育、暑期师德培训、为初一新生家长开家长会等事情已经成了我的"品牌性"工作。校长开玩笑地说,这些事以后都由晓莉姐承包了!这是对我的肯定,也是对我工作能力的认可,更是我对学校发展的一份责任。

3."得力"是我对班主任岗位的一种认知

没有一朵花一开始就是一朵花,也没有一棵树一开始就是一棵树。

在学生成长的关键期,班主任就是学生的"重要他人"。管理班级常规,要做到"一日有序";坚持高效陪伴,做好"情绪劳动";做好学业指导,要做到"科学精准";建构四方支持平台,要做到"不留遗憾"。其实,"落脚点"都是管理卫生、调整座位、观察学生、个别谈话、个别辅导、激励帮助、坚持陪伴……虽然工作细碎平凡，但是从学生成长这个角度来说，班主任这一岗位"平凡而伟大"。

借助于思维图，我在本书中首次提出班主任修炼的八个层级（见图1）。今天的我又在哪个层级？如何做一名得力的班主任呢？26年班主任任龄的我，依然需要不断求索。

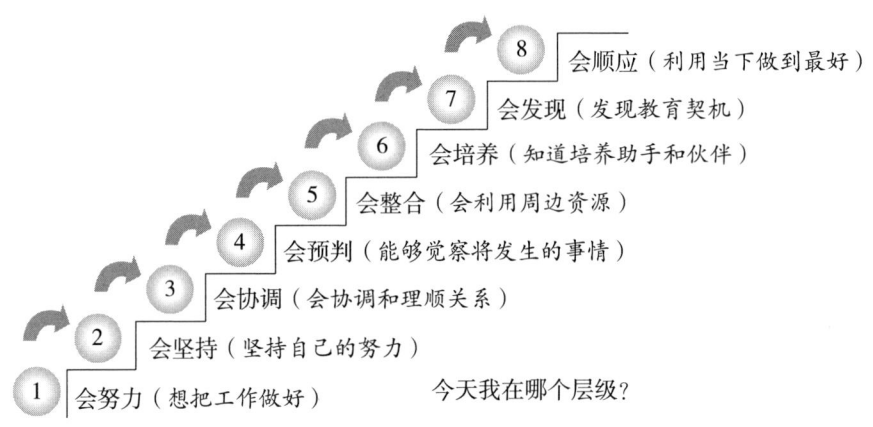

图 1　班主任修炼的八个层级

4. "得力"是学校对班主任队伍的一种期待

单靠一朵美丽的鲜花，打扮不出美丽的春天。班主任队伍发展不平衡，会严重影响学校的发展。我写这本书的目的，也是希望可以给年轻班主任更多的借鉴，希望他们可以快速成长。哪怕一个做法、一句话对他们有帮助，也会令我欣慰不已。

5. "得力"是口碑，还是追求……

我们一直会在路上。因为，我深爱着这份"平凡而伟大"的事业，而不仅仅是工作。让我们一起且行且思且成长，成为一个"得力"的班主任！

徐晓莉

2023 年 6 月 18 日

目　录

第一章　做有影响力的班主任——让魅力陪伴你的一生 // 1
 第一节　个人魅力：班主任是一场最好的修行 // 1
 第二节　成长定位：今天的我又在哪个层次上 // 6
 第三节　集体意识：把个人发展融入单位发展 // 9
 第四节　推动改变：让自己成为好环境的影响力量 // 15
 第五节　团队引领：日常工作的每个地方都是培训 // 21
 第六节　课程贡献：用"多样化课程"丰富学校底蕴 // 27

第二章　做有领导力的班主任——让思想和行为产生追随的力量 // 35
 第一节　领导内涵：让团队对你追随和信任 // 35
 第二节　多元角色：换上多双鞋子陪跑 // 42
 第三节　学会授权：选择永远相信学生 // 49
 第四节　教练思维：培养靠谱的孩子 // 56
 第五节　激励机制：让每一次评优都成为最好的教育 // 62
 第六节　结果使用：以终为始让学生再次起航 // 71

第三章　做有管理力的班主任——高效能管理者的工作日常 // 80
 第一节　管理意义：让每一个人有团队归属感 // 80
 第二节　手机管理：有时不妨换个思路 // 88
 第三节　序化管理：思路越来越清晰的四个维度 // 98
 第四节　创新管理：五个创意为管理增效 // 108
 第五节　复盘管理：我们一直走在正确的道路上 // 118

第四章　做有指导力的班主任——技术产生教育改变的力量　// 127

第一节　生涯规划：让每个孩子在自己的赛道发光　// 127

第二节　学业指导：让学科能力为班级管理"背书"　// 134

第三节　团队指导：一起搭建卓越支持系统　// 141

第四节　家长指导：让家长成为我们的"教育合伙人"　// 150

第五节　"恋爱"指导：青春期恋情的疏导策略　// 158

第五章　做有行动力的班主任——赶走焦虑的最好办法　// 168

第一节　目标制定：让目标鼓舞人心　// 168

第二节　"想"变成"做"：用行动赶走内心焦虑　// 177

第三节　行动达标：成事，让每一个孩子都发光　// 186

第四节　时间管理：高效工作的10个小技巧　// 196

第五节　学习提升：自我赋能，迭代成长　// 204

第六章　做有沟通力的班主任——沟通让教育更美好　// 213

第一节　沟通逻辑：充分了解，主动共情　// 213

第二节　沟通前提：调整心态，稳定情绪　// 223

第三节　沟通目标：建构关系，促成改变　// 231

第四节　沟通训练：指导家长成为问题的解决者　// 242

第一章　做有影响力的班主任
——让魅力陪伴你的一生

教育就是一种影响。有影响力的班主任总能够通过自身的言行、兴趣、爱好、追求，给学生、家长和同事打开一扇新的窗户。

一个好老师，不仅能积极影响学生，还能让家长成为自己的铁杆同盟，让同事成为贴心支持者，让领导成为自己的坚强后盾。

好的影响力是一种润物细无声的行为，好的班主任会利用自身的人格魅力、教育追求、工作格局，用别人喜欢的方式，悄无声息地感染和影响他人。

好的影响力还会形成幸福循环。我一直深信，"世界的美好和我们环环相扣"，我们给世界以爱，世界会给我们幸福的回响。

第一节　个人魅力：班主任是一场最好的修行

把握当下就是最好的修炼。什么叫"做事的人"？不是置身事外，指点江山，而是躬身入局，把自己放进去，把自己变成解决问题的关键变量。

我曾连续担任学校教研组长6年，也做过学校教科室主任。在职业规划上，我曾经纠结过：我该何去何从？我应该往哪个方向发展？

最后，我还是选择做好自己的学科教学工作，做好班主任。

一、我一直都在做班主任

每学年结束，学校都会让教师填写工作意向表：是否要做班主任？想任教哪个年级？我每次都填上：希望做班主任。我知道自己的内心：我喜欢做班主任，我更愿意去研究它。

2016 年中考结束后，刚带完一届毕业班的我们从厦门回来。火车上，校长开启了新一轮谈心。与其说"谈心"，不如说是"动员"，他为了动员大家做班主任，几乎给每一名教师布置了接下来三年的安排。

班主任是一个非常劳心劳力的职位，承担的压力也比普通任课教师大很多，有些教师以身体欠佳或孩子备战中高考为由推辞。一轮轮"攻势"下来，大家心事重重，车厢里的气氛变得沉重起来。

终于轮到我，还没等校长开口，我就表示"愿意继续做班主任"。校长哭笑不得："我想找你当年级主任呢。"原来，我们年级主任陈老师即将休产假，校长希望我能接替她。我却义无反顾地选择重新开始事无巨细的班主任生活。校长每次提起那次火车上的交谈，总是无奈又欣慰地感叹于我的执着："班主任这个岗位，别的老师谈虎色变，徐老师却主动争取，令人敬佩呀！"

教书 28 年，我做了 26 年班主任，是学校初中部唯一一个在班主任岗位上坚持了 20 年以上的教师。

二、喜欢这种"平凡而伟大"的感觉

有人问我：为何宁可放弃年级主任或中层职位，也要做班主任呢？毕竟班主任工作也很繁杂啊，别人想逃还来不及呢！

网上有一段视频，记录了一名普通班主任的一天，这名班主任带学生累瘫的样子，让人心疼。这是事实，即便是我，一名年近 50 岁的资深"老班"，也常常感到"心有余而力不足"。更何况，年龄越大、体能不足、有遗传性高血压这些"劣势"都显现出来了。

可我还是喜欢做班主任。每个班级难免会出现一些琐碎、有时甚至是棘手的事情，而班主任作为班级的"第一责任人"，可以在第一时间处理班级的事情，管理班级日常生活，是学校不可或缺的一个岗位。

有一次，我外出参加家庭教育指导师的培训考核，才听课不到30分钟，校医务室就打来电话：学生受伤了，非常严重，腿上划开了一道长达10厘米的血口子，伤口很深。我马上打电话给副班主任，没打通；又打电话给数学老师，竟然也没有接通。最后，我只好打给文综老师，她正在食堂吃饭。我请求她去医务室替我陪学生处理伤口。

"想着就疼，孩子一定吓坏了吧？有老师陪着会好一点。"文综老师自问自答的话，让我现在都非常感动。她说："我正在食堂吃饭呢，当时刚拿到饭，心想：我是吃了再过去，还是现在就去呢？算了，我不吃了，马上去！"文综老师去了医务室后，我才稍感安心。

我接着打电话给学生的妈妈，请她不要着急，一会儿带孩子去医院进一步检查还来得及。在等孩子妈妈来校的时间里，我又打通了学生服务中心主任的电话，他既分管学生工作，又是学校足球队教练，受伤的孩子是足球队员。主任二话没说，马上就去医务室。

看到文综老师发来的孩子受伤的照片，我已经没有心思继续培训了，满脑子都是担心和牵挂。打完电话后，我向培训老师说明情况并请假，打车回校。在校门口正好碰上接孩子的家长。家长感激地说："谢谢各位老师，还有班级三个男生陪我儿子，我们很感动，给你们添麻烦了！"

家长走后，我脑子里的想法很多：孩子是足球特长生，受伤会不会影响他日后踢球啊？孩子是怎么受伤的？是自己不小心还是和别人打闹？如果是打闹，如何沟通索赔？有学生在小学时和同伴发生矛盾，摔坏了两颗门牙，赔偿的事情持续了半年多。这场拉锯战太麻烦了！我得提醒家长留好保险公司的联系电话，这毕竟可以报销一些费用……

我还得回去看看监控，调查当天的详细过程。可惜两天后就是运动会了，这前三估计保不住了……算了，运动会成绩不重要，现在祈祷孩子的腿没有大问题。

万幸孩子受的是皮肉伤，骨头没被伤及，等伤口愈合了孩子还可以继续踢球。孩子非常坚强，没有喊疼；他说：很多同学和老师在身边陪着，不觉得疼。当时他和同学打闹，自己跑得太快，不小心撞到墙角，被坚硬的"直角墙壁"撞开了一道口子。孩子自责道："老师，对不起，我不该乱跑，让咱班运动会两个项目弃权。明年运动会上我一定好好弥补。"多么可爱、善良的孩子！

事后，我在学校里对大家进行了提醒：在走廊里不要奔跑和追闹！我也进行了回顾和反思：七年级的孩子玩心大，教师的安全教育要入心才好！还有，我需要制定班级应急事件的处理流程，万一我出省（市）培训赶不回来呢？在处理这件事情上，我有哪些方面"做正确"了，还有哪些方面可以改进？

当然，处理这样的事情不是常态，班主任工作更多是处理日常琐碎的事情：管理课间操、检查卫生、中午陪伴、管理午休、课间辅导、维持纪律、谈话、批改学生家校联系册、回应每一个学生的"悄悄话"……这些事情细小而琐碎，但在这充满了细小而琐碎的事情的日常学习生活中，孩子们慢慢长大。我喜欢这种平凡而伟大的感觉。尤其是在下班回家的路上当我看到学校外面的小区内一盏盏辉煌的灯火时，这种感觉更加让我迷恋。

三、在繁杂的工作中"修炼"自己

随着年龄的增长，我越来越满意自己。我还希望自己退休之后，可以过一种健康、优质、有意思的生活。为什么我如此自信？因为我在烦琐的班主任工作中修炼了自己。

不少人都在追问生命的意义。我认为，过好当下的每一天，在平凡中践行"悦人悦己"，体现自身价值，是不是也是一种意义？

班主任工作枯燥烦琐，但真的很"重要"。我有一个同事，班上一名学生在校意外受伤，在和保险公司对接的过程中，家长对保险公司不满意，喝醉酒后，深夜11点打电话给班主任，边说边骂。别人说，骂回去啊！同事说："还真不能够骂回去。人家连一个发泄的地方都没有，日子岂不是很难？"我内心一暖，虽然我们不能左右保险公司，但能让别人的情绪有个发泄出口，这对孩子、对家长不也很重要吗？在这种感动中，班主任工作让我们的内心豁达和柔软。

班主任是不是就像"扫地僧"一样，需要每日修炼呢？我认为是的。一件事情不容易做，但是还有人愿意去做，坚持去做，认真去做，创意地做，幸福地做，这个过程本身就是在修炼、在提升。而这种修炼，将会影响我们一生。

做班主任是一种修炼。我们可以修炼什么呢？一是修炼效率。工作繁杂辛苦，不研究一点时间管理、要事管理，我们会忙丢自己。二是拓展思维。人的能力都是被逼出来的，遇到的问题越多，琢磨越多，能力就锻炼出来了。三是成长赋能。当班主任一定会烦吗？为什么别人却很开心和享受呢？我们是不是需要改变自己呢？利用这个岗位提升自身能力，躬身入局，把自己放进去，把自己变成解决问题的关键变量。

这是我这些年做班主任的感受。

晓莉姐说

◆ 热爱可以抵达漫长岁月。真正热爱做班主任的人看起来真的年轻啊！因为这颗心，永远火热，永远善良，永远热爱。

◆ 在遇到问题的时候，不是烦躁，而是庆幸自己有机会成长了。在这种心态下，班主任的工作就会越来越有意思和有意义。

晓贴士

班主任如何修炼自己

修炼效率
一、学会制作事项清单
二、每天起来制订事项计划
三、坚持要事第一法则
四、拒接无关工作

拓展思维
一、每天挑战一件新的事情
二、把一项做法提炼成工具
三、尝试一种新的生活
四、结识一个新领域的朋友

成长赋能
一、增加自我效能感
二、为自己的成功自豪
三、把简单的事情做成习惯
四、形成更多案例

第二节 成长定位：今天的我又在哪个层次上

入职28年，做了26年的班主任，若非热爱，很难坚持。

有人说做班主任有四个层次。第一层：愿意做，愿意投入更多的时间。第二层：喜欢做，愿意把更多的情感投入其中。第三层：专业做，用专业思维和行动引领自己。第四层：享受做，把个人的理想放入其中。层次之间不是简单的递进，还有着各种包含与交叉。

我经常问自己：做26年的班主任，若非热爱，很难坚持，我又在哪个层次上呢？

1. 刚毕业即做班主任，我投入了我的青春

我性格热情开朗，擅长交流，和学生、家长沟通比较顺畅。对于领导让我做班主任，我的内心是窃喜的：领导看得起我，我可能也比较适合，不然还不让我当呢！

那时投入非常多：学生参加排球赛，我每天陪伴学生练习；为了元旦会演拿奖，从选题到排练，从购置服装到音乐化妆，事无巨细，我不怕麻烦，全身投入。第一年参加工作，我在一所高中做班主任，早上6点喊住校生起床出操，晚上10点熄灯查寝，我一天的工作时间长达16小时。有时候学生调皮，晚上去上网打游戏，我还要去一个个的网吧里寻人。

这种付出，没有体力是不行的，甚至还得让家庭做一些舍弃。那时我的儿子只有1岁，被我留在老家由他的奶奶照看。我在电话里听孩子的牙牙学语和婆婆的唠叨，挂上电话后却总是泪水涟涟。

2. 成熟后继续挑战班主任，我投入了我的热情

从初出茅庐到熟手，我发现可贵的是我一直都喜欢做班主任。我骨子里喜欢做有挑战的事情。"不想当将军的士兵不是好士兵，不愿意做班主任的老师也很难成为好老师。"当班主任有一些隐性的好处，就是在班级里有施展自己才华的空间，而且学生在情感上更会亲近班主任，这些让我有成就感。

我十分喜欢和学生打交道，也享受改变学生带来的成就感。因此，面对杂事和压力，我反而觉得这是促使我更优秀的动力，有了热爱，自然乐此不疲。

3. 成为工作室领衔人之后，我的职业理想更加丰盈

班主任工作其实是一项很复杂、很需要能力的工作，这项工作是专业的，需要去研究和思考。

2019年，我成为杭州市名班主任工作室领衔人。对于青春期学生的引领，最初我只是运用了直觉和工作经验进行处理，并没有运用多少理论，遇到棘手的问题时也会不知所措。在结识了韩似萍老师之后，我开始进入青春期教育的专项钻研。越研究越发现班主任不只是一个简单的事务工作者，而是一个专业的情绪管理者。我在研学过程中收获了有关心理学、青春期教育以及家庭教育方面的知识，逐渐地能将我的经历和理论相结合，从而在更高的思想指导下高效地处理问题、管理好我的班级。

德育知识的学习给我带来了成就感。我将学习的知识融入自己的生活和工作后，发现自己看待事物的方式和逻辑都发生了变化，格局和境界也在不断提升。我也更需要在一线接触学生，直面问题。持续学习、思考、总结、提炼、实践，我形成自己的方法论，将认知融入血液。

走着走着，越研究越能发现自己的不足。我尝试做课题、写论文，写教育故事，在实践中总结和提炼，努力地、一步步地往上攀登。

4. 越来越感恩我是一个班主任，这将温暖我的一生

跟随导师学习让我很幸运，我终于明白：每个人终其一生都需要不断修行，做父母如此，做教师亦如此。改变自己，做好当下，包容接纳，方可幸福。我将继续做班主任。

我的坚持也得到了学校的大力支持，我也希望能给学校积极的回馈。时至今日，我仍然记得自己调到江南实验学校的第二年，滨江区教育局投入大

量资金对优秀教师进行奖励,我很荣幸地拿到了首届"优秀人民教师"奖。拿着奖杯,站在领奖台上,我感到无比光荣。

拿到奖金后,我请同事们吃饭庆贺。席间我不解地询问校长:为何将这份殊荣给了刚调进学校不久的我?校长的回答令我记忆犹新:"你虽然刚调入我们学校,但你为滨江教育做了20多年贡献,无论是工作年限还是工作成绩,你的优秀有目共睹。我们应一视同仁,做出最公正的评判。"我虽一言不发,却早已热泪盈眶。那一刻,我决心感谢学校、感谢社会、感谢区政府,感谢同事们对我的认可和包容。

我还要感谢我的学生和家长们。在这26年中,我无时无刻不在他们带给我的温暖中。每年生日,我都能在零点收到来自世界各地的学生准时的祝福;每年教师节,我都能在办公桌上看到一堆学生们亲手制作的贺卡;我每次不经意表现出了病痛时,都能收到大家亲切的问候……

每收到学生和家长的感谢和关心,我在自豪之余,也感受到信任和重托,并暗下决心:我将继续坚持"让世界的美好与我们环环相扣"的教育信条,用真诚的心、乐观处事的态度抚育渴求知识的孩子们,让每一个孩子真实而真诚地感受到教育的美。

我推崇"美好工作五元素":班主任对孩子的各科成绩、进退情况、作业情况、想法等要心中有"数";对学生的个人情况(如是否有弟弟妹妹、父母工作、手机使用情况、同伴关系等)做到胸中有"谱";对学生给予更多理解和宽容、更多耐心和细心,能"看见"孩子,做到眼里有"爱";提倡要多研究具体方法,提高沟通和管理水平,做到术中有"理";提倡不用一把尺子衡量和评价所有学生,因材施教,做到方法有别。

如果说爱让班主任工作充满热度,那么理智让工作有一定的冷度,而智慧的工作则让班主任工作有了高度,学生的表现让班主任工作有了亮度。

我笃定我的选择,做"最美"的班主任。这里的美,不是荣誉,而是岁月沉淀下的智慧美,是纯洁信仰下的知性美,是看轻名利后的淡然美,是同情理解下的柔和美。做"最美"班主任,做学生的摆渡人,做家长的合伙人,做同事的同路人。这就是我的理想。

晓莉姐说

◆ 如果您是我的同龄人,我想和您说:现在就是最好的年纪,50岁也很不错哦,终于有时间可以做自己想做和喜欢做的事情。

◆ 一旦想明白了,心就静下来了。静能生慧,我们就活得通透了。

◆ 一切都是最好的安排,即使是失败和挫折,也是成长的资源。

第三节 集体意识:把个人发展融入单位发展

学校给了我班级,让我有时间做梦,有机会实践。

这个时代给了不少班主任展露自己才华的机会,以至于让一些人产生错觉:专业成长是个人的事情,和工作单位无关;在工作单位恃才傲物,人际关系紧张。这是一种错误的想法。

别说孤木难成林,一个人和工作单位的关系,也影响了我们生活的幸福指数。我们在工作单位的时间几乎占了生活的一半,我们和工作单位之间彼此需要,相互成全,是双向奔赴的美好关系;互相拆台,相看两厌,是两败俱伤的痛苦之源。

任何一个优秀的人才,都是在单位中成长起来的,只有把个人发展融入单位发展,才有更强大的后劲。

一、坚持一个朴素的信念——相互成全

我的工作经历比较复杂,从教28年,来杭州后在4所学校任教过。我运

气很好，遇到的都是关心和帮助我的校长。

第一位校长是西兴中学的冯校长，他待人热情，主动帮助我这个"外地人"。那时我刚刚调入西兴中学，人生地不熟。他热情地请我吃饭，还帮我租到了性价比很高的房子，给我解决了生存难题。

第二位是继任校长赵校长，他发自内心地对教师好。有一年我先生在外地工作，我一个人上班还带着上幼儿园的孩子，特别困难。一次，学校安排我参与中考评卷，时间长、离家远，无法接送孩子了。我向学校提出了我的困难。赵校长二话不说，帮我接了三天孩子。他先把孩子带到办公室，在我阅卷回家后再把孩子送到我家。我一辈子难忘此事。

第三位校长是时任滨兴学校的来校长。他高屋建瓴，颇有远见，我们跟随他一起创建了一所新学校——滨兴学校。他让我担任教研组组长，在来校长的指引下，我一步步走上了骨干教师的研修之路，进了区首届名师名校长班，成为区重点培养对象，并顺利评上了市级教坛新秀和高级职称。在滨兴学校的7年里，我的学科专业水平获得巨大提升。

第四位校长是江南实验学校的黄校长。他教语文，儒雅博学，气度非凡，深得大家敬重。黄校长不仅会帮助教师解决生活困难，如帮助教师生病的家人找医院等，还不断地给教师创造成长机会。我第一次外出参加的讲座就是他推荐的。他说得很巧妙："有一个培训机构要请我讲课，我没时间，你去吧。"我懵懵懂懂答应了，结果讲完后获得的反响很不错。此后，我走上了区、市、省乃至全国的展示平台。

第五位校长是现任的金校长。他任劳任怨，责任心很强，对我的专业发展有明确规划："成为江南的德育品牌。"这是压力，也是动力。在江南实验学校10年，我连续担任了10年班主任。2022年，我成为学校初中部唯一一位班主任任龄满20年的教师，也评上了区首届特级班主任，进入了区首届卓越教师班，也成了杭州市首届卓越教师，并成立了三个工作室。

任何一个人成长，都是在单位提供的资源的基础上成长起来的。学校给了我班级，让我有时间做梦，有机会实践。我深深感恩历任校长，在努力前行的路上，他们的殷殷嘱托和关心指导，成就了现在的我。我唯有把自己的发展融入学校的发展中，才能够走得更远。

二、践行一个踏实的行动——互相支持

如何把个人发展融入单位发展之中呢？怎样让校长支持我们呢？

1. 主动汇报，寻求支持

有了发展规划后，我一般会主动向校长汇报。因为最理想的事情就是"我想做的事情，恰好也是学校想做的事情"。我希望校长了解我的职业规划，也希望自己可以为学校做更多的事情，在学校发展与个人发展之间找到一个契合点。

汇报时要注意说目标、说需求，这样领导才知道怎么帮助我们。比如，我想在本届学生初三毕业后重回初一做班主任，但学校的德育工作和我工作室的业务繁忙，巨大的工作量令我实在无暇顾及两个班的教学。能不能减少一个班级的教学？校长听完后，当即表示了赞同。原来，在谈话之前，他就考虑让我去初一年级；我身兼数职也确实需要减压。

我的诉求与学校的计划不谋而合是一件非常开心的事。接着，我又制定了一个具体方案：曾经的家长课堂让家长收获颇丰，新形势下，我可以开设线上直播，建立一个名为"晓莉姐的圆桌会"的线上品牌。校长拍手叫好，当即表示将我工作室隔壁的空教室腾给我做直播间，马上着手相关布置。现在，我的直播课不仅走出了学校，还走进了杭州广播电台和电视台。

2. 主动担当，体现价值

有些教师对于工作之外的任务比较抵制，其实，很多时候，机会是打扮成麻烦来找我们的。我是区名班主任导航站的站长，导航站成员是区其他学校的骨干班主任。我还有一个身份是学校德育校长助理，没有津贴和待遇，但是可以参与学校德育部门会议，参与工作计划制订和班主任的相关培训活

动设计。这两个身份，对我来说很有意义和价值，我既可以把区内外的资源整合到我们学校的德育工作中，又可以把学校的教师推到其他学校，麻烦就变成了成就教师和学校的资源。

我常说：有哪些用得着我的地方，尽管说，哪怕加班加点，我绝不推辞。领导和同事也给予我更多的信任，我的工作越来越顺。

3. 主动分享，扩充资源

我常把外面的资源抢到学校来，让学校成了"陶行知研究会青春期教育基地"。校长看着高挂在校门口的牌匾，不断感慨我的示范令更多教师愿意走上班主任的岗位，我对此也无比自豪。

只要我和工作室取得荣誉，我都会第一时间跟学校领导分享，向他们汇报工作进度。分享不仅仅是荣誉，还可以促进资源共享。寒假期间，我们导航站要开启工作了，我设计了系列课程，邀请的专家只给导航站的5名教师培训，太浪费了。我主动提出在学校里成立校级工作室，顺便培训校内14名班主任和德育干部。项目实施之后，领导们都说好。

人字一撇一捺，就是互相支持。在相互支撑中，我们工作起来会更顺。这些年，我的工作室成员和学校班主任"同课异构"，24节主题班会课设计并交付出版；晓莉姐的圆桌会从校内走向校外，杭州市青少体育频道邀请我校参与"系好人生第一粒扣子"系列访谈节目，"不以爱的名义做让孩子厌学的事情"这个节目的点击量在5万次以上。

三、维护一个巧妙的平衡——内外都香

有些教师"墙内开花墙外香"，我觉得这很不正常。墙内香是墙外香的基础，这样才真实，才更有说服力。班主任专业成长如何避免"墙内开花墙外香"呢？

1. 做好本职工作，墙内才"香"

管理好课堂、批改好作业、教育好学生、引领好团队，这些都是我们的

本职工作。尽善尽美做好本职工作，我有三个人生信条。

一是尽可能不给别人添麻烦。平时非必要不外出；如果外出，自己换好课，而不是动不动就让其他教师代课，那样会加重其他教师的负担。我们的成长不能以加重别人的负担为代价，这不公平。在学校时多陪伴学生，多和学生交流，做好"情绪工作者"，也多做预防性教育，把班级问题消灭在萌芽中。

二是效率第一，顾全大局。我们会遇到很多冲突：这也要做、那也要做，没有时间；这个会要开、那个培训也很重要，难以兼顾；怎么办呢？原则是主次分明，顾全大局。我们是学科教师，教学质量是我们站稳讲台的前提。学科上优秀，才能让家长和学生敬重、同事佩服。要积极参加学科研讨、培训等活动，做好学科的带头人。想要全面兼顾，只能做管理时间的达人。我会每天做"任务清单"，罗列出当天要完成的工作，做一项划去一项。看到纸上划去的条目多了，我觉得今天很充实。

三是主动担责的人不吃亏。学校评选德育论文、上交课题、公开课评选，没有人愿意报。不看别人吧，我先做起来。我每年主动上三节公开课，主动录制微课去参加比赛，论文、课题一项不落。我年龄较大，我参与了，其他年轻人就有方向；如果他们参与，我就会主动提供帮助和服务。这样，学校布置的很多事情就好做了。

2. 主动沟通，服从大局

2022年中考前，杭州市名班主任要到桐庐去送教。这是市里的工作，我向校长汇报，校长没有同意。理由是我带初三，离中考不到1个月，疫情不乐观；如果因为桐庐疫情影响毕业生中考就很麻烦。个人服从学校，这是我毫不动摇的观念。就这样，我缺席了那次活动，整个卓越班20名班主任，就只有我一个人没有参加这次活动。

为做好学校和市工作室的平衡，我一边向市里请假说明情况，一边把我的发言部分做成视频，委托同伴播放，也取得了不错的效果。很多事情，只要我们认真去协调，就能够找到多种解决方法。

我时常提醒自己：一个人再优秀，没有了单位支持，也会显得势单力薄、后劲不足。

四、修炼一颗良好的心态——悦人悦己

有教师不开心：参加区里比赛只拿了三等奖，他认为不公平，发誓以后再也不参加类似活动了。有教师很难过：因为她的班级来了一个差生，成绩差、行为差，她都没有信心把这个班级带下去了。还有的是资深教师：参评某个奖没有评上，觉得太没有意思了，这么辛苦，不被领导看见，于是发誓再也不做班主任了……

这些教师不开心，有没有理由？有理由，但没必要这样做。我们要悦人悦己，合作共赢。

悦人悦己有四层意思。第一，宽容待人，接纳他人的不完美，也理解别人的不容易。第二，要有同理心，多给别人帮助，让世界因为我变得更加美好。第三，悦纳自己的不完美，接纳自己的平凡，每天开开心心，让自己成为美好教育的代言人。第四，让悦人悦己成为人际交往的一个准则，时时践行。人与人之间最大的烦恼就是关系的处理，做到悦人悦己，我们在人际交往中就是快乐和幸福的。

除悦人悦己之外，还要常怀"三心"。哪三心？感恩心、平常心、欢喜心。上述事件要换一个方向想：自己还年轻，第一次参赛就可以拿到三等奖，已经很开心了；以后要主动和教研员多沟通，争取提升。对于后进生的教育，我们尽力就好，不要因为一个学生而对全班失望；当把遇到难管的学生作为提升自己的机会时，我们就有了欢喜心。资深的教师没评优，可以主动和领导沟通，争取获得重视；但是自己要趁机做功课，多写论文、多研究课题，增加评优的"硬实力"。此外，还要理解领导的善意，也许领导还有另外一些考虑。

认知升级，我们的态度和观点就会发生改变，人也会愉快很多。

> **晓莉姐说**
>
> ◆ 在单位里，最幸福、最快乐的事情，是有一群情投意合的人。
> ◆ 拥有感恩心、平常心和欢喜心，才可以享受工作的幸福感。
> ◆ 尽可能找到自己的发展路径，多和领导们沟通，寻求支持；也尽量把自己的发展和单位的发展结合起来，实现双向奔赴和双赢。

晓贴士

让单位成为自己的靠山

和领导协调	把自己融入单位
一、向领导介绍你的想法和前景	一、让自己成为关键力量
二、向领导介绍事情的价值和意义	二、给单位创造品牌价值
三、向领导提出你的困难和需求	三、始终在单位里提供正能量
四、告诉领导自己的资源和优势	

第四节　推动改变：让自己成为好环境的影响力量

当我成为变化的启动因素之后，我发现，很多同事都愿意跟上来。

外出分享，有教师说："羡慕你有一所好学校，有一个好团队，而我们……"然后一顿抱怨。

面对他们的抱怨，我很想说：没有哪个地方原本就是好环境，好生态都是自己主动建设出来的。不要去抱怨，我们可以改变自己，"让世界因为我变得更加美好"。

一、成为变量的起始因素——让改变从我开始

改变很困难，是因为缺少变化的起始因素。如果谁也不想成为这个因素，每个人都觉得与自己无关，环境就美好不起来。好单位共建，要从"我"开始。

1. 主动上任，成为"办公室主任"

办公室是我们的第二个家，也是除了家以外我们最常去的地方。办公室文化的好坏关系到我们的工作生态，更关乎我们的幸福感。

中午休息时，旁边办公桌的老师却在辅导学生，一边讲题一边大声批评；下午改作业时，隔壁班的家长来了，大声地向老师控诉儿子在家不听话；放学了，在办公室加班时，其他班的学生却自顾自地在老师的桌子上翻东西，还拉开老师的抽屉旁若无人地看……

遇到这些情况，你会怎么做？事不关己，高高挂起？久而久之，办公室就会形成一种看不见的力量，让人变得冷漠自私，让环境变得杂乱无序，也使教育失去温情和力量，最后就是"各自为政，一盘散沙"。

"总得有人去摘星星"。我年龄最大，那就"倚老卖老"，自封"办公室主任"吧。我主动上任，大家倒也支持，三下五除二，就商议出了办公室的管理制度（如下）。

- 午休管理。午休时间为 12:00—13:00，办公室保持安静，不建议教师在这个时间段内辅导和教育学生，大家安静休息 1 小时，以确保下午精力充沛；午休结束后收纳好躺椅或被子等。建议买一个屏风，把收纳好的东西放在屏风后面。
- 物品收纳。相互提醒学生，不允许学生在教师办公室里随意翻动教师的东西。
- 约谈场所。不建议教师在办公室这样的公众场合和学生或家长约谈，可以在年级组的小会议室。最好提前和年级组长预约会议室，如果遇

到时间、地点有冲突，还可以选择学校的咖啡吧。
- 卫生轮值。每个人自觉维护办公室的卫生，保持个人桌面清爽整洁。每个人轮值一周来管理办公室的卫生，使办公室整洁有序。
- 财产安全。最后离开的教师要负责"四关"：关门、关灯、关窗、关电器……

其实大家都想改变，只是怕不确定因素。当我成为变化的启动因素之后，我发现，很多同事都愿意跟上来。

2. 自费装修，生活可以更美

我们每年都要换办公室。今年换到新的办公室，一进去，大家都傻眼了：地板破损，墙壁掉灰，地上也堆了很多遗弃的杂物，桌上还有擦不去的污垢！有洁癖的我都不想进去了——这样的环境肯定不会"幸福"，怎么办？

先去环境最优美的英语组参观"取经"吧。英语组的同事很用心地布置，每个人都奉献力量：有的买纱帘，有的带咖啡机，还有的把家里的小冰箱带来了——他们说，一切都源于办公室里有爱美又勤劳的静云老师！好吧，我也学静云老师成为"带头人"吧。

于是，我马上召集大家开会，研究如何布置办公室。年级组长负责和总务处对接，更换破损处的地板，重刷掉了灰的墙壁；备课组长下单购买纱帘，遮盖置物架；两个男老师负责清理多余的杂物，女老师打扫擦拭等。一顿猛操作之后，办公室是干净了，可我总觉得缺点什么。

装备！我继续发动大家："办公室是我们的家，添置东西方便你我他"，在我的忽悠下，大家自费购买屏风，方便休息，还可以隔置躺椅等杂物；再买一个挂包的架子、配置几个书架，东西放起来也方便；桌布自己买，避免报销走不了账；墙壁上太空？把孩子们的书法作品挂上去，顿时有了文化气息……

姑娘们喜欢装扮，小伙子们可以跑腿，我这个"主任"指手画脚，办公室和谐又充满温情。

这还不够，生活还可以更美！每个人上交 300 元作为办公室经费。下午工作疲倦了，每人一杯咖啡；有人过生日，偷偷送上蛋糕和鲜花，一起吃蛋糕，唱生日祝福歌；外出带回好吃的水果或点心，那就每人发几个，与大家分享；要上公开课，大家一起帮忙磨课，制作课件和实验器材，那个夜晚办公室里灯火通明……

不出一个月，我们办公室成了"最美办公室"。

二、奉行人际交往的准则——看见，才会懂得

好的人际关系才是好环境的决定因素，我们奉行人际交往的一个基本准则——看见每一个人，发现每一个人的光芒。看见，才会懂得。

1. 所有"账"，都算我头上

学校按学科分办公室。初一科学组 7 个人都在我所在这个大办公室里，5 名班主任、1 名年级组长；唯一没有管理工作的小李就理所应当地成为学科备课组长。

一个备课组七分之六的人当了"主任"，这种情况很少见。她们说："晓莉姐要为此负一部分责任。"因为我是名班主任工作室领衔人，班主任就从我们组抓起。"反正工作有困难，徐老师随时可以指导。"校长也说："盈盈年轻，好学肯干，有徐老师这个师傅带着，担任年级组长没问题！"校长又说："这样，所有'账'都算我头上了。"

"恭敬不如从命"，于是，我又成为没有头衔的"头"。一些家长说我天生具有领导力，我想，也许就是这种当仁不让的性格成就的吧。

2. 看见，才会懂得

办公室的人心如何凝聚？我的信条是"看见每一个人的付出；看见，才会懂得"。因为看见，因为懂得，才会有心的交融、情感的付出和团队的形成。

在我眼中，每个人都很优秀：

盈盈年纪轻轻，工作三年就成为我们 50 多人年级组的组长，我们看得见

她的勇气和责任！阮老师既是班主任，又兼任年级组副组长，他的工作量非常大，我们看得见他不能陪伴孩子的痛苦和内疚。曹老师是二胎妈妈，老大上幼儿园，二宝才2岁，她虚弱的小身子跑进跑出，我心疼她。其他几位老师都是年轻人，班主任任龄不长，但工作踏实肯干，经常早出晚归，我看得见他们的付出……

管理就是对人性的关注，因为看见，每个人都觉得自己很重要，每个人都愿意为团队付出。

3. 福出福返，我反而被关照

说了这么多，大家可能会有一个疑问：晓莉，你是不是办公室最苦、最累的那个人啊？

才不是呢，领导力是鼓励别人做事的一种能力。在办公室里，我反倒是备受关照的那一个。年级组长说："晓莉姐是我们的定海神针，有她在，我们遇事都不慌，我们要好好保护她！"

阮老师选了一个办公桌，可是他说："这个位置好，空间大、光线好，关键是空调不会对着吹，晓莉姐有鼻炎哮喘，不能受凉。"结果他把这个位置给了我。

学校分发物品，小李老师总是多跑好几趟，帮我们把物品都领来。

我有时早饭来不及吃，小曹会像变魔术一样拿出各种好吃的给我。

阿昌是理工科技术男，凡是我有要登录网站、上传课件或一些很复杂并让我头大的事情，都是他先帮我做好……

生活在这样一个团队里，我备受"宠爱"。

三、践行每天一点细小改变——微行动积蓄大能量

微行动就是那些不费吹灰之力就能够做到的行动，这是我向郑学志老师学习的一种好方法。因为这样的行动不会使人遭受失败。

在办公室文化的营造中，我们喜欢这些微行动。

1. 一个动作养成收纳习惯

办公室里的饮用水领来后放在墙角，阿昌老师觉得不美观，就一瓶瓶地整理到办公桌下面，把空间腾出来。饮用水没有了，阿润总是及时换上。书架上的书没有放好，有老师默默整理……很多这样的"小动作"让办公室变得有序而整洁。

2. 一个拥抱给人前行力量

小曹眼睛红了，她去了卫生间，我和盈盈互看一眼，顿时明白她被顶嘴的学生气哭了。我们走过去默默地拥抱了小曹。盈盈说："姐，别生气了，我去找学生聊，您先休息。"盈盈是才工作三年的小姑娘，可当她成为年级组长后，一下子就变大了，善解人意又很有担当。一群人的拥抱，给人前进的力量。

3. 一顿美食让人暖胃暖心

两个年轻老师专心忙工作，晚上 7 点还没有吃饭。拉他们去我家，做三四个小菜，煮上一盘水饺，这样的夜晚温暖、美好。两个年轻人说，这是他们吃过的最好吃的饺子！我想，这份雨夜的温暖可能让他们想念妈妈的味道了吧。

4. 一个号召咱说干就干

学校要评优秀办公室，我发出一个号召："同志们，我们可是最优秀的团队啊，一等奖咱们得拿下！"大家说干就干。区里要进行微课评比，我们全员参加，我们的口号是："要上一起上，有困难一起扛。"

5. 一次陪伴相互补台支撑

盈盈去参加区实验创新比赛，晚上她在办公室捣鼓设计器材。对于技术上的难关，阿昌主动协助应对，他包了制作教具的事情。阿昌去市里参加比赛，我主动帮他代课，盈盈陪他做模拟实验。我要录视频，录了三次，阿昌陪我三次……我觉得，离开了这个团队我什么都不行。

6. 一声提醒帮助减少损失

"同志们别忘记开会啊""同志们记得登录培训网进行评价""还有一天课题

申报就要截止了"……每天我们被各种提醒，组长们各种操心，为我们减少损失。

7. 一句鼓励重拾大家的信心

比赛输了？不要紧，明年再来！文章没有发表？你已经很厉害了，敢投稿就是优秀！孩子生病，心力交瘁？你去休息吧，班级我去看。要外出培训，担心没有时间批改试卷？没关系，有我们呢，放心去吧！

"你已经很棒了，不要紧，再加油！""我会在，不要担心。""放心吧……"这些话给了我们安全感——有人给我们托底，有人给我们信心，这个团队怎会不美好？

晓莉组说

◆ 我看到了美好生活的各种可能性。要做一个真诚的人，不放弃对生活的热爱和执着，在有限的时空里过无限广大的日子。

◆ 单靠一朵美丽的鲜花，打扮不出美丽的春天。

第五节 团队引领：日常工作的每个地方都是培训

每个人都是研究者和学习者，不仅年轻教师成长很快，老教师也在不断反思中获得提升。

我的班主任工作室成立三年来，先后成为区德育导航站、杭州市优秀工作室，在省级课题里立项并获得二等奖。我们的每次培训，成了教师心中共同的期待。

我们是怎么做到的呢？

一、组织机构——最佳六人组：培训规模越小，效果越显著

我们工作室日常培训、学习、研讨时每个小组成员数量为固定的 6 人。现代企业管理学告诉我们，一个高效运转的单位里，每个层级最直接管理的人数最好不要超过 6 人，超过 6 人以上的组织管理起来是有漏洞的。所以，在筹建名班主任工作室的时候，我们就明确提出了最佳六人组的分组方案。

这样的好处有哪些呢？培训规模越小，培训师或主讲者和受训者可以更近距离地交流，培训的效果更好。不管是交代任务，还是小组讨论，组内都没有走神和闲置的人。原因很简单，人数少，谁不在状态，会格外打眼，谁也不愿意轻易做这个人。

最重要的是，每个组员在组内都有工作：引导员、记录员、梳理员、质疑员、计时员、展示员，分工很明确、很具体。一个人配合不到位，其他人就会受影响。这样的组织设置促进了机构高效运转。

有些学校内部研训也好、外出学习也好，分工不具体，任务不明确，睡觉的教师一大片。遇到这样的问题，首先要想的是分工，是组织构架。李希贵校长说得好："能够用组织机构解决，绝不用制度。"

二、制度保障——最佳贡献奖：防懒发言，"开口即是贡献"

学习是用来干吗的？学习是用来改变自己的不足的；任何一次有效的培训，不能够落实到行动改变中，意义就不大。我们明确要求——每次培训后必须拿出一个或几个行动策略，每个人都要在行动策略中有贡献。

我们工作室从不请人讲空对空的道理，也很少请专家做大篇幅的专题讲座，因为作用和意义不大。对教师来说，最有价值的是什么呢？是自己身边的问题，自己研究并提出行动策略，自己验证并形成可以推广的校本教材。我们每次培训，最后都以形成行动策略为结果。这些行动策略最后都会作为工具，向每个教师展示。

在行动策略研究中，有人偷懒、不发言，怎么办？我们有一个专门防懒措施——江边洗萝卜，一个个地来，每个人都必须发言。我们提倡"围观就是参与，开口即是贡献"。记录员用心记录下每一个人的发言要点，评选最佳贡献奖。谁的建议、谁的策略被推广，学校还用谁的名字予以命名，每个人都感觉很自豪。

三、跟岗机制——自由求助卡：选择喜欢的导师，做快乐的事

传统的师徒结对一般都是学校指派，师傅和徒弟的选择余地都不大。而且，有些师傅面子观念很强，不容忍徒弟向别的教师学习，影响了新班主任学习的宽度和深度。还有些师傅和徒弟性格不合、兴趣爱好不相投，学校给他们安排结对之后，他们很久不开展工作，师徒关系形同虚设。

怎么解决这一系列问题呢？我们的跟岗机制是：不给新班主任安排固定的师傅，给他们每个人发放6张求助卡，让他们自由地选择自己喜欢的教师做师傅。这6张求助卡分别是日常管理求助卡、文化建设求助卡、疑难问题求助卡、沟通障碍求助卡、常规活动求助卡、家校关系求助卡。新班主任遇到相应的问题，可以把这张卡送给自己要求助的人。

人和人之间是讲究缘分的，有些人天生就和某些人合得来。也有些人，天生就擅长某一项工作内容；用他的擅长帮助别人，他也很有成就感。这样，不是固定的师傅，也不固定内容，新班主任想获得谁在什么方面的帮助，可以直接找自己要求助的人，并把求助卡送给他。这个做法，让教师们极大地获得了师徒结对的自由，也激励了老教师帮扶、培训新班主任的积极性。

一个人可以拜多个师傅，任何一个敷衍塞责、不真实、不诚恳的人，最后都将被抛弃。自由求助卡，让每一个受训者都享受一个待遇：选择喜欢的导师，做快乐的事。

四、江湖救急——餐桌式培训：零碎时间里的微型培训

培训是启迪思维、提升工作能力的好途径。问题是许多教师已经很累了，

再占用大把大把的时间来培训，不仅增加了教师的负担，还挤占了教师的休息时间，把一件好事变成了压力，很不合算，即使是在双休日培训。许多教师对此是敢怒不敢言。

我们可以利用碎片时间，采取微型研讨会对班主任进行培训。一种很好的方式就是餐桌式培训，微型会议，微型研讨，微型记录，群内上传。

具体做法是这样做的：就餐时工作室成员围坐在几张餐桌上，6个人一组，大家边吃边聊，确定当天要聊的、紧急要解决的问题。然后，主持人从聊天中提取一个大家共同关心的、最具有代表性、最迫切需要解决的问题集中研讨。时间为10分钟，每个人必须发言，而且发言一律回避"要""应该"之类无效的祈使句，全部采用"动词＋名词"的结构提出做法。如"如何激励副班主任积极参与班级管理"，发言模式就是"学生给副班写赞美悄悄话、优点积攒卡、副班感激卡"。这样讨论的结果，每个人回去都能够使用。讨论时安排一个教师用手机做记录，一个有经验的班主任负责引导、梳理，梳理完毕之后，当场读给大家听，没有异议和补充，就发到工作室群里去了。

这样，我们一个学期研讨的话题就有七八十个。"学生的校服拉链不肯拉上怎么办？""临时想换家长委员会成员，但难以开口怎么办？"等，话题虽小，但是研讨过程扎实，对教师的帮助很大。

五、常态培训——例会时培训：日常工作的每个地方都是培训

我们工作室从不开非研究性的长会。每次例会时间都是1小时，没有行政领导指示，全是教师自己在研究、学习和培训——我们提倡"日常工作的每个地方都是培训"。

我们的会议程序分成四个板块：一、有事说事；二、研究在线；三、今天分享；四、梳理总结。每次例会都这样。有事说事板块，时间不超过10分钟，只说要事，凡能够通过电子文档解决的事情，绝不上会。重头戏是研究在线，每周海选一个大家普遍关注的问题，现场研讨、梳理。研讨完后，每组拿一张卡纸,用思维导图的形式,对全体教师展示他们的解决办法。这个环节 25 分钟。剩下 20 分钟,15 分钟分享——每次两名教师,每人分享这段时间内他们做得最好的一个地方,只说做法、效果和核心反思。留下最后 5 分钟,分管领导梳理和总结;严禁超时,哪怕是校长,计时员举牌"时间到",就要结束讲话。

这样的例会氛围很好,大家不用担心超时,也没有打瞌睡或无事可做的人。每个人都是研究者和学习者,不仅年轻教师成长很快,老教师也在不断反思中获得提升。

六、例行检查——三优点两建议:检查就是研究,反馈就是培训

每个单位都有检查和考核。不同的检查和考核观念,带来的管理方式和效果截然不同。我们提倡检查考核也是培训,具体做法是这样的:用便利贴的方式做成三优点两建议卡,给检查对象进行反馈。

具体怎么做呢?每次检查考核的时候,负责的教师每人手中会有一本便利贴,用发现的眼光去看每个班级。哪个班上某个地方做得好,马上记录下来,给他们一个优点记录。哪个地方做得不好,提一个建议。一般提三个优点,两个建议,所以,又称"三优点两建议"。

这张三优点两建议卡会贴在所检查的班主任工作日志上,然后拍照,发年级群里面。大家都知道:某教师的班级的某个方面真值得我们学习。优点和建议有根有据,还提得有理论水平,这样,无论是对检查者和被检查者,都是一次培训。

七、学术盛宴——期末分享会:学期工作梳理,干货满满

工作室有一个不成文的规定——能开小会,一定不开大会;能小范围聊天,绝不开成小会——在轻松的环境下,几个人小范围内聊天,围绕班主任工作的一个小问题,不断分享、追问、质疑,效果远比集中培训好得多。

但是，每个学期末，我们会有一场大会，叫"期末分享会"。我们以年级组为单位，每个年级组挑选3~5名班主任，在会上分享本学期最好的一个做法、一个策略、一条经验；每人15分钟，超时就会被叫停。

这个会议需要参与者动用大量的脑力，原因是杜绝大话、空话和套话。每个人必须拿出自己做过的、很具有操作性、代表性的做法，在全校展示出来。时间在15分钟以内，所有的铺垫、所有的废话都会被挤得干干净净，剩下的就全是事实说话、做法说话。有些教师会做，但是不会精练叙事，不会选择关键细节说，一个故事没有说完就被淘汰了。

因此，在年级组挑选之后，能够上去展示的教师所讲的内容基本上都是"干货"满满、操作性十足。每一次分享，对班主任来说，都是走向下一次成功的历练。

晓莉姐说

◆ 学习力＝智力 × 努力 × 毅力 × 驱力 × 能力；学习力将成为工作后人群分化的分水岭。

◆ 学习驱力＝认知驱力 × 自我增强驱力 × 附属驱力。且行，且思，且成长，每个人既是学习者，也是研究者。

晓贴士

培训要做好"七定"

- 定人：定培养对象、指导专家
- 定量：时间量、任务量、作业量、研究量
- 定时间：开始、检查、汇报、评估、考核、交流时间
- 定目标：团队商量要到哪里去
- 定任务：分工到每个人
- 定专题：做专题更有操作性
- 定制度：一起商量底线

第六节　课程贡献：用"多样化课程"丰富学校底蕴

当我们为学校做的事情越多，我们在学校就会越来越重要。

一个教师在学校里的价值和地位，取决于自己对学校的贡献和影响力。网上有一个说法，当我们在单位变得可有可无的时候，你别指望单位什么都能够想到你。这话有些俗气，但有一定的道理。

我更相信这一句话——"世界的美好和我们环环相扣"，学校的发展也和我们息息相关，要想学校变得美好，自己就得把才华和能力送给学校，学校好，我也好。在做好班主任工作的同时，我还积极为学生研发了很多课程，用多样化的课程丰富了学校的文化底蕴。

一、创建学生课程：完善青春期班会 24 课

青春是一个美好的字眼，但是青春期也往往涉及烦躁、叛逆、迷茫、焦虑等情绪。初中阶段沉重的学业负担，不可回避的升学压力，加之荷尔蒙的分泌，自我意识的觉醒，情感需求的加大，孩子越来越感觉叛逆了。理想有点远，现实有点烦，做不完的作业，补不完的功课，青春变得迷茫。

虽然学生家长受教育程度比以前高了，也越来越关注孩子的身心健康和学业发展，但遇到具体问题，如手机问题、游戏问题、早恋问题、成绩排名问题、升学选择问题等，他们又普遍感到焦虑。

班主任除了要完成规定课时的教学任务之外，还有数不胜数的"意外事件"或"临时任务"要处理。碰上刺头的孩子、家长的求助或应激事件，班主任更是疲于奔命。如何变被动为主动？落脚点还是在孩子身上，解决了孩子问题，上述问题也就缓解了。

于是，我和同事们一起创建了从七年级到九年级的 24 节班会课，提升孩

子面对青春期各种问题的应对能力。我们的目的很简单，用多样化的课程体系，提高学生的自我教育能力，引领孩子成长，让青春期孩子不迷茫，家长不焦虑，教师也不忙乱。

表1是我们制定的班会课程框架。

表1 班会课程框架

时间	七年级		八年级		九年级	
	上学期	下学期	上学期	下学期	上学期	下学期
课程主题	习惯养成	学会交往	异性关系	时间管理	升学规划	学会倾诉
	作业管理	手机管理	情绪管理	上网有度	面对挫折	情感调适
	学会交往	进入青春期	学会沟通	学会规划	情绪管理	职业规划
	树立理想	同桌的你	手机管理	学会沟通	爱上学习	学会选择

二、筹建家长课程——智慧父母必修十课

这个课程主要解决家长的问题。老让家长找学校，老让家长问我们，我们纵有三头六臂，也难以彻底满足他们的需求。创建青春期家长"智慧父母必修十课"，就是给家长提供支持，帮助他们自己解决孩子成长中的问题，为孩子的成长打造良好的家庭环境氛围，尽量走出"问题孩子的背后一般有一对问题家长的怪圈"。

青春期孩子随着自我意识的觉醒，需要寻找自我价值感，迫切地想要和家长分离；习惯了被需要和依赖的家长的心里会感到失落。青春期的孩子发育后，其自我意识觉醒，性意识觉醒，身体逐渐变得成熟，家长开始担心孩子与品行和学习不好的朋友交往，担心孩子会学坏。进入初中，学业上开始需要选拔，家长就越发感到焦虑。家长的紧张、失落和焦虑的情绪又会严重影响亲子关系和沟通，开设青春期家长大讲堂，就是要帮助家长和孩子重建亲密型亲子关系，为学校教育打下好的基础。

要做好这些工作，就需要研究家长。我们调研发现，当下家长们有三大诉求：帮助缓解情绪、学习正确认知、有效策略指导。于是，我们的课程就针对这些需求设置。我们把家长这些需求解决了，把家长培训好了，孩子们的困惑就会更少一些，亲子矛盾就会大大减少，孩子的成长环境会越来越好。

表 2 是家长课程的主要内容。

表 2　家长课程

十个话题	时间	课程形式	课程类型
◎小初衔接的指导	七年级上学期	知识讲座+案例分析	认知型
◎青春期性生理和性心理健康		知识讲座+案例分析	认知型
◎家长做好学业指导的策略	七年级下学期	亲子沙龙+专题讲座	活动型
◎和孩子一起"管住"手机		班级家庭教育情景剧场	体验型
◎青春期恋情及引导	八年级上学期	活动体验：情景剧+沙龙	体验型
◎亲子沟通：家长如何说，孩子才会听		活动体验：情景剧+沙龙	体验型
◎青春期亲子关系的修正	八年级下学期	亲子沙龙+教育戏剧	活动型
◎陪伴最能致远		亲子沙龙+讲座+活动体验	活动型
◎做好性保护的"三道防线"	九年级上学期	知识讲座+案例分析+沙龙	认知型
◎和孩子一起做好生涯规划	九年级下学期	情景剧+沙龙	体验型

这个课程的特色主要体现在这几方面。

把家长培养成为教育合伙人。 帮助家长积极改变教育观念：首先要学会觉察，做一个智慧的观察者；其次要学会聆听，做一个耐心的倾听者；最后再给予指导，做一个民主的引领者。

建议家长做好五个角色。 做孩子的成长导师，在人际关系、学习方法、生涯规划上做好指导，让孩子早明白为什么要学习；做孩子的"后勤部长"，陪伴孩子早起，坚持做爱心早餐，烧一些好吃的饭菜，饭桌上不批评孩子，让孩子对家庭死心塌地；做孩子的知心人，一起散步，看看电影，陪孩子聊聊天，听孩子发发牢骚，非功利性聊天让孩子倍有安全感；做孩子的"小学生"，让孩子讲讲学习知识，听孩子"卖弄"所学内容，让孩子对学习更有信心；做孩子的"避风港"，当孩子失败时，给他们一个拥抱，鼓励他不要紧，重新来，让孩子学会更坚强。

帮助他们实现"神助攻"。 上面这五个角色的建立，不需要多久，最快一周，最慢一个学期，家长就能切身感受到亲子关系的变化。有家长说，以前是"猪队友"，现在是"神助攻"了。那么，"神助攻"是如何实现的呢？一是通过"智慧父母必修十课"提升家长的认知，调整他们的情绪；二是加强教育技术修炼，6个主题、10大话题同步学生发育时间和发展规律，分别在解密青春期、学业指导、学会对话、指导交往、学会性保护、学会分离上拿出具体办法，一次一练，家长踏实；三是利用家长沙龙，促进他们的经验流动。我们在课程中明确了家长沙龙的具体做法，一事一策，家长们互相贡献点子，帮助孩子成长就更有方法了。

三、发展特色课程：中草药"浙八味"进校园

我们的学校靠近浙江中医药大学，我本人对中草药也很感兴趣，如果把我们自己的兴趣、特长融入学校课程建设，结果会怎样呢？于是，从2019年开始，我就在学校创建了中草药文化课程，并通过特色课程的形式，将中草药知识渗入校园劳动、德育、美育课程活动。

要做起来也不难。我从本土药材入手，先将浙江代表性中草药"新旧浙八味药材"引进校园。利用校园荒地，结合地形特点，精心布局，建成了一个中草药园地，孩子们亲自参与种植。目前已成功种植了新旧"浙八味"里16个常见品种，每种都有挂牌简介。学校还设立了中草药展厅，在展厅中陈列中草药图片、实物、炮制工具等，多角度呈现中草药文化。孩子们看中学，玩中学，兴趣很高。

1. 跨学科：多学科支持内容更丰富

这个活动最开始是几个兴趣者在做，后来变成了多学科教师参与的跨学科融合课程，例如：美术老师和科学老师合作，共同带领学生深度走进"浙八味"。看一看、摸一摸、尝一尝、画一画、做一做，学生感觉中草药世界里妙趣横生。

到了收获的季节，劳动课老师带领学生采摘中草药园地里的杭白菊和温郁金，了解药材的炮制过程，在切切实实和植物相处的过程中敬畏自然、敬畏生命，这样，劳动课也有了真实的切入点。

语文老师和数学老师也参与进来，带着孩子们用手绘图表、做学习笔记、绘制中草药主题书签，认识不同中草药的名称、功能和形状（见图2）。

图2 中草药主题书签

2. 引进来：大学教授来授课示范

我们还采用引进来的方式，聘请浙江中医药大学的教授，给孩子们介绍中草药的炮制和药膳使用知识。

2022年，江南实验学校的药材温郁金、杭白菊都丰收了。怎么使用呢？中医药大学的教授们走进学校，手把手地教学生辨认药材，例如：浙八味之一的温郁金地下块茎挖出来后，可以分成三部分做药，分别是莪术、姜黄（长得像生姜）、温郁金（表面光滑圆溜溜的）。

药材挖出来后怎么炮制？教授们又亲自上阵，教孩子们晾晒、上锅、蒸煮、切片、收藏。图3就是我们班学生在教授们的指导下，通过蒸青和晒干的方式制作的杭白菊。学生们不仅探究了蒸青后晒干的杭白菊口感和没有蒸青直接晒干的杭白菊之间的口感差异，还做了对比实验！考考你，你能猜出图中哪个是蒸青后的杭白菊吗？

a　　　　　　　　　　　b

图3　杭白菊

3.走出去：参观中草药博物馆

越研究，越想知道更多。于是，我们采取"走出去"的办法，带领孩子们参观中草药博物馆，在参观过程中了解了更为详细的中草药知识，感受中医文化的博大精深。博物馆里的标本、互动游戏更让孩子们流连忘返。

现在，中草药进校园的特色课程，已经成为我们学校的一大品牌。我们也相继开发了中草药劳动教材。

四、策划健康课程：保护视力《我不想戴眼镜》

眼睛是心灵的窗户，每个人都希望拥有一双健康明亮的眼睛。然而青少年近视问题日益严重，根据国家卫健委公布的调查结果显示，2018年全国儿童青少年总体近视率为53.6%，青少年近视率已经高居世界第一。近视呈现"大众化""低龄化"趋势，爱眼护眼已经刻不容缓！

面对严峻的青少年视力防控形势，特别是近年来线上学习带来的近视防控的困难，作为"全国儿童青少年近视防控试点区"，我们学校积极创新，开出三味药：三级联防、多位一体、数字赋能，打造滨江近视防控新模式，成效显著。

我带领团队与省近视防控中心王勤美撰编《我不想戴眼镜》读本。通过广泛宣传，使科学用眼知识进学校、进社区、进家庭，不断增强学生及家长健康用眼意识。

学校经常有人来参观、学习，遇到需要我分享、介绍的时候，校长总是客气地向来宾介绍："这是我们学校著名的班主任、科学老师徐晓莉……"校长的赞誉和参观老师的认同，让我倍感专业的尊严。

做有影响力的老师，我们不要给自己设限。我始终牢记父母教我的一句话："孩子，力气是用不完的，今天用了，明天还会有。"当我们为学校做的事情越多，我们在学校就会越来越重要。

晓莉姐说

◆ 兴趣和情绪对学习的影响，超过了学生所认为的意义和价值。

◆ 多做很多事情，的确会带来更多的工作压力，但是一回头，你会发现这些花去的时间很有价值。

◆ 用研究来指导实践，同时实践也给我们的研究提供了素材，相互促进，不断成长，我们的教育生涯也就具有更多的可能性。

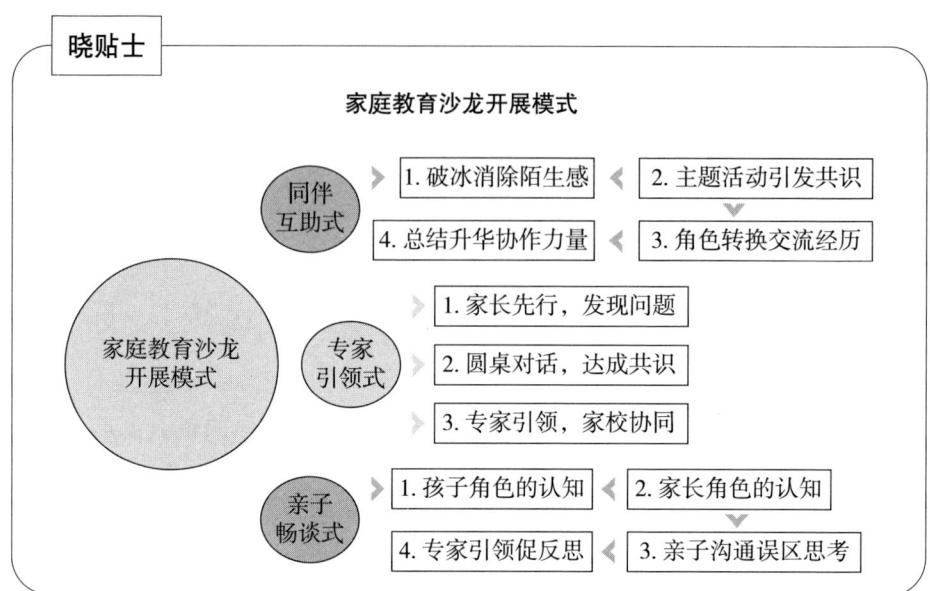

第二章　做有领导力的班主任
——让思想和行为产生追随的力量

领导力不是做官、做领导才该有的能力，而是不使用行政的力量，也依然能够吸引、感染、激励和引导他人的一种能力。

领导力能够使人信任和崇拜，激励人们发自内心地朝向你所引导的方向，而不是简单的命令与服从。

做一个有领导力的班主任，能给学生和家长以更美好的教育体验。

玛格丽特·米德（Margaret Mead）曾经说过："永远不要怀疑，一小群有思想、坚定的公民可以改变这个世界，事实的确是这样。"我深信，当你感受到领导力的价值和魅力时，虽然它难以定义，但是你一定会知道。

所有班主任都会面临领导力的挑战，传统的教育管理法宝已经失效，我们需要重修一项新的能力——领导力，以确保我们对学生、同事的主导作用。

几乎没有人天生具有领导力，好的领导力都是通过后天学习和培养获得的。

第一节　领导内涵：让团队对你追随和信任

在不断修炼自己和促进学生成长的过程中，团队对我们追随和信任，领导力就产生了。

"我是徐家班的，我们都爱徐老师。"历届学生总这么自豪地说。"徐家班"或许可以理解为学生和家长对我领导力的认可吧。

领导力是班主任影响学校、引领班级学生、教师及家长，共谋班级发展，共同实现育人目标的一种能力。有时候，班级遇到了困难，不是我们不够努力，而是因为我们缺少领导力，团队对我们不够信任，没有人追随我们，所以做事的时候阻力重重。

小刘老师多才多艺，还很漂亮，从师范院校毕业后就走上了班主任岗位。最初，她踌躇满志，斗志昂扬，每天充满活力。经过了新生军训、运动会、期中考试一系列工作后，她感到非常疲惫，也很焦虑，甚至一度想放弃班主任工作。

她苦恼地说：家长经常攀比、羡慕隔壁班的班主任经验丰富、管理有力、学生听话。我的班级呢？孩子们不信任我，批评时经常顶嘴，课堂上还与老师僵持较劲。任课老师也不配合，有时候希望他们帮自己说说话，可是他们只管自己的"一亩三分地"，对她的诉求爱莫能助……小刘老师心力交瘁，觉得自己太失败了。

对这个案例，你有没有熟悉的感觉？但是我发现，不是所有的年轻班主任都会出现这样的情况。我工作室的樊老师就很有办法，用学生的话说："樊老师自带气场，又美又飒。我们既喜欢她又害怕她……"

为什么小刘老师会出现这些情况，而同龄的樊老师却不一样呢？其实，这和教师的领导力有关，我们要逐步学会修炼自己的领导力。

一、领导力的本质：拥有同理心

如果把班级比作一个星系，学生是璀璨的群星，班主任就像星系中心的太阳，领导力就是太阳的引力，给予团队温暖和力量，牵引着学生凝聚在一起成长。班主任没有领导力，班级团队就像失去引力牵引的星系，混乱无序，容易发生冲突。

班主任领导力是班主任专业化的核心，不仅能增强班主任对自身领导者角色的认同，还能进一步激发班主任专业提升的动力，克服并摆脱职业倦怠。领导力越强，越容易赢得学生、同事和家长的认同，自身的幸福感也会越高。

领导力如此重要，但如果一些班主任觉得"哇，我好厉害，你看大家都听我的！"，那他就想多了。领导力不是随意指挥和控制人的一种能力，如果教师真的那样想，他就会失去领导力。因为一旦触及家长和学生的根本利益，昨天对你还很服从的人今天就会和你翻脸。

领导力的本质是一种同理心，是理解他人并且引导他人的一种能力。家长、学生和教师能够被我们领导，不是因为我们有什么特别的才华，而是他们想要实现的目标依靠我们恰好可以实现。换句话说，我们让他们发现自己的潜能并获得成功。因此，我们必须要拥有同理心，能站到别人的立场并引领他们成长，这是引导人的最好办法。

拥有同理心的班主任能够看到家长、孩子以及任课老师的需求，跳出自我，提供给团队更多的价值。这样，我们就能够成为学生发展的促进者、指导者，他们才会成为我们的支持者、拥护者和"铁杆同盟"。

晓贴士

表达同理心的7个方法

- ◆ 仔细听对方的话
- ◆ 重复对方刚才的话
- ◆ 提供支持
- ◆ 表达尊敬和钦佩
- ◆ 使用恰当的手势和姿态
- ◆ 肯定对方的心情
- ◆ 成为解决问题的伙伴

二、领导力的条件：提供三种价值

领导力的产生一般具有三个条件。

1. 拥有共同梦想

愿景能产生强烈的感召力，这是领导力产生的重要法宝。带好一个班级，我们首先得基于家长和学生的需求，一起构筑共同梦想——我们的班级愿景。在第一次学生和家长见面会上，我都这样提出我们班级的共同梦想——让每个人在自己的赛道发光！

"每个人"意味着我不会放弃任何一个人，他即使成绩不好，也可以找到属于自己的赛道；"发光"指的是帮助学生获得成功。"自己的赛道"则是因材施教、合理规划的带班理念。我带了很多届班级，我发现，这样一个梦想，是所有学生和家长都能够认同、接受的梦想。共同梦想达成之后，我们把这14个字张贴在教室后面的墙壁上，时刻提醒大家：有梦就要去追，每一个人都是独一无二的个体，都应该被善待。

为实现这个梦想，我向学生传递出强烈的信号：我和你们永远在一起，我会陪伴你们，带领你们一起去追梦！向家长传递出明确的声音：我和你们是合作者，您的孩子也是我的孩子，我会不离不弃，有困难我们一起解决！

2. 为人正直公平

这是领导力产生的源泉。"你信守承诺，领导力就产生了。"公正地对待每一名学生和家长，这是师德的基本要求，也是班主任具备领导力的重要条件。青春期的学生对公平和正义非常在乎，有着近乎执拗的理解和追求。只有家长和学生觉得班主任是没有私心的，他们才会对你产生追随感。

遗憾的是，有些教师没有注意到这些小细节。有名班主任在学生评优的时候，想让自己心目中的学生顺利当选，采用了等额选举的方法，从8个候选人中选8名学生做校级三好学生。结果班级其他学生很不服气，闹到学校。无论班主任怎么解释，学生和家长都还会质疑：为什么恰好是8位？为什么其他同学不具备资格？……

信任一旦被破坏，很难重建。学生只要感觉到一次不公平，就很有可能再也不信任班主任了，甚至可能处处和班主任作对。

3. 做事可靠有力

每个人都愿意与给他们安全感的人在一起。因此，可靠有力是领导力产生的第三个条件。

怎样可靠有力呢？首先要做学生和家长的后盾。

有一位班主任很"护犊子"，班级的学生都很喜欢他，说"班主任老李就像咱们的爸爸，有他在，就没有人敢欺负我们！"

有一天，他们班同学值周，把初三的一个班级的分扣了。初三的学生仗着自己是学长，气势汹汹地找到值周同学要说法。扣分的同学被吓得在教室里不敢出来。李老师知道后，把初三的同学叫过来，当着全班学生的面一顿好训："你们班卫生没有做好被扣分，不思悔改，反过来威胁初一值周的同学，这叫什么？错上加错！必须赔礼道歉，不然我就上报学生处，影响你们毕业综评！"

"找碴儿"的同学被李老师强大的气势给吓住了。从此以后，他们班值周再也没有人来"找碴儿"。同学们回到家分享自己的感受：李老师真霸气啊，我们太有安全感了！

同时，要及时解决学生和家长的麻烦，"该出手时就出手"。我再给大家分享一个小故事。

小章午餐时被一个小学同学欺负，那名学生经常在吃饭时故意把吃剩的骨头扔到小章的餐盘中，使得小章经常吃不饱饭。小章也没有声张，我是从他好朋友孙同学的家校联系册上知道的。孙同学流露，那名同学欺负小章三四次了！

这还了得！我立即把欺负小章的那名学生的班主任叫来，了解清楚情况之后，一起教育了那个孩子。待事情妥善处理后，小章在家校联系册上连续三天写道："徐老师真是太厉害了！"小章害怕妈妈担心，没有把这件事告诉家长。小章妈妈知道后既感激又惭愧，直说："把孩子放在徐老师的班级真是太幸运了！"

这些事情给全班同学和家长一个信息：我在！我会保护你们！这种力量给学生强大的安全感，吸引他们一起参与到班级来，一起让班级变得更好。

三、领导力提升：修炼四种能力

领导力是一种"力"，"力"从哪里来呢？一句话，修炼！没有人天生是领导者，也没有人天生具有领导力。那些让人倾倒的领导力，都是有心人在日复一日的工作中，不断总结、磨砺、修炼出来的。

班主任老师要修炼四种能力，领导力才会提升。

1. 修炼沟通能力

岳老师是我们学校的德育校长，她曾是一名优秀的班主任，做过年级组长，特别擅长和人沟通。"岳老师和人说话的时候，眼睛看着你，笑眯眯的，非常亲切和真诚，让人不忍心拒绝她的任何请求。"一名家长这样评价她。

"岳校长经常说，没事，有任何困难来找我。"一名年轻班主任这样说。岳老师就是这样一名亲和、乐于倾听、总能够让人打开话匣子的优秀老师，她的领导力就很强。

2. 学会授权

好领导都善于授权，因为他们洞悉人们内心深处对权力的渴求。善于授权的人，都是管理高手。以下是我们年级年轻班主任的感悟。

今天年级组欢乐跳长绳比赛，咱们班获得一等奖。让我最欢乐的不是获奖，而是他们团结协作、为班争光的拼搏过程。这次比赛全程全由孩子们自己组织与调整。第一次跳绳成绩只有190多个，第二次就有223个。尤其是计数的同学发现用画"正"的方法记录会出错，居然想出用手机"全程录像"的办法留证，还纠正了裁判少数两个的失误，真厉害！

这次比赛让我感慨很多：班主任需要放手授权给孩子，他们远比我们想象的能干！

3. 目标管理

好领导对结果的重视程度，胜过具体过程。领导越大越不参与具体操作，班主任是班级最大的领导，我们应该更多地把注意力放在目标管理上。

留心目标的可操作性、具体化、达成时间、达成标志，给学生提供资源与链接，比具体过程更能够激活班级管理潜力。盯住目标，及时复盘[①]，及时给学生们以实现目标的工具，比盯着过程上的失误更让学生觉得踏实、安全。

4. 学会示弱

社会科学家布伦·布朗（Brené Brown）提出，脆弱其实是领导力的一部分。布朗曾经在一次演讲中分享了她对脆弱的看法，探讨如何利用脆弱实现领导力。这场演讲在网上的观看次数超过 3600 万次。她认为，领导力中的脆弱性，指的是能够承认自己的不完美，以开放的心态迎接不确定性和风险，坚持真诚的对话，勇于提出反馈并欢迎反馈。

每个人都渴望自己有为，一个敢于示弱的班主任，更能增强团队之间的信任，和团队成员建立联系，从而使团队合作更融洽，战斗力更强。一个总是以坚强示人的班主任，则要承受更大的压力和责任；而他的团队成员也更容易发展出依赖性，习惯于看着能干的人做，自己不行动。

我在班级管理中经常"示弱"，其实我本来也很弱：电脑我不会，谁帮我管理呢？篮球我不懂，拜托大家组织训练！跳绳？我不敢看，我怕我太紧张，影响大家发挥。你们自己去比赛，赢了，老师请全班喝奶茶。输了？输了即算了，因为我确实也没有办法保证一定赢，尽力就可以……结果怎么样？大家想象一下。结果每次都让我惊喜！我弱不要紧，孩子们变强才是目的。

[①] 围棋术语，指按原先的走法，把下完的棋再摆一遍，这里用来表示对做过的事进行回顾与总结、反思。

以上四种能力很重要，但并非人人全部具有。能够齐备，我幸；不齐备，修炼好那么一两点，也就足够了。再多，就是意外惊喜。只不过，我们需要有意识地修炼，这才是最重要的。

晓莉姐说

◆ 领导力的关键在于共同实现目标的过程中良好关系的建立。

◆ 领导力需要把好的理念、好的计划付诸实践，并且持续不断地贯彻到行动中去。

◆ "持续践行"是教育境界、人格特质和践行智慧三方面的融合，只有通过自我修炼、逐步提升才能达到。

第二节　多元角色：换上多双鞋子陪跑

好的领导力，善于利用人们内心的需求，把他们的动机和行为整合在一起，从而发挥更大的价值。

2021年我带初三毕业班。为减少班级之间的接触，学生们在教室里吃饭，我负责分饭；学生们在教室里午睡，我负责纪律；晚自习我陪他们学习。教师都曾笑自己是"三陪"——陪吃饭、陪午睡、陪学习。每一个角色，我们都扮演得顺顺溜溜。

别人说班主任平凡而伟大，我非常认同。我们的平凡而伟大，不仅仅在这些细小而琐碎的事情里，更在于班主任角色的多样性和超强的领导力。不管遇到什么样的家长和孩子，我们都要带着他们成长，还要成长得有声有色，确实不容易。

我常说，班主任天生就会七十二变，面对不同的任务、不同的角色，扮演不同风格的领导者。"换上多双鞋子陪跑",既是我们的职责所在,又是对多元领导力角色的适应。

一、做成长资源的配置者

班主任是班级资源的拥有者和配置者,班主任对学生成长资源的合理配置,成为检验我们领导力的一个重要标志。

我们怎样排兵布阵、让自己的班级资源配置最优呢?

1. 优化学生资源配置

我认真了解和研究每一个学生,鼓励他们发挥自身优势,利用自身特长为班级做贡献。我经常对学生说:我们班上没有差生,只有被放错位置的人。我建立班级小组合作平台,每个人分领不同的任务,生教生、生帮生,同伴互助,孩子们的学习劲头很高。优秀的领导者往往能够点石成金,合理的资源配置让每一个人焕发出成长动力。

2. 做好家长资源配置

我们班每做一次活动,家长全面参与,做方案的、购买东西、做微信公众号的……甚至连我个人都被照顾得好好的。有些班主任觉得麻烦家长不好意思,殊不知家长很乐意被麻烦。家长渴望参与到孩子的成长中,你不麻烦他们,他们就失去了陪孩子一起成长的机会。

做好家长资源配置,就是协调好家长的时间和精力,让他们有机会参与孩子的成长;做好家长的资源配置,就是协调好家长的特长和优势,让他们有能力参与孩子的成长;做好家长的资源配置,就是协调好家长的情绪和积极性,让他们有兴趣参与孩子的成长。

网课期间,我班上有一个特别的称呼——"组长妈妈"。这个称呼有特殊的意义。上网课时,大家分散在家里,纪律、出勤不好管。我班实施小组合作,每6名同学组成一个"网格管理单元"。我把他们的妈妈邀请过来,让妈妈们组成一个新的"网格管理单元",每单元设置一个"组长妈妈"。这样,有什么事情，我只需轻松对接6个"组长妈妈"，就能在第一时间管好每个学生。当工作需要细化到每个同学的时候，对"组长妈妈"说一声，每个家长行动起来就特别快。

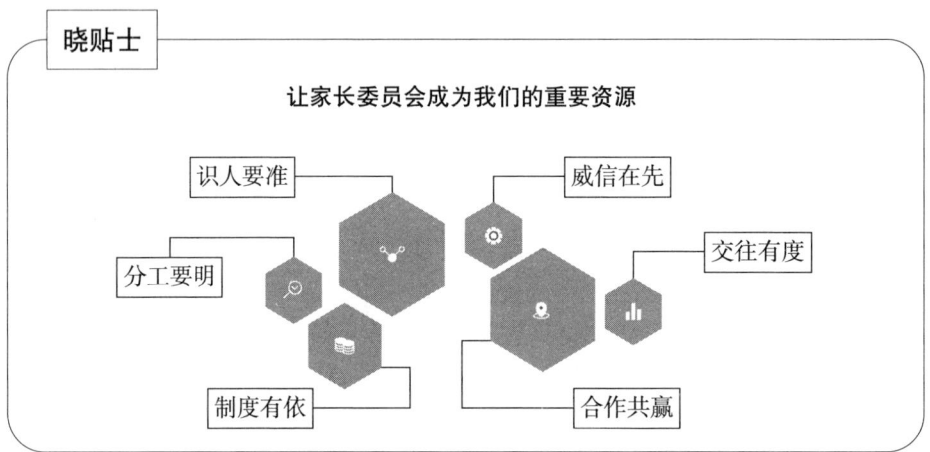

3. 做好搭班教师资源配置

谁适合"搭台"和"补位"，谁适合作为"嘴替①"以给我们支持，班主任一定要知道。通过搭班老师传递赞美，一定比自己表扬学生更有用；借助于搭班老师提升成绩，一定比仅自己辛苦努力的效果更好。班主任要明白，班级不能有短板，要想孩子们全面发展，必须要与搭班老师亲密合作，同心协力！

此外，我们还要善用学校资源、社会资源。这些资源被利用，也是它们的价值所在。当我们把校内外的资源协调好、整合好，学生的发展、活动空间也会更大。

好班主任是能工巧匠，善于巧妙地将各种资源整合起来，创造出最有利于学生成长的环境。

---

① 指替别人表达心声的人。

二、做班级精神的引领者

"高山仰止，景行行止"，某种意义上，就是对班主任精神领导力的形象描述。班主任是班级的灵魂人物，他对学生的引领，最高境界就是班级精神的智慧引领。当一个班级充满了积极向上的精神，这个班级的学生一定会卓越成长。

那么，我们如何做好对班级精神的引领呢？

第一，要有自信、幽默、淡定、有激情的班主任气质。班主任的气质和气场是做好班级管理的关键因素，我们自然而然地散发出来的自信、稳重、沉着、睿智、耐心和激情，本身就能够迅速影响学生。

很难想象，一个胆怯自卑、缺乏激情、没有幽默感、遇到事情经常抓狂的班主任，怎么能够让学生和家长产生安全感和信任呢？

第二，要有低调、阳光、勤奋、有内涵的学生气质。为什么相同尺码的人能够迅速走到一起？因为他们身上的气质相同。气质是由内而外散发的能量，环绕在身边又反过来影响着内在。当我们有了和学生一样的，对他们有着精神引领作用的气质时，孩子们就会不约而同地向我们靠拢。

第三，要有整洁、简约、安静、有书香气的教室气质。教室的氛围体现了班主任的特色气质，"一班一品，一间教室一个世界"，教室因班主任的文化气质不同而不同。教室是班级文化建设的主阵地，也是班主任的工作主场，班主任的文化素养高低，如对标语、口号的鉴赏能力，对文化角、黑板报的设计能力，直接影响着班级文化建设的品位。

当然，精神文化里最核心的元素是价值引领，也就是领导力的最高境界——"洗脑"。当班主任的思想能够让学生产生信仰时，价值引领因此而诞生。我有很多"语录"，正襟危坐、洗耳恭听、静能生慧、勤能补拙、因爱在一起、因奉献而有品位……都是我经常向学生传授的理念。

三、做高效行动的参与者

指手画脚的领导者让人生厌,最有感染力的领导是"我一直都在"。班主任做学生高效行动的参与者,能够让班级焕发更强大的生命力。

每到毕业季,学生们都哭着和我道别。为什么他们对我有如此深厚的感情?是因为我有幸陪伴了孩子们的成长,见证了他们的青春。元旦登高迎新、运动会入场式表演、中考填报志愿、体育训练……所有活动我都全程参与。

为提高孩子的体能和心能,每天放学后我都在操场上陪伴他们跑步;甚至暑假期间,我都早上六点起床,连续陪孩子们在操场上跑了1个月!

为指导学生暑期学习和生活,我连续6天进行了小组家访。每次家访,我都带着组内小伙伴们一起串门,一起做饭,一起和孩子的爸爸妈妈谈话,甚至帮孩子"谈判"。

长久的陪伴和参与,我和学生的感情非常深厚。以至于他们经常忘记我的年龄,总喊我"晓莉姐"。

四、做情绪工作的调控者

李希贵校长说:"今天教师的劳动性质,更多的是一种情绪劳动。"这要求我们班主任必须有稳定的情绪,能够更好地管理自己的情绪,并通过对自我情绪的管理影响学生,帮助他们建立稳定均衡的情绪和心理状态。

我们要成为学生情绪的实时调控者,及时发现问题,及时帮助学生,让他们保持良好的心态和积极向上的人生态度。

我们还要对每个学生进行精细化管理和疏导,在学生面临挫折和困难时,在学生面临考试和竞赛时,在学生遭遇家庭变故时,在学生发生同伴冲突时……在这些关键时刻,学生会更需要我们。

我们还要做好情绪预警和干预工作。当学生出现情绪波动或异常时，班主任要及时发现问题并采取有针对性的措施。当学生抑郁或情绪低落时，班主任要带他们参加校内外活动，让他们重新找到生活的乐趣。当学生出现过于激动和冲动的情绪时，班主任要耐心地和他们沟通，帮助他们冷静下来，理智地处理问题。

我们要善于察言观色，对他们进行"心理按摩"。中考是人生的一个转折点，一些孩子为了理想，放弃保送资格参加裸考。面对未来的不确定性，他们的精神压力很大。我经常和他们聊天，每天利用家校联系本和他们互动。精彩的互动图片发在朋友圈，很多家长说："看到徐老师晒出的家校手册，我们忍不住会笑出声来，孩子们与徐老师的互动如此幽默诙谐又充满正能量。"

我经常对孩子们进行"心理按摩"，每届毕业班，我们班中考成绩都"理所当然"的好。

五、做家庭教育的指导者

班主任作为学生接触最多的人之一，有责任帮助家长给学生营造一个良好的成长环境。

为了帮助家长提高家庭教育水平，我对焦虑情绪严重的家长开展个别指导，帮助家长缓解焦虑状态；我组织小组家长沙龙，让家长相互学习探讨，提升教育孩子的能力；我在班级开系列讲座，如《如何读懂青春期孩子》《如何和孩子沟通》《三方合作，破局手机管理难题》等，向家长介绍有关教育、心理、健康等方面的知识和技能。

为做好学生家庭教育的跟踪和评估，我连续两个月，每周五下午都开家长座谈会，了解孩子在家里学习和生活的真实情况。通过"家长好好学习，孩子天天向上"的活动指导，把部分家长无作为的"静待花开"变为科学的"合力培育"，学生们反响都挺好。

作为学校德育校长助理,我还承担了全校青春期教育的双课程设计和实施工作,精心设计了一系列适合孩子和家长学习的课程。我还用教育戏剧开展预防性侵害的教育,得到了家长的一致好评。

六、做自身成长的引导者

教师最大的悲哀是在学生成长时自己却逐渐老去,最后成为和孩子没有共同语言的人。领导力,英文的原词是"leadership",动词"lead"(领导、牵引)名词化加"er"后加上"ship"(船),原意就是"导引的船、引路的人",而不是管理,不是控制,不是强制。因此,有领导力的班主任要做好自身的成长,让自己时刻保持对学生的引领优势。

我一直在学习中。这些年,我从一个科学教师跨领域学习,成为陶行知研究会青春期教育领航人,成为中草药种植的兴趣爱好者,成为预防学生近视的宣传大使。我带领团队编写的《我不想戴眼镜》青少年近视防控读本(共3册),由浙江科技出版社出版后,获得了普遍好评。

2020年9月,我主持的省级课题"云端微班会:初中育人载体的设计和实施"成功结题,并获得市2020年课题成果二等奖;区规划课题"三位一体,让青春更美好——初中德育双课程体系的设计和开发"获得区第十七届教育科研成果一等奖。一大批优秀班主任在我的团队中迅速成长。

我的成长也赢得了学生的喜欢,学生们说我是他们"永远不老的晓莉姐"!

师者千面,每一面都有不同的风采;领导多元,每一个角色都是对教育的挚爱。一路前行,一路有我,换上一双新的鞋子陪孩子们跑,我们将收获新的人生!

> **晓莉姐说**
>
> ◆ 不要给人生设限，多尝试一种身份和角色，我们就对孩子们多打开了一扇生命的门。
> ◆ 优秀的领导能力是多元的，正因为如此，才能够引领不同的人走向辉煌。
> ◆ 不是我们的性格不适合做领导，而是我们没有把自己性格中的优势发挥出来。每个人把自己性格中的优势因素发挥出来，每个人都能够做好团队的领导。

第三节 学会授权：选择永远相信学生

管理只能够把事情做完，领导能够激励别人把事情做得更好。

天气热起来了，年级组规定，中午必须午休。这是件好事，而对于班主任来说，却是件令人头疼的事情：总有学生不肯睡，偷摸"卷"作业；还有学生走进走出，影响其他同学；有时任课老师还把学生喊走，去办公室辅导；还有些学生利用中午这段时间偷偷看课外书……更让人头疼的是，有的学生自己不睡，还和同学讲话，最后全班同学都被吵醒了，大家都大声说话。

作为班主任，该如何解决这个问题呢？授权给学生自己管理。作为专业的班主任，我们需要更多地授权学生，培养学生的自主管理能力，做到教师在和不在都一样。郑学志老师指出，要做一个"会"偷懒的班主任，关键是要做到"会"。那些具有卓越领导力的人，没有一个是不会放权、最终累死自己的。会不会放权、授权，能不能通过放权、授权让学生自己管理好自己，是优秀班主任和普通班主任的分水岭。

一、授权本身就是对领导力的科学认识

授权是一种管理方法，它是一种信任的体现。授权，管理者可以发挥最大的力量，激发被管理者的积极性。毕竟人的内心都有一种掌控世界的欲望，掌控能够给他们带来安全感。班主任要学会将权力和责任交给学生，让学生在参与中成长。

1. 授权的特点

第一，授权基于信任。一是相信学生具有相应的能力和责任，能把事情做好；二是相信自己，即使放权也能够把握大局，稳定发展方向。选择信任，就不要轻易干预，这是授权的特征之一。

第二，授权的同时也赋予责任。我们要通过授权的仪式，比如宣誓、承诺，明确告诉学生应尽的责任和义务。责任越明确，学生自我管理效果越好。

第三，授权有一定限制。班主任需要设定一定的规则和限制，建立相应的监督机构，确保学生在授权的范围内进行活动，不会越位，也不会造成负面影响。

2. 授权的意义

授权是一种责任移交，学生只有在承担责任时才能够更好地成为自己。具体方法可以有寻找代言人、岗位出租等，让学生代替我们做事。

授权也是一种积极性的提升。要做成一件事情，目标是内因，权利是实现目标的条件。我们把权利给学生，学生就有了实现自己目标的机会。生活中这也不允许、那也不能的孩子，最终性格懦弱，一事无成。

授权还是学生成长的一种途径。教育和学习都是一种实践，唯有真枪实弹地做一回，具体操作一翻，才能够真正实现成长。

授权也是一种工作需要。班主任是管理者，同时更是领导者。管理只能够把事情做完，领导能够激励别人把事情做得更好。

当然，授权对班主任自身也是一种解放。我们只有把自己从具体事务中

解放出来，才有机会思考对孩子们更有用的东西。越忙，我们就越容易失去方向。

二、授权也是一种具体可行的工作方式

班主任可以通过下面一些授权的方式，让学生自己学会成长。

1. 班委代理

班委代理是一种较为常见的授权方式。班主任可以通过组织同学信任的班委选举，让学生自主选举产生班级管理人员，如班长、学习委员、生活委员等。班委产生之后，班主任可以通过权力代理，让班委实现自主管理。

2. 制定班规

班规是班级管理的制度保障，也是班主任授权的一种很好的方式，制度授权比人员授权更有公信力。班主任通过指导学生制定班规实现授权。需要提醒的是，只有自己制定班规，学生才会在内心里认同。

3. 学生议事会

这是班级授权的另外一种重要形式。班主任通过组织学生议事会，让学生自主讨论和决策班级事务。在学生议事会中，班主任是指导者和监督者，原则上不干预学生的决策和讨论。

4. 学生自主项目

学生自主项目是充分展示学生创造力和活力的工作。要想班级做得有意思，一定要让学生能做的自主项目多一些。自主项目多，班级生活才有味道。自主项目多，学生的发展空间才大。自主项目授权，主要通过学生自己设计、策划、选择和决策实现。

三、授权需要一定的机制和流程

和大家分享一个故事——《梯子不用的时候横着放》。

曾经，青岛啤酒集团某车间的一个角落里放置了一架活动梯子，为了防

止其不用时倒下误伤工人,便立牌警示:"请留神梯子,注意安全"。后来,一名外国专家前来洽谈合作,看到了梯子和旁边的提示牌,建议将提示牌修改为:"不用时请将梯子横着放"。同样是强调安全生产,但是思考问题的角度变了,内涵和效果迥然不同:前者仅仅是提醒,而后者则是行动上的具体指南。

制度的执行,仅靠个人的觉悟是不够的,需要一定的机制和流程。

如何形成机制和流程呢?当然不是教师说了算,否则学生不会买账。我们需要授权学生,一起充分讨论,开展民主生活,从而形成机制和流程。

这里以午休问题为例。

我班"午休公约"出台流程如下:

(1)发现问题:午休存在不自觉的行为,部分学生不在教室里,教师不在就吵闹。

(2)展开讨论:需要午休吗?有必要安静地午休吗?班级午休问题如何解决?大家说出自己的想法和建议。

(3)收集建议:同学们把想法写在家校联系册上。

(4)整理素材:大家认同午休的价值有增强大脑记忆、缓解视力疲劳、放空大脑换换心情、安静思考等。他们指出午休的问题在于管理上的漏洞,如管理员执法不公平、同学不自觉、制度不完善、要求不够具体和严格等。

(5)开设班会:班会课从以下四个环节开展。

环节一:午休的意义与价值;

环节二:午休的问题症结所在;

环节三:午休问题的解决之策;

环节四:班级午休公约草拟。

(6)讨论公约:全班一起讨论了班级午休的10条公约,每一条公约制定都经过80%的同学同意才通过,确保公约真正意义上的民主集中。最后形成如下公约。

铃声响后，即入座；整理桌面，快午睡。
安静休息，不做事；互相督促，维纪律。
卫生值日，快快做；全班趁早，进午休。
特殊情况，需请假；管理人员，记黑板。
午睡吵闹，严处理；提醒一次，再扣分。
扣分不静，先冷静；周五放学，补反省。
每日扣分，需核验；老师签字，才生效。
五次扣分，需检讨；操行等第，要降级。
两周之内，无扣分；评价优秀，可加分。
管理人员，轮流做；两周轮换，齐共管。

（7）形成制度：午休制度实施细则加减分如下。

12:30之后进教室算迟到，扣2分；不按时午睡，做与午睡无关的事情一次性扣5分；有特殊情况但没请假，扣10分；有其他情况未及时请假，如果事后向老师合理解释并获得谅解，那么可以不扣分。午睡吵闹，一次扣5分；若两周内无扣分，且提醒单少，个人分可加5分。若一个学期内扣分达到20分，操行等第降级；管理员扣分和提醒都将会发放扣分单和提醒单。

（8）具体实施：从公约形成之日的第二天实施。为了保证实施效果，实施的前两周，班主任需要每周检查午休和关注扣分原因。

（9）反馈效果：每周登记上墙，及时反馈，每个同学都可以看到自己的加减分。

（10）总结复盘：每周管理员做一次小结，两周老师做一次总结。复盘时发现好的做法及时表扬，发现不好的行为及时处置。一些需要微调的地方，复盘时一并处理。复盘让制度更加合理、完善，确保将午休这件小事做好，别成为影响同学们成长的大事。

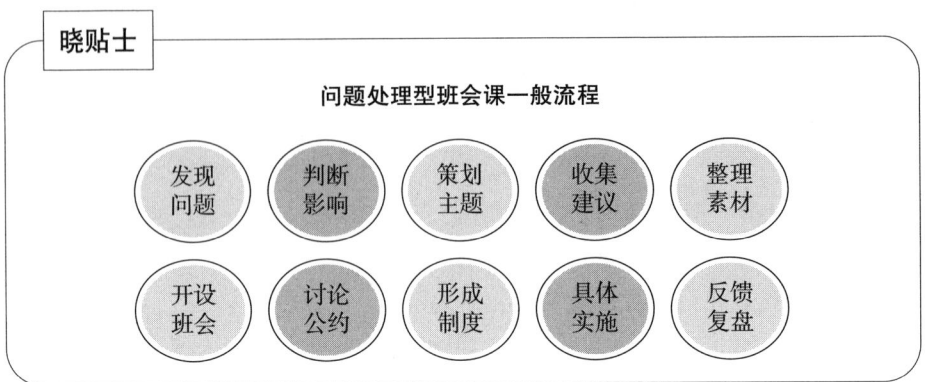

四、学会授权，我们需要做出改变

不少班主任不敢授权，这不是他们不能授权，而是缺少成功的体验，缺少可使用的工具，甚至还有学校要求班主任必须顶死看牢……

这一切，都需要我们做出改变。

1. 放下"掌控思维"，接受更多"不确定"

美国行为学家约翰·布罗德斯·华生（John Broadus Watson）说过一句很狂妄的话："给我一打健康的婴儿，我可以把他们培养成任意的样子，医生、律师、商人、领导者或者罪犯。"将这种思维推演到极致，成功就可以当成一门学问来研究，就像数理化公式一样，只要你按照他提供的方法去做，就一定能成功。所有的不确定性都可以被无视，他们才是命运唯一的主人。

这种掌控思维很可怕。因为它否定别人的存在，试图用自己的意志来决定一切。掌控思维在认知层面上消灭了"你"以外的万事万物，比如"只要你努力，就一定能成功"。

真的是这样吗？我们只要足够努力，就能教好所有学生吗？28年的教育生涯告诉我，我真有教不好的学生。学生只要努力，成绩一定会好吗？不一定！上完班会课，学生就会放下手机吗？不确定！家长来学校沟通后，学生就会变好吗？也不确定！不确定是"最确定"的，接受了更多的不确定，我们的内心也会更加强大。

既然有那么多的不确定，我们为什么不尝试授权呢？

例如，我掌控不了明年的中考成绩，那我就帮助学生做好生涯规划，让家长给孩子准备好适合栖息的"矮树枝"；我掌控不了学生的健康，那我就放手让他们去操场上跑、跳；我掌控不了学生们在学习方面的表现，那我为什么不发现和赞美他们付出的努力呢？也许，他们就多了一份改变……

放下你不能够掌控的，接受新的不确定性。大家理解这个练习了吗？现在就做起来吧。

2. 建立合作思维，赋予更多意义感

赋予意义感的过程，就是承认万事万物是有别于"我"的，不以"我"的意志为转移的。只有这样，它们与"我"才能产生真正的互动，才会有联结。

在班级管理中，合作让学生找到更多的"意义感"，相互之间建立新的联结。在联结师生关系、生生关系、亲子关系中，我们需要授权，建立"合作思维"，让每个人为自己负责。

年级组要举办篮球赛，我自然是帮不上忙的。那么就合作吧！

我列出我可以提供的资源：一定的活动经费、一定的活动时间、一定的人脉（教练）、奖励条件（加分）。

剩下的就是学生自己要解决的：组队、训练、挑选队服、预约球场……在这个过程中，需要师生合作、生生合作、家校合作。结果，在这场比赛中，我们班发挥得超级好，所有学生和教师都"嗨"了。在整个训练和比赛的过程中，这场"青春期的篮球比赛"产生了强烈的、不可替代的意义感：集体荣誉、团结协作、同伴价值、小组加分、异性价值等。

我也尝到了授权的快乐：没有我，班级的学生也一样优秀、快乐。为什么要把自己弄得那么累呢？

> **晓莉姐说**
>
> ◆ 班主任需要从做事者变为引导者，把主动权还给学生，让学生拥有更多的自主权和决策权。
>
> ◆ 我们授权给学生的时候，需要去建构更多的意义。相信他们会超过我们的预期。也许会有挫败，当错误成为一种资源的时候，不也是一种意义吗？
>
> ◆ 请班主任放下控制感，接纳各种"不确定"。你越放权，学生就会越好。

第四节 教练思维：培养靠谱的孩子

靠谱不是学生天生的品质，是需要"教"和"练"的！

许多班主任经常吐槽学生的各种不靠谱：早上进校，没戴校牌，被扣分；升国旗，红领巾没有戴，被扣分；刚刚扫过的地面，值周班来检查，又发现了小纸片！交作业时，才发现把作业落在家里了，只好打电话让家长送……

一群不靠谱的学生，每天产生一堆不靠谱的事情，让班主任抓狂：没有强大的内心，真是干不下去了！为消除不靠谱，各种禁令、各种惩罚，还是解决不了问题。聪明一些的班主任给学生提供靠谱的"工具"，一个问题一套解决工具。可是，依然不能够彻底解决问题。为什么，孩子们意识不到这是他们的责任啊！

例如，早上进班时，我在教室后面的地面上发现了一块抹布。我故意不捡起来，想看看有没有人主动捡起来，有没有人为这块掉在地上的抹布负责。一个上午，人来人往，抹布静静地躺在地上。中午，我忍不住对这件事情展开了班级讨论："大家说说，谁该为这块抹布负责呢？"

擦黑板的值日生说："我用过这块抹布，但是我用完后把抹布挂在了墙上！"值周组长说："我的工作是检查桌椅和倒垃圾，我没用抹布！"班级卫生委员说："我也不知道抹布是怎么掉到地上的！"这么多人，就没有人觉得自己应该捡起这块抹布。

如果没有从骨子里形成习惯，如果没有责任和边界意识，很多好行为不会自动发生。行为设计主义者B. J. 福格（B. J. Fogg）有一句名言："行为不会无故产生，一定有内在动机、相应的实施能力和恰当的提示。"做一个有领导力的班主任，我们的职责不应该只停留在查找原因、追究责任上，而应该领导孩子们自己去解决问题。领导变成什么事情都亲力亲为，看起来很"伟大"，其实是不可取的。因为你把下属的事情都做了，这是职责上的界限不清晰。

好的领导者不仅仅是思想上的引领者，还是行动上的好教练、操作上的好师傅。要培养靠谱的学生，我们得教会他们靠谱。

一、品质讨论：让每个孩子都做一个靠谱的人

心理学上有这样一个说法——"你关注什么，你就看到什么"。孩子不靠谱，是因为他们没有体会到靠谱的意义和价值。不靠谱，不一样地轻松吗？干吗还那么累呢？

把学生培养为靠谱的人，可以从这几个方面着手。

1. 从思想意识和行为动机方面帮助学生发现靠谱的好

我在班会上通过情景剧表演、小问题分析、"看别人的故事说自己的心事"等小活动，让学生感受到不靠谱的人给自己和他人带来的麻烦，帮助他们理解靠谱是一种优秀品质——靠谱的人会拥有更多的机会，因为能够让他人放心。在诉说自己遭遇不靠谱的人做的不靠谱的事情时，学生们自编自导了小品表演，激发了很多同学对不靠谱行为的声讨，真令我惊喜。

2. 让学生知道靠谱的标准

一些学生不靠谱，是确实没有意识到自己的不靠谱。因此，教师不能轻易地给学生贴上不靠谱的标签。怎么办？我组织他们讨论"靠谱的标准是什么？"，几节班会课后，我们班形成了"托事有应答，做事有回应；同一件事情负责到底，做完之后及时复盘"的靠谱检验标准。

3. 开展靠谱行为大看台活动

学生在班上点赞靠谱的行为，正面树立靠谱榜样。结果，孩子们说出了关于靠谱的多种理解，并创设了一面靠谱信息墙：靠谱的孩子责任心强，一件事答应下来后，就有强烈的责任感去完成；靠谱的孩子有诚信，答应了就"一诺千金"，哪怕有困难，也会想办法去完成；靠谱的孩子有恒心，为完成任务愿意多次尝试；还有，靠谱的孩子更实诚，不耍滑不偷懒……

要让学生知道：靠谱的人从不攀比别人的不靠谱，因为追求靠谱本身就是最靠谱的一种品质。

二、行为熏陶：日常生活中用心去"教、练"

小童父母不在家，他独自一人在杭州住校、读书。他个子比同龄人矮小，成绩中下，在班里不太自信，对待同学总笑脸相迎。为让他在班级找到更多的自信，我决定给他锻炼的机会。

竞选班干时，生活委员职位空缺。小童想上台又有点不敢去，我走到他身边，悄悄地说："我看好你，试一试吧，有困难老师会和你一起想办法。不要怕！"看着我坚定又期待的眼神，小童鼓足勇气上台了，居然高票当选。

上任的第一件事情，小童去后勤服务中心领新拖把。他问我后勤服务中心在哪里，我笑而不语，聪明的小童马上说："老师，您不用告诉我，我可以去问！保证完成任务。"

午饭后，小童向我汇报进度，说经过询问，已经找到了后勤服务中心了。我对他懂得询问和沟通的行为表示了赞赏，小童却丝毫不开心，反而内疚地说:"老师,拖把要用钱购买,我原本打算自己先垫上,却发现自己的钱不够,因此没有把拖把领回来。"不等我开口,小童说:"保证下节课课间,我一定会把拖把领回来!"听到这里,我深感欣慰,"你办事真靠谱,不仅第一时间落实,还能及时向我汇报进度。"小童腼腆地笑了。

得到了我的肯定后,小童秉承着"事事有回应"的原则,工作渐入佳境。他总会在班级的黑板擦、订书钉、粉笔等用完前就置办好,也会第一时间出手维修坏掉的东西,一举一动都传递着他对班级的关心和对同学的温暖,成了名副其实的靠谱娃。

小童的"靠谱"慢慢地影响了班上的男生。他个子矮,力气也小,脏活累活能干,干重活却力不从心。但他在班里有好人缘,"你可以去找人啊!记住,每个人都是你的资源。"于是,凡他做不了的,都会有人帮他。班上几个男生还成立了"护班小分队",专门维修桌椅板凳。"护班小分队"的名声甚至传遍了学校。

现在的小童,已经是英国帝国理工大学的一名大学生了。

一个胆小、懦弱的小男生,成长为受大家欢迎的、靠谱的人,靠的是什么?靠的就是训练。我们要学会利用欣赏、等待、启发、点拨、肯定和搭设台阶,慢慢地把学生培养成靠谱的人。我深信,靠谱是一种后天习得的能力,需要我们在日常生活中慢慢地去"教"学生,让他们"练"习。当学生感受到靠谱带来的荣誉和价值的时候,你让他不靠谱,他都为难。

三、工具成型:靠谱 GROW 训练模型

如何让一个人靠谱变成一群人的靠谱?每个人都要我们一个个地教,岂不是太没有领导力了?"所谓的领导力,就是最大限度地激发出每一个人做事情的能力!"这是我的"胡说",也是我的追求。

于是,我在学生个案培训的基础上,结合教练技术中广泛应用的一个工

具"GROW"模型,梳理出了我的"靠谱 GROW 训练模型"四部曲。这四部曲就是聚焦目标、了解现状、优化方案、有效执行四个步骤,分别对应目标(Goal)、现状(Reality)、方案(Options)和行动(Way Forward)四个关键词。每次训练,我都按照"目标→现状→方案→行动"的顺序逐步开展,增进决策的速度和精度,提升学生靠谱表现的水平。

"靠谱 GROW 模型"是一种以学生为中心、以问题为导向、以目标为驱动、以反馈为依据的训练方法。举个小案例。

我让学生把成绩抄录到评语手册上,找的是一批优秀又乖巧的女生。在我们以往的观念中,女生细心,做事认真负责。交给她们之后,我就放心地走了。没想到,在吃晚餐前,我还是没有等到她们来交作业。我忍不住过去看,傻眼了:桌面上摊开着各种表格、手册、多支笔,人没有了。在自习课上我问她们,她们居然说:"你没有交代什么时间啊!"

原来,责任在我。于是,我启动"靠谱 GROW 训练模型"。

(1)这事儿谁来做、主体是谁?我们邀请来的 6 位同学。

(2)我们要做的事情是什么?抄班级同学的成绩。

(3)我们的目标是什么?以学科为单位,今天晚上把成绩抄好。

(4)用什么标准来衡量做好了(即如何反馈)?做好了不要等老师来问,主动反馈和复盘。

这样安排之后,小组长说:"老师,你放心吧,这次我们一定很靠谱。"

四、经验借鉴:阿里巴巴培养员工的 16 字方法

慢慢地,我的"靠谱 GROW 训练模型"受到越来越多的学生和家长关注。家长纷纷向我取经:怎样在家里也把孩子培养成靠谱的人?有没有更直观的方法?

当然有。阿里巴巴培训员工有著名的 16 字方法——"我说你听,你说我

听；我做你看，你做我看"，很"简单、直观"。我一说，他们很快就明白了，这是最"简单粗暴"的教练技术。以佩戴校牌为例。

以前总有人忘记戴校徽，哪怕给每个同学一次性做 5 块校牌，每天还是有同学因为没有戴校徽而扣分。怎么训练"靠谱地"戴校牌呢？

（1）我说你听，明确培训要点。交代出门戴校徽的"三道保险关"：出门第一关，用手摸，在不在衣服上；第二关：书包藏，放一块备用校牌在书包的夹层；第三关：老师备，如果还没有戴，记得到教师办公室来领取（我办公室的抽屉里有同学们的第三块校牌，当天佩戴，避免扣分，但是第二天要归还）。这三点不仅仅要听我说，还要他们记录下来。

（2）你说我听，复述记住要点。不要以为教师说了他们就记住了，很多时候，学生记忆的信息是不全的。他们说，我们听，看看他们对关键点是否清楚。

（3）我做你看，也就是示范。我给他们示范三道保险关怎么做，怎样才能让每一关都落实。

（4）你做我看，就是做复盘。不把结果放在说上，而是要放在做上，通过检查学生是否做到位，来确保最终执行的效果。

如果还没有效果，那就"我再说你再听（重复记忆），你再说我再听（找要点差距）；我再做你再看（重复示范）、你再做我再看（反复检查矫正）"，铁杵成针，孩子也就学会了。

多次教练之后，我在班上寻找做得好的人做代理，让他们去培训其他同学。这样，通过反复训练，两个月后，我们班再也没有人因为校牌而被扣分。一直到毕业都这样。

五、贴心秘籍：常常倾听，偶尔帮助

另外，我想说的是，"每一个学生都需要一个好教练"，但不是所有的班主任都可以成为好教练。培养靠谱的人，我们还要学会"常常倾听，偶尔帮助"。这句话适用于医生治疗病人,也同样适用于教育。

常常倾听,倾听什么?倾听孩子们的需求、感觉、快乐。记住,倾听过程中不要习惯性地去评价,或者主动去指导和提供建议。那样会阻碍孩子们分享的欲望,多次这样,他们就不会和你说了。

偶尔帮助,帮助什么呢?帮助他们提升。我们要问好"3W问题"。是什么(what)?为什么(why)?怎么办(how)?通过三问,提炼他们的方法,帮助他们梳理、提升,引导他们成为更靠谱的人。

> **晓莉姐说**
>
> ◆ 我们的使命是成为学生的促进者、陪伴者。班主任是伴舞的人,而不是表演的人,永远要让学生学会自我反思、自我成长。
>
> ◆ 教练思维要"瞄准目标",经常提醒我们去思考初心在哪里、想要去哪里。学生顿悟了,就是教练的成果。

> **晓贴士**
>
> **教练学生做到"五有"**
>
> 1. 对成绩、状态、情绪等要做到心中有"数";
> 2. 对家庭情况、规划等要做到胸中有"谱";
> 3. 理解接纳学生,要做到眼里有"爱";
> 4. 研究发展规律,做到术中有"理";
> 5. 不用一把尺子去评价所有学生,做到方法有"别"。

第五节 激励机制:让每一次评优都成为最好的教育

学校生活的每一个环节都有教育意义,关键在于我们怎么利用。

谈到班主任的领导力,我们不可避免地要聊一个话题——激励,好的激励机制是领导力的保障。激励离不开我们日常的评优，所以，接下来我想和大家一起聊聊我们班的评优活动。我的目标，是让每一次评优过程本身都成为对孩子最好的教育。

一、目标先行——朝向未来美好品质

目标本身就有激励作用，越早把班级建设目标告诉孩子们，越早和孩子们制定班级和个人成长愿景，班级建设效果就会越好。相反，目标不明、方向不清、考核要求不具体，班级就涣散。如何操作呢？

1. 播下愿景种子

每年新年伊始，好多人会给自己立一个目标。不管效果如何，那也是成长的一个愿景，我们不能忽略这个宝贵的机会。

每接一个新班，我都引导学生畅想自己要成为什么样的人，有什么新的期待。学生写得五花八门，甚至离题万里，非常搞笑。例如，一个学生的新学期目标是这样的："天天有钱花，沉溺于学习，不吃辛辣火锅。"同学们一阵狂笑，他不慌不忙地在前面加上"不可能的"。

待他们笑完，我说："愿景是一颗美好的种子，是我们任何一个时刻想起来都会浑身充满力量和激情的目标。不管现在看起来多么荒谬，都可能成为激励你一辈子向上的力量，为什么不坚持呢？"我还用马云经典的那句话"万一实现了呢？"鼓励孩子们深入思考。

他们后来的愿景表达非常认真、激动人心。其中一个学生的志向让我感动："我想成为一名技术精湛的外科医生，病人再也不用被癌症折磨。这样才是有意义的人生。"才多大的孩子，有这样的胸襟，他怎么可能成长不好呢？通过后面三年的观察，我发现这个孩子从不和别人攀比，热心班级公益事务，学习时特别宁静，无论身边的人怎么吵，他都能安静地学习。那份定力，超越了很多同龄人，让人心生喜欢。

愿景是一颗神奇的种子，它让我们的教育有了多种美好的可能。

2. 创建评优项目

目标要可衡量、可评价、有关键结果。我和孩子们商量："要不要把你的愿景细化成具体关键的小目标，每实现一个小目标，我们给自己评一个小优秀，让进步看得见？"

于是，我和孩子们一起创造了我们班级众多的小评优项目。学习方面，有"专注力小达人""静心高手""神速笔记员""守时专家""最美作业大咖"；性格修养方面，有"亲善大师""爱心天使""公益达人""情商高手"；体育锻炼方面，有"自律神兵""坚强卫士""体能达人""超级酷标"……班级评优项目多达 32 个！和学校评优一起构成了我们班级强大的荣誉体系。

我经常和孩子们分享一句话："你不需要很厉害才开始，我们需要开始才会变得很厉害。"只要我们现在开始行动，将来的我们一定能够引人瞩目。

3. 出台评选制度

好的目标得配备好的评优制度，不然就可能"一本好经让人念歪了"。好的评选制度怎么来？孩子们可以自发制定。只有他们自己制定的制度，他们才愿意认同，才愿意遵守。班级评优制度，主要从资格、程序上创建和完善班级评优的具体操作办法。

我班评选制度主要涉及"评选项目""评选资格""报名（提名）程序""考核和考察""拉票投票""结果公示""复核申诉""班级决议""家长喜报"等主要内容，上报学校和上级的，还有一个"学校审核"环节。这就从流程上规范了班级的评优行为。程序的严谨让学生觉得这是一件很神圣的事情，这样他们才会更加珍惜。

二、规则学习——评优条件早熟于心

制度确定之后，还需要定期学习，不然很多学生会忘记。怎么组织学习呢？

1. 入校就学习

为了让学生们对评优的条件、程序尽快熟悉，我们每学期都要组织学生集中学习几次，并在学习的过程中，在每个人心里埋下一颗种子——本学期我要在哪些项目中，获得自己的评优资格。

规则学习分两个内容，一个是自己班的评优项目和条件，一个是学校及上级教育行政主管部门的评优项目。有些教师问：这些政策您怎么知道？会变化吗？放心吧，我们学校的评优制度一般三年都不会变化，都会印在学生的成长手册上，全校一致。早点学习，学生们心里更有底。

2. 解读要详细

详细到什么程度呢？具体行为、关键指标、重要数据都要非常精准。举一个例子——学习成绩是这样考核的：各科（包括体育、音乐）总分100分，80分以上才能评为优秀。这80分怎么来的呢？不是期末考试80分就是80分，而是期中考试成绩乘30%+期末考试成绩乘40%+平时作业、课堂表现等分数（占30%），这样综合得分80分，才是该科优秀的分数。如果某个孩子平时学习态度不好，还不交作业，即使每次考试恰好80分，也达不到优秀标准。这叫过程计分。

操行评优也是这样规定的：学生自评、组内评价、教师评价三个方面，每个方面分优秀、良好、合格、待评四个级别，它们的比重为3：3：3：1。原则上没有重大违纪，都是合格等级及以上；有些学生表现不够好，出现过重大违纪，是可以纳入"待评"等级的。"待评"本来是属于不合格等级的一个说法，一旦我们给了学生不合格的评价，不仅仅是为其贴上了不好的标签，而且会影响他的升学。于是，我们学校创造出一个人性化的处理方式——"待评"，即暂时不参与评价，给学生一个努力的方向，进步达标了再给予合格及以上评价。这样既给学生提出了要求，又给予了学生希望，我认为，这就是教育。

解读越具体，学生对规则的理解就越深刻，成长的方向就越明确。

3. 向家长公开

制度不仅要让学生知道，还要让家长知道。我们把这些制度在班级公众号上全文发布，让家长也明白学校和班级的具体做法，这样就避免家长为孩子说情。对比条件看看，如果有很大差距，就不要为难老师了。

三、工作前置——细节和过程都很重要

评优有阶段性，但是，准备工作一定要前置。有些事情不做在前面，临时评价则可能有失公允。

1. 组建专门机构

事情必须要专起来，才能确保精力集中，优质高效。而且不由班委干部兼任，管理权和评价权分开，这样才更加公正公平。我们专门成立了一个班级评优小组，成员由三部分构成：一是班主任和 2 名任课教师，确保学校教育目标和意图的实现；二是 3 名学生代表，民主推选，代表公信力；三是家长代表 2 名。一共 7 名，遇到重大问题投票，二选一的时候，不会出现相同票数。

评优工作小组是班级常设机构，主要任务是解读评优制度，整理记录平时的考核分，对候选人资格进行审核。

2. 注重阶段推优

班级评优除了期末终点评优，还有阶段性推优。成长是一个不断叠加、累积的过程，阶段推优的目的，就是让孩子的成长不断看得见。

阶段推优的项目多元，评价方式也很多。教室里有一个专门的公示栏，利用加星的方式，把每天、每周、每月阶段性推优的结果都公示出来。有这么一句话："努力会让人上瘾，尤其是在人尝到了甜头之后。"孩子的进步每天都被看见，他的成长动力就越足。

3. 加强数据管理

平时考核数据要注意保存，后面评优用得着。说一个小故事吧，在评市优秀学习小组的时候，大家凭感觉建议的小组，最后居然在班级排名第五。为什么会这样？他们小组有尖子生啊，我们被那几个尖子生的优秀误导了。而另外一个小组，尽管成绩排名暂时不是很靠前，但是他们稳扎稳打，日常

学习活动组织得很扎实，每周学习目标完成度都是全班前两名，期末考试的超均率（即每次考试和平均分的差值比率）最高，换句话说，他们的进步幅度最大。最后，我们把市优秀学习小组给了这个小组。

这让很多孩子认识到一点——印象靠不住，数据靠得住。严谨的程序和扎实的工作，不仅确保了评优的过程和结果公平客观，对学生也是一个很好的教育。

四、程序公开——阳光监督更显公平

评优是孩子和家长们普遍关注的事情，尤其是综合素质评价实施之后，评优涉及孩子们的升学，每一个家长和孩子都会盯着。

我们要把评选政策和条件公开，还要把评选过程和结果全公开。公开能够带来阳光透明的幸福和安全，也能够带来信任和支持。

1. 提倡自愿报名

我提倡所有孩子都要敢于自我报名，每一个孩子都去试一试。有些孩子缩手缩脚，我说"自己都不愿意推荐自己，还期待他人给你肯定评价吗？""敢于自我推荐也是对自己的一种认可。"每个孩子都敢参与、都有权参与，班级生态才会好。

2. 加强报名指导

孩子毕竟小，对自己的认识不一定客观全面。盲目推优，孩子们失望后会对自己否定得一无是处。为降低失败对孩子们的打击，我在鼓励大家参选的同时，对学生进行一对一指导，让他们对照条件精准参选，尽可能申报一个成功一个。在肯定中成长的孩子会拥有自信，这是我们教育工作者必须把握的基本规律。

3. 提名程序公开

参评同学要填写各种报名表。我们会把填表的内容、报名人、项目等提名信息和过程全公开。尤其是校级综合荣誉和单向荣誉，关注度最高，更应该公开。

交表后，是否符合条件，还有一个程序——资格审查。评定小组对比条件进行资格审核，这些也会公开。

4. 足额限期公示

候选人名单公示 3 天。这个规定是有道理的，因为这是孩子们充分讨论、酝酿、反馈信息的 3 天，也是孩子们审慎思考的 3 天，时间太短不行。公示期间，评优小组对所有质疑都要详细解答，答复时必须要拿出足够的考评证据。

公示期间一定要做好一个重要的教育工作，就是公平、公正、客观地评价每一个人，要培养一颗坦荡、坦诚的心。投诉、质疑和举报的目的不是把别人拉下来，而是要让评优成为真正促进我们成长的一个动力。因此，所有的投诉、质疑、检举，都要真实、准确、怀抱善意，这对孩子以后做人很重要。

五、允许展示——让评优更具"仪式感"

学校生活的每一个环节都有教育意义，就看我们怎么利用。在我班上，哪怕评优拉票的环节，我都要让它成为孩子教育的资源。

1. 一分钟拉票

这个很能锻炼人，也很有挑战性。孩子们的口才、胆量、幽默感、人气、准备量、气场等，全得到检验。有些孩子准备很充分，但是准备的是家长写的发言稿，照纸宣读，不够真诚，效果自然不如意；有些孩子胆量很小，很羞涩，不敢大声拉票，头也低下去，同伴都替她着急；有些孩子敢于表达，大气勇敢，幽默活泼，他们拉票成功就是一种示范；有些孩子，一上台就唱跳，喜感十足，给大家带来了很多快乐。

拉票时间限定为 1 分钟。1 分钟拉票，彰显的不是某一方面的才能，而是综合实力的体现。十几个候选人，逐一上台，一较高下。

2. 个性化海报

每到评优季节，我们班教室内外贴满了图文并茂、五彩缤纷的拉票海报，而且都是手绘的。这比打印更节省钱、更能够锻炼学生的才能。学生们为帮助自己的伙伴评优，也积极主动地当幕后军师，整个班级一片其乐融融、忙得不可开交的样子，令人欣慰。

3. 整体性队形

拉票时间集中，每个拉票者身着最满意的服装，整理仪表，在教室后门整队出发。到讲台上队形不散，拉票时才能出列；拉完票后迅速回到队列中，离开的时候还要保持气势和队形。整个过程气势要足，富有激情；下面的同学一定要鼓掌。细节为什么要这样精、严？这样才有仪式感，仪式感不仅仅能够增加自豪感，对其他人也是一种感染和教育。

4. 适当性点评

拉票结束后，班主任一定会点评，也会提醒同学们下次上台的注意事项。多次培养，学生会成长得更快。这次校学生会选举，我班柯同学脱稿演讲10分钟，潇洒自信，落落大方，最后被选为学生会主席。我班孩子多次做学校大会主持人、志愿者，许多教师评价他们的性格十分开朗、自信阳光，这和班级评优多次的锻炼、培养分不开。

六、投票公开——学生全程"当家做主"

1. 自行设计选票

为什么要学生设计选票？找个打印店不行吗？打印店当然可以，但是对学生的锻炼和教育作用有限！学生自己参与设计制作，他们收获的不仅仅是自己的劳动成果得到肯定的快乐，还有在动脑设计过程中培养起来的那份对集体的认同、对同伴的支撑，这些更有意义！

我班任何一张选票都是学生自己动手设计的，全部手绘。每一张选票都是独一无二的绝版。候选人为了获得更多选票，还组织同学成立专属自己的选票制作小组。不管成败,投票之后,这些选票都成为孩子们烙下青春印记的收藏品。

2. 全程学生参与

正式投票环节,从分发、收集选票,到唱票、计票、监督,所有环节都是学生主持,还安排学生拍照。黑板上的投票结果也要拍照,文字和图片一起保存,确保过程的公平公正,并经得起检验。

3. 杜绝家长求情

曾有家长暗示我帮她的孩子评优,我明确表态:全程学生主持,我只是旁观,没机会出手啊!同时我温馨提示:真正帮孩子,是孩子进校之后对照条件去帮助孩子行动。这样的帮助才是王道!杜绝家长求情,是对更多孩子的有情。我们班的学生很自豪,因为我们班级的优秀可都是"实打实"的。

晓莉姐说

◆ 教师的公平公正是孩子们公平公正的基础和底气,也是孩子成长过程中价值观形成的基础。任何时候我们都不要忘记自身的教育意义。

◆ 我们把一件事做得认真且有仪式感,学生就会更加重视。

晓贴士

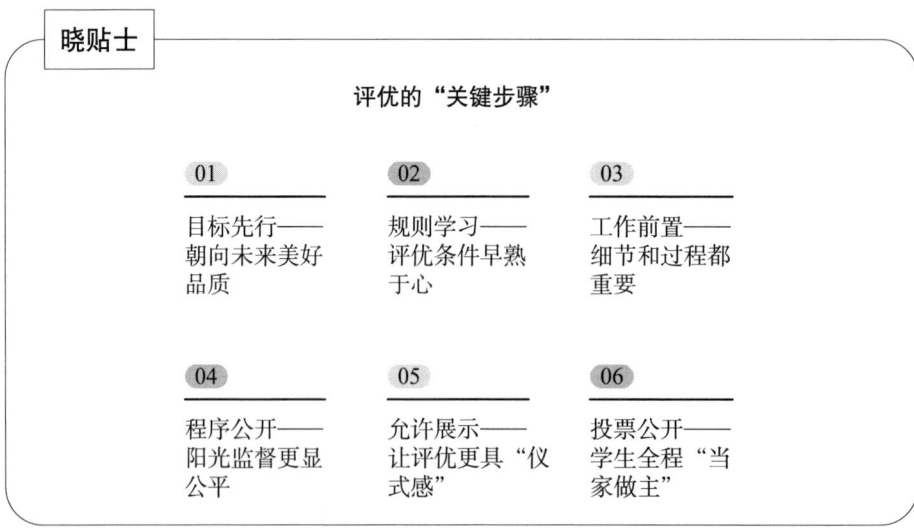

评优的"关键步骤"

01 目标先行——朝向未来美好品质

02 规则学习——评优条件早熟于心

03 工作前置——细节和过程都重要

04 程序公开——阳光监督更显公平

05 允许展示——让评优更具"仪式感"

06 投票公开——学生全程"当家做主"

第六节　结果使用：以终为始让学生再次起航

成长总是螺旋式上升的，哪怕这样周而复始，只要不忘初心，孩子们就能够在评优机制的激励下不断进步。

领导者要有闭环意识。什么叫闭环？就是一件事情从开始到结束，实施流程能够形成一个封闭圆圈，并能不断螺旋式上升，改进后面的工作。

班级评优机制也是一样的，它的闭环不是到结果公示，而是把评优结果的教育、宣传和使用作为最后一个环节，以终为始再次起航。我认为以下七个做法值得和大家分享。

一、用背景故事给评优增添厚度

评优开始之前，我安排同学们采访参与者并了解相关的背景故事。在评选结束进入收票、唱票环节，这时候大多数同学无事可做，我会把以这些背景故事为素材做成的PPT展示给大家看。每次背景故事的分享展示，都能够把评优气氛推向高潮。

1. 候选人采访：帮助孩子总结得失

班主任采访候选人沈同学：你觉得你的票会怎样？为什么？

沈同学：不高，我学习还不够优秀，上课有时会插嘴（笑）。

采访候选人刘同学：你有什么担心或者有需要改进的方面吗？

刘同学：我上课专注力不够，看到别的同学展示，压力还很大。

班主任：该怎么改进呢？

刘同学：制定方案，立即行动！

有些候选人很焦虑，我就告诉他："没关系，大家都一样。""别着急，哪怕这次评选不上，继续努力，以后还是有机会的。"孩子们紧张的情绪得到缓解。

2. 非候选人采访：如何向同伴学习

问：这些参评的同学有什么值得你羡慕的吗？

答：羡慕他们的勇气。

答：羡慕他们有很多人支持。

问：您有什么打算或者行动吗？

答：可以是秘密吗？

我笑道：当然可以。

同学们也跟着大笑。

有时我还直接问一些同学："你会投××吗？为什么？如果不想投，是他的哪些方面你不太能接受？"明知道他们的关系很好，我依然要问，目的是引导他们更好地认识自己和同伴。

3. 工作人员采访：更明白肩上的责任

不仅仅是我在采访，我们班上还有专门的新闻报道组，对投票、监票、唱票、计票的同学们进行采访。目的是让这些工作置于大家的监督之下，营造公平公正的评优环境。

现场采访的时间不长，也就是10分钟左右。可是这个环节颇具喜感，缓解了同学们等待结果的紧张气氛。大家放松下来，各抒己见，想说什么就说什么。青春期的孩子，非常在意自我价值感，希望被认同、被喜欢，听一听他人的评价，这样的教育意义非凡。

二、后续安抚让孩子正确认识自我

凡是过往，皆为序章。评优也是这样，结果出来之后，后继教育才刚开始。评优是激励，但也会让那些失利的学生受到打击。每次评优之后，我要先做这些事情。

1. 感觉全开，捕捉情绪最失控者

我细心观察每一个同学，尤其注重捕捉情绪最失控者。这些孩子不安抚好，可能当天就会有小麻烦。

在捕捉时要注意辨别真伪。有些孩子失落，但会强忍；有些当场会掉眼泪，但是哭哭就好了；有些孩子会迁怒于他人，这个要注意苗头……不管对哪一类孩子，基本原则都是认真倾听，真诚认同，诚恳安抚，及时援助。

2. 关注反差，及时安慰最失落者

雨如是班长，成绩优秀，所有大考都排名年级前十，有几次还考到了年级第一；责任心也极强，常默默帮助值日生，细心到教室卫生没分扣才最后一个离开；她还多才多艺，能唱能画，她负责的黑板报经常全校第一。可是，这么"完美"的一名同学，只评上了优秀班干，而且票数不高，这让雨如很失落。她想不明白："为什么我这么努力，大家还不喜欢？"

我引导她不要追求太完美：我们不要因为别人"没看见"而放弃自己的优秀；站在金字塔顶的人，要给别人更多的宽容和理解，那叫慈悲。高站位的引领让孩子的胸襟开阔，继续前行。

3. 把握要点，正确对待他人的评价

不管对哪一类孩子，班主任都要引导他们正确认识自我，正确对待他人评价。我对落选者说："尽力做自己所能做的，别人不喜欢你，不投票给你，这也不是你的过错，是他们不能够发现别人的好。我们没有必要用别人的错误来惩罚自己。"

"过于在乎别人的评价，会让我们忘记为什么出发。""我们要坚定自己的选择，因为最终受益的是我们自己。"这些话能够让落选者获得另外一种认知，客观认识评优。曾经的落选者子君考上重点高中，回来看我时说，老师给她最好的礼物就是帮她找回自信，尽力做好自己。

三、用得失反思促进孩子成长

反思放在评优结束的当天晚上或者第二天的自习课上。时间隔得太远就没有感觉了。反思从以下四个方面进行。

1. 成功者反思：怎样才能更好？

反思的要点：我为什么能得到大多数人的认可？我有哪些地方做得好？我还有没有需要改进的地方？我下一步的目标和具体措施有哪些？……

徐来同学写道："我的入选跌跌撞撞，勉强被选上，说明大家认可我作为体委的辛苦付出，但是票数不高，是因为我的学习成绩不够优秀，不能引领更多人。"

李冉同学反思："我票数最高，但我的成绩不是最好的，大家包容我；我还有很多地方要改进，我要向雨如班长学习，她很踏实。"

2. 落选者反思：该怎么改进？

反思的要点：我为什么没有得到大多数人的认可？最大的问题在哪里？我该如何进步？具体的目标和措施有哪些？我如何和家人沟通这次评优？……

张赫同学这样说："这次落选暴露了我学习不扎实、成绩忽上忽下不稳定，作为组长也没有很好地为小组服务，反而因为自习讲话而被扣分，我很惭愧……但是我不会丧气，我要追赶上来，因为'低头也是为了更骄傲地抬头'！"

3. 资格不够者反思：差距在哪里？

反思的要点：对比条件，我还有几条没有达到？我制定的目标和措施落实得怎样？我如何获得老师和家长的帮助？

小张同学写道：很可惜，体育成绩没有达标，不能评优。这与我平时不重视体育锻炼有关。下学期我一定好好锻炼，争取体育成绩优秀。

4. 组织工作反思：哪些方面可完善？

多年来的班级工作让我认识到一点：不管我们在某个工作上多驾轻就熟，换一批学生，我们不重新投入还真的不行。只要疏忽那么一点点，我们所得到的和期待的就有距离。因此，不管评优工作重复地做了多少回，我每次都要求自己当成第一次来做、来反思。

永远站在第一次起跑的地方，一切归零，这种心态让我收获很多。我每次都会从组织者的角度，把评优的整个流程都反思一遍，梳理一遍，拿出行动改变清单。

四、把好消息及时通报给家长

赞美要及时，批评要延迟。及时赞美能够让孩子们装满前行的力量，批评呢？要有冷静期，延迟一段时间，待双方冷静之后，效果会更好。所以，每次评优之后，我都及时把好消息分享给家长。

1. 请家长做秘密天使

不管孩子的评优结果如何，都要请家长在每个学期做好孩子的秘密天使。如何做呢？拍下孩子回家之后勇敢地面对成功和失败的3个镜头，把照片悄悄地发给我，我在班上给孩子们惊喜。

这样不仅能够让孩子们感到意外，还能够快速转移不良情绪，重新开始新的学习生活。

2. "勤王清君侧"

评优像曝光台，晒出了孩子们的问题。有些问题比较单纯，同学们指出来就明白了。有些问题（如手机问题、零花钱问题等）需要家长配合才能解决。这时候，我就邀请家长参与一个活动——"勤王清君侧"，帮助孩子清理好成长周边的小环境。孩子是家里的小王爷，这个提法很有意思，家长也很配合，每次"清君侧"的"勤王"活动都成效显著。

3. 纠正家长自身问题

有时候不是因为孩子不优秀，而是因为家长方式不当，影响了孩子评优。这时候就要妥善沟通，解决家长的问题。如佳慧落选，问题出在佳慧妈妈身上。佳慧妈妈对女儿管理严格，担心其他同学拖累佳慧，经常插手佳慧的小组管理，还因沟通简单粗暴和其他家长关系不和，导致本组同学没有一个人支持佳慧。

问清原因之后，我去家访。我和佳慧妈妈推心置腹长谈，请她不要插手孩子的事情，让孩子自己成长。"放手的妈妈才能培养出优秀的孩子"，佳慧妈妈听进去了，也真心做出了改变。

五、火爆的典礼让孩子备受瞩目

表彰放在最后一个环节。只有每个方面都处理妥当之后，表彰才更稳妥。

1. 走班级星光大道

我在学生中调查：奖品怎样给你们才自豪？孩子们异口同声地回答："越嚣张越好。"我明白孩子们所说的"嚣张"其实是"张扬"，他们对聚光灯充满渴望。于是，每次表彰会上，被表彰的同学都可以在班上走星光大道。星光大道的仪式感很强，对出场、走场、曝光、站台、颁奖、展示、合影、赞礼、分享9个环节，我都精心设置，每个环节中都安排啦啦队助力，气氛火爆，让每个被表彰的孩子成为备受瞩目的中心。

2. 享神秘嘉宾祝福

我经常邀请一些神秘嘉宾来颁奖。这些神秘嘉宾有时候是任课老师，有时候是家长，有时候是孩子们羡慕的学哥学姐……神秘嘉宾到场，孩子们很高兴。嘉宾任务：宣读优秀名单、分发奖状、传递祝福、一起合影。

3. 收意外惊喜奖品

人生需要意外和惊喜，这样会印象深刻。于是，我在颁奖的过程中，创设了很多有新意的颁奖方式：抽奖，摸奖券，兑奖……还把近年来很流行的盲盒用到奖品中，奖励孩子们一大堆盲盒让他们拆。结果，每次奖励时孩子们都尖叫连连。

4. 发朋友圈去获赞

我让家长拍照、录像、发朋友圈，这样就有更多的家长来点赞。家长看到孩子一次表扬一次，多次强化，孩子想不优秀都难。我还把图文编辑在班级公众微信号上，即使是毕业多年的孩子，也可以在公众号里看到自己当年的"辉煌",这是多么美好的回忆啊!

5. 做固定展板留存

每次颁奖之后,我都会找一家图文公司,把颁奖图文制作成宣传板,固定在教室里放几个月,直到下一波表扬再换下。这有什么作用呢?重温高光时刻,激励学生以终为始,再次启航!

六、分享让成长的经验可复制

评优不是让孩子得到一个结果,而是让他们借助于同伴的经验获得成长。经验怎么来?从分享中来。

1. 课前五分钟分享

每次评优,我对获奖者都有一个明确的任务:从自己成功的经验里选择最有感悟的一点,在班上做课前五分钟分享。班委根据每个人的准备不同,安排出时间顺序。

2. 现场一句话感悟

这很让孩子们烧脑。接受的同样是九年义务教育,为什么你那么优秀?这是很多孩子的疑问。每个孩子在领奖的时候,向全班同学说一句最经典、最深刻的感悟,积少成多,就成了文化。

3. 同伴小专题报道

这是一个比较受欢迎的项目。通常是由他的同桌发布,或者由同一个小组的组员发布。内容是一个学期以来,获奖者最感人的瞬间、最值得我们学习的地方,或者最让我们佩服的方法……很多孩子都没有想到,同伴们对他们的关注那么多!每次分享,听的同学收获多多,被报道的同学更是惊喜连连,眼泪都出来了。

4. 展板便利贴赞美

颁奖之后,展板固定在教室的后面,我要求每个同学用便利贴的方式,把获奖者的优点轰炸出来。这个效果也很好。

七、以终为始再次起航

"热热闹闹"的评优结束后,就是再次起航的行动了。

1. 重定目标:SMART 系统让结果看得见

SMART 原则源自"目标管理"概念,1954 年由美国管理学家彼得·F. 德鲁克(Peter F. Drucker)在《管理的实践》(*The Practice of Management*)一书中提出,SMART 的五个字母分别代表着五个方面的内涵。

S(Specific)——具体的:目标需要明确、具体、清晰

M(Measurable)——可测量的:目标需要可衡量、可量化

A(Achievable)——可达成的:目标需要可实现,具有现实可行性

R(Relevant)——相关的:目标需要与所在环境、背景、目的相符合

T(Time-bound)——时限:目标需要有明确的期限或截止日期

好目标具备五要素——SMART。目标不要定为"我要提高语文成绩",太笼统、太模糊,是假目标,用 SMART 系统应该是"我语文考试成绩(S)期末(T)考试达(A)95 分(R),比现在提高 6 分(M)。"体重超标的同学也发誓"两个月要瘦下 10 斤",要素齐全。

2. 重整行动:一起飞才能飞得更高

以往鼓劲"打鸡血",现在用 SMART 把目标细化、贴上墙,大家一起监督提醒,而且互相结对鼓励,互相提醒"不努力就不知道你有多优秀""今天,你及时订正了吗?",还有刺激点的,如"王强放马过来,我一定要超过你!"等。

3. 再行监督:一群人,走得远

小组捆绑监督,一群人能够走得更远。不背书就想溜?小组同学骑自行车把他从校门口"抓"回来。因为"捆绑考核",每个小组都背完书,小组才加 30 分,否则就是 0 分。其他也是这样,偷懒的同学被盯上,又是鼓励又是

"威胁",又是帮助又是"讨好",反正就不让一个人掉队。

4. 邀请大神:"请您赐予我力量吧"

重新出发,教师永远是孩子前进路上的同行者。教师是孩子们信任和崇拜的"大神"。我们班推进任课老师做"导师",帮扶时间一年,师生双向选择,深度帮扶。"请您赐予我力量吧!"帮扶手册上孩子们写给导师的话,简直让人忍俊不禁。

考核评优一次,我们班学生就重新出发一次。不期待一步到位,成长总是螺旋式上升的,哪怕这样周而复始,只要不忘初心,孩子们就能够在评优机制的激励下不断进步。

晓莉姐说

◆ 学生之所以爱班级,是因为在这个集体里,他充分地参与和贡献了。

◆ 欣赏评价也是一种学习。

晓贴士

评优中的教育契机

一、现场助推——采访给评优增加喜感

二、及时安抚——教孩子正确认识自我

三、得失教育——每一次反思都是成长

四、家校沟通——助力孩子越变越好

五、火爆典礼——让孩子备受瞩目

六、经验分享——让成长的经验可复制

七、重新出发——以终为始再次起航

第三章　做有管理力的班主任
——高效能管理者的工作日常

我们既是管理者，又是被管理者；每个人向外管理他人，向内管理自己。

班主任的管理力，就是要使学生得到充分的、全面的发展，让集体中的每一个人都找到班级归属感。

管理不是控制，而是释放。好的管理能够释放人性中本来就有的善良，尽最大可能激发每一个人的内在潜能。

班级管理，不管是机制还是活动，都应遵循"教育价值至上"的理念。

时间管理是优秀班主任和平庸班主任的分水岭。优秀班主任自己不累，学生也高效、轻松；平庸班主任自己累，学生和家长也跟着累。

管理的目的之一就是优化程序、提高工作效率，以最少的付出获取最高效的成绩。

第一节　管理意义：让每一个人有团队归属感

当我们为班级管理分数心急上火、攻击甚至"甩锅"给学生的时候，我们就忘记管理的育人性了。

管，原意为细长而中空之物，其四周被堵塞，中央可通达。使之闭塞为堵，使之通行为疏。因此，管既包含疏通、引导、促进、肯定、打开之意；又包含限制、规避、约束、否定、闭合之意。

理，"从玉，顺玉之文而剖析之"（《说文》）；代表事物的道理、发展的规律，包含条理、事理、合理、顺理的意思，是事物的规律、是非得失的标准。

我不厌其烦地琢磨"管"和"理"的字面意思，努力寻求管理的内涵和外延。因为在不少人心目中，对于"管""理"和"管理"的理解是不到位的。这也导致实际工作中，不是重"管"轻"理"，就是"管""理"分离。难得有教师把管理做成事业，做成教育。

班主任是班级管理者，这是教育部颁布的《中小学班主任工作规定》里明确的职责要求。做一个有管理力的班主任，就有必要在工作中不断领悟、理解自己职责的主要内涵。这也是我经常琢磨这几个字内涵的原因之一。

我认为，要做一个有管理力的班主任，一定要了解下面一些内容。

一、班级管理的十个目标

目标明确，做事情才有方向。我认为，班级管理至少要尽量达成以下十个目标：

① 让学生喜欢班集体并有归属感；
② 家长认可并支持班级活动，和教师一起助力学生成长；
③ 教师从班级工作中获得成就感、幸福感和归属感；
④ 班级活动有序开展，学生得到自主发展；
⑤ 师生关系良好，相互尊重，相互关心，相互配合；
⑥ 家校关系良好，相互尊重，相互配合，相互支持；
⑦ 师师关系良好，相互尊重，相互配合，相互支持；
⑧ 家长树立正确的育儿观、教育观，其家庭教育意识和指导能力得到显著提升；
⑨ 教师展示了自己的专业理念和做法，得到同行们的认可；
⑩ 班级的课程资源得到充分的挖掘和利用。

前3条是班级管理涉及的人，是他们最终达到的目标；第4条是"事"，其中活动不仅是班级活动，而且是"由共同目的联合起来并完成一定职能的动作的总和"，因此，有序非常重要；后面几条不用多解释，大家都明白。

二、班级管理的六大方面

这是班级管理的具体内容，从班级管理的要素来看，主要体现在人、财、物、事、时间、空间、资料这七个方面。

1. 人的管理——看见需求

在班级管理中，人的管理是最关键的因素，包括同事管理、学生管理、家长管理。所有管理中，人的管理是最难的，也是最具有能动性的。研究他们的需要，看见他们的需求，满足他们的需要，活力就激发出来了。在这里，我想分享管理大师彼得·德鲁克的一个观点："管理不是控制，而是释放。好的管理能够释放人性中本来就有的善良，尽最大可能激发每一个人的内在潜能。"管理就是用人的学问，知人性、明事理、达目的。

2. 财的管理——价值至上

班级里有财务吗？肯定要有，不然就难以做事。但财务管理不好，人心容易不稳，还坏事。对班级财务管理，不仅要尊重所有人的意愿，取之于民，用之于民，收支两条线，分开监督，还要发挥其最高价值：为什么要花钱，能够带来什么？班级财务管理，不论是机制还是活动，都应坚持教育价值至上。

我班的经费管理组织，分为五个部门——收入部、支出部、监督委、项目策划部、项目论证部，分别负责资金收取、经费开支计算、经费监督、花钱设计和规划、资金使用审核。不管是用于小组奖励等日常开销的班费，还是运动会专项经费、春秋游等专项经费，除严格按照教育局规定的要求做之外，我们还把孩子和家长纳入进来，每个岗位都为孩子提供了锻炼的机会。一句话：班级财务的每一分钱都要实现其教育意义，每一分钱的使用过程都民主公开，从过程到结果，都体现班级财务的教育价值。

3. 物的管理——整洁有序

教室里有一些物品（如学习资料、实验器材、电教工具、U盘、鼠标、键盘等）是属于班级的。班级要对这些物品进行管理，让其整洁有序，因为有序就是管理水平的一个标尺，使用之后物归原处、节约珍惜、分享归类等都是基本的有序规则。

物的管理能够影响学生的学习注意力。桌面上三有三无（有文具、笔记本、教材，无杂物、水杯和与本节课无关用品）规则，其实就是培养孩子良好专注力的训练要求。物品管理不好，孩子的学习品质难以提升。

4. 事的管理——有章可循

事的管理就是给班级中的各种事设置分流"管道"，让各项事务运作起来有章可循。比如，给学生建立学习生活秩序，教学常规要求等；又比如，给家长建立一些学生和同伴发生冲突的应对程序要求，对接送学生建立流程与要求，哪怕家长开放日活动也有流程与要求等。记住，流程是让我们办事有条不紊的基本保障，思路清晰往往体现在办事程序上。

5. 时间管理——灵活高效

时间管理是优秀班主任和平庸班主任的分水岭。优秀班主任自己不累，学生也高效、轻松；平庸班主任自己累，学生和家长也跟着累。那么，时间管理有什么诀窍？时间管理诀窍有以下几点。

第一，做好班级工作计划，不论是月计划、周计划、日计划还是活动计划等，都有明确的任务完成时间节点。

第二，坚持要事法则，确定哪些事情优先做，尽量避免把不紧急不重要的事情变成紧急又重要的事情。

第三，时间安排有规律，比如早自习、自修课、晚读、晨读等，时间安排要紧凑高效，还要有工具单。

第四，要建立相应的信号系统，孩子看到这些约定，马上就能够进入相应的活动状态，提高单位时间的学习生活效率。

6. 空间管理——赋能学生

空间管理包括班级物理空间管理和班级心理空间管理。物理空间就是班级里的物质环境，心理空间就是班级里的心理环境。物理空间主要在于班级物质文化建设和空间布局安排，心理空间主要是班主任倡导下的氛围营造。

这里我提一个"班级气质"概念，这是我空间管理的一个核心。"班级气质"是教师气质、学生气质和教室气质的总和。教师适度打扮自己，精神饱满，懂得幽默，偶尔自嘲、示弱，跟上时代，减少代沟，学生喜欢；学生低调、奢华、勤奋、有内涵，每个人都会务实努力；教室整洁、简约、安静、有书香气，人进入其中就能够受到影响。

给大家看看708班的学生对自己空间的感悟和理解吧。

小小教室，大大梦想——708班教室介绍

708班教室有生机勃勃的绿植，有整齐摆放的书柜，也有书架，上面是同学们自愿带来的书籍。墙壁上挂着班级小书法家们为班级写的作品，还张贴着一日常规和小组管理的"PK"榜，还有同学们整理的高效作业十条建议、午休管理细则等。整个教室充满了"整洁、简约、安静、有书香气"的氛围。

教室布置的理念有以下三条。

1. 让每个人能够站在教室中央

708班的舞台上，每个人都有站在聚光灯下的机会。我们在个人目标提升计划中互相激励前行，"追光组""龙吟组""逐梦组""六芒星""六叶草""逐梦未来""六个核弹"等富有创意的名字让我们充分展示个性。教室前面墙上"月度之星"的小皇冠见证"让奇迹发生"的点点滴滴，每个月我们会评比当月的"劳动之星""学习之星""文明之星""进步之星""体育之星"，真正体现了五育并举。

2. 让每个人在自己的赛道发光

708班每个人都是一个独立的个体。"静能生慧、勤能补拙"是我们的班

训（见图4）。这八个字张贴在教室最前面的墙壁上，一抬头就能看见，时刻提醒我们保持情绪稳定，努力学习，成绩就不是事儿！我们提倡每个人找准并坚持自己擅长的"赛道""让每个人在自己的赛道发光"是我们班级的育人理念。精雕细琢，久久为功，不管你是学霸，还是运动健将、艺术达人、语言能手，都能绽放属于自己的光芒。

图4 708班班训

3. 让每个人感受共同成长之光

一条路、一群人、一起走。708班的同学们在合作中一起成长，让每一面墙能够"说话"，荣誉栏讲述班级进步故事，书法作品展示学生特长，PK榜记录每一天的成长。我们的道路一定能走得更宽、更远、更有意义。

空间管理要让学生深度参与：墙壁学生布置，作品都是学生的，班徽也是学生设计的，那些评比和奖励，都是学生评选出来的……一切都和他们的付出有关，他们就会深深体会到"班级的美好与我们环环相扣"。

7. 资料管理——重在发展

这主要是班级建设过程中生成的资料，如学生成长记录袋、班级活动档案、班级教育日志、学籍卡、健康卡、学生成长手册、班主任工作手册和家长成长手册等。这些资料管理，有纸质的，也有电子版。在学校的智慧校园平台输入学生学号、姓名，就可以查询到该生的每年考试成绩以及相关数据分析，还有德育管理的信息也被记录在平台上，统称为电子档案。

资料管理最核心的理念就是给人机会，助人发展。尤其是在孩子的成长袋上，我倾向于运用替换法激励孩子发展，即改掉过去档案记录"罪过"和"缺点"的功能，把孩子新做的好事、新增的优点、新取得的成绩，替换掉过去的不好。这样孩子会越来越上进、越来越努力。

我在孩子初一入校就准备好一个记录磁盘，里面有孩子的个人照、小组照、集体照，或是活动场景，或是学习录像，或是孩子获奖的证书、照片等，有我随手拍的，比如孩子们整齐早读、认真自修、安静午睡、激情比赛等场景，也有重大活动中邀请家长志愿者拍的照片等。毕业时，每个学生一本年级毕业册和一本个人成长册，翻开三年的记录，家长和孩子都非常惊喜。

三、班级管理的四项原则

这是我梳理出来的班级管理四项原则，供大家参考。

1. 高效性原则

管理的目的之一就是优化程序、提高工作效率，以最少的付出获取最高效的成绩。因此，在班级管理的过程中，应该注意这三点要求。

（1）树立工作效率观。班主任时刻要思考，我还能有更省时省力、省钱省物的方法吗？不断地激励自己去寻找效率更高的工作内容和方式，坚持一段时间，班级管理的效率就会越来越高，工作也会越来越轻松。

（2）争取大家的支持。这个"大家"是班级团队所有的人，甚至包括家长。我在班级管理中经常借助于小组妈妈的资源，把组长妈妈变成我们的网格管理员。前几年，学生健康码信息收集、接种疫苗，让很多教师崩溃。我却只需要对接6个组长妈妈，让她们去对接组员妈妈，这样工作起来就会非常高效。

（3）遵守流程与标准。好的流程与标准，会让我们在处理紧急问题上得心应手，遇事不慌。

2. 协同性原则

如果大家在教育态度、教育要求上不能达成一致，教育的作用就会相互抵消，甚至出现负的教育效果，因此，我们要提高合作意识，养成协同作战的习惯。

协同需要机制。如下课后要做眼保健操，个别老师没有上完课，拖堂怎么办？我们的做法是：管理员举手向老师申请，先做眼保健操，不然班级要扣分，这叫提醒机制。

协同需要沟通。如在午睡管理中，学生吃完饭以后，12点半必须午睡。但此时如果任课老师一定要把学生叫走去辅导功课，或学生以学习为由去找任课老师，班级午睡纪律就难以维持。这时候班主任要跟任课老师沟通：这个时间段不能"收留"学生，班级的纪律才好维持。

3. 示范性原则

无论是教师还是家长，要求学生做到的，自己首先要做到。如果我们要求学生成为他们想成为的人，那么我们自己要做好榜样。

4. 育人性原则

这是根本原则。班级管理的核心任务就是指向于人的教育和培养，任何时候都不能本末倒置。当班级出了问题的时候，教师一定不要迁怒于学生，而应研究问题怎么解决。当我们为班级管理分数心急上火、攻击甚至责备学生的时候，我们就忘记管理的育人性原则了。

当班级量化考核分和学生的成长相冲突的时候，我会选择孩子成长，这就是坚持育人原则。

晓莉姐说

◆ 学生参与，学生决策，他们就会感到班级和他有关系。

◆ 建立关系能够让学生产生归属感，归属感能够产生责任和意义。

◆ 教育，需要让学生感受到归属和意义。

晓贴士

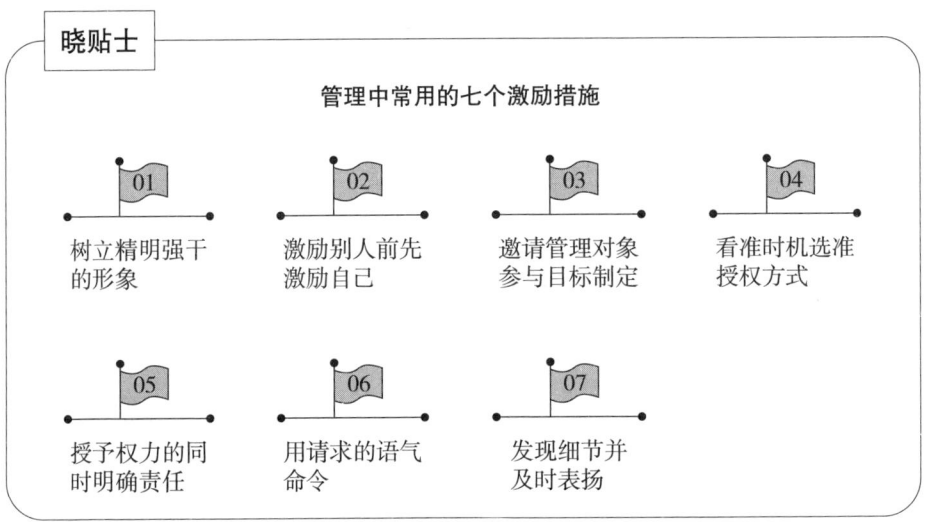

管理中常用的七个激励措施

01 树立精明强干的形象
02 激励别人前先激励自己
03 邀请管理对象参与目标制定
04 看准时机选准授权方式
05 授予权力的同时明确责任
06 用请求的语气命令
07 发现细节并及时表扬

第二节 手机管理：有时不妨换个思路

表面是"手机管理"，实际是"生活管理"。

手机管理是班级管理的难点，也是学生成长中的痛点。网上因手机问题处理不当，导致极端情况的案例也不少见。每当看到孩子因为手机管理不善而堕落时，我都特别痛心。

手机管理的方式，有简单粗暴的——在班上宣布一下，所有人一律不准带手机，如果发现了，就没收，甚至还集中打砸。这是没有法律和政策依据的。有自欺欺人的——规则宣布完了就没事了，学生仍然在用。还有既然管不了，干脆睁一只眼闭一只眼，最后泛滥成灾的……

我们真不要小瞧学生为了获取手机而产生的智慧。我班上一个男生一周内两次带手机来学校，我告知家长，家长一脸懵：不可能，手机在家里呢！结果回家一看，家里的手机只是一个模型机，真正的手机被孩子偷拿了，家长和教师都被孩子给"气笑"了。

现在手机的功能特别多，成人离开手机都像丢了魂似的，孩子们也渴望拥有自己的手机。既然阻止不了，管理就成为当务之急。

一、视角即态度：对手机的态度决定了工作思路

观念影响思维，在手机管理上，我们对手机的态度决定了工作思路。我表达一下我的观点。

态度一：手机是一把双刃剑

手机给人带来便利的同时，也容易让孩子沉迷。"想毁掉一个孩子，就送他一部手机吧！"世界卫生组织把手机游戏成瘾列入了精神疾病的范畴。诊断指标有二：一是玩游戏的行为失控，持续时间长，自己和他人都很难停下来；二是学业、社会功能显著受损 12 个月以上，如成绩大幅下滑、不去上学，甚至不洗澡、不理发、不出门等。

态度二："手机"其实是一个中立之词

手机如同课外书、游戏、网络、计算机、恋爱、酒精等一样，本身无所谓好坏。不要给孩子贴标签：玩手机的孩子就是坏孩子，不玩手机的孩子就是乖孩子。手机只是一个工具，没有好坏之分。

态度三：管理手机的机会就是"成长之机"

表面是手机管理，实际是生活管理。通过手机管理，我们可以借此教给孩子规则意识，培养孩子的自主管理能力，帮助孩子学会沟通和合作，教给孩子健康的生活理念，培养孩子的自我保护能力。

教师在管理学生手机的过程中，借机重新审视自己的管理能力。通过手机管理这个复杂的事情，提升自己和学生沟通的能力、处理复杂问题的能力，以及训练我们的弹性思维。这些，我们都会在手机管理中遇到，并且让我们获得提升。

二、从表象到本质：关注孩子玩手机背后的心理需求

我在分享中经常和教师共勉一句话："所有的改变源于关系的搭建；关系的搭建来自有效的沟通；有效的沟通在于深刻的懂得与看见。"对于手机管理，我们必须看清楚一个本质，那就是手机成瘾的背后，其实隐藏着学生的心理需求。

和大家分享一个小故事。

网购三只手机的小俊

周一傍晚，无意中瞟到学校垃圾桶里快递盒上一个熟悉的名字——"小俊"，快递单上标注的物品是手机。我心中一惊：小俊，班级体委、一个在同学眼中很有规则意识的人，居然网购买手机，还寄到学校？

我决定去了解情况。在寝室找到生活老师，她说："小俊主动上交了一部从家里带来的手机，周五回家再带回。"

"嗯，手机上交了？什么时候？"

"昨天入校的时候。"我心里咯噔一下，有问题，快递单上签收的时间是今天，看来，小俊上交手机是为了掩护另外一只手机。我提高了警惕，打算找小俊的妈妈全面了解一下情况。

了解后又吓我一跳。小俊妈妈说的情况比我预想的还要惊人：上周六，她在家发现并没收了小俊网购的另外一部二手手机。也就是说这三天，我们共发现了小俊自购的三部手机！是什么样的游戏这么吸引他？吃鸡、王者荣耀？我让小俊妈妈继续了解情况。

"老师，怎么办？这孩子是不是废了……"第二天一大清早，小俊妈妈就

来到了办公室，人都要崩溃了："老师，你快看看吧！"映入眼帘的居然是小俊购买成人性趣用品的记录。天啦，这不是玩游戏、看小说的贪玩，看来事情更复杂了。

"我真想打死他，他买手机居然是为了看关于这方面的东西！……他怎么变得这么坏了呢？"小俊妈妈哭了起来。我暗暗地深呼了一口气，稳定了一下自己震惊的情绪，对小俊妈妈说："孩子是不是变坏了，我们先了解一下再说。总之，我们要庆幸，现在问题被发现了，就来得及，方法总比问题多。"

我们找来小俊。我还没有说话，他竟把话说在我们前面了："我知道我不应该买手机，不应该去买成人用品，不应该欺骗，怎么处罚我都认……"这明显是防御心很强的回答，这样的回答其实是没有作用的。

我得慢慢引导："人想要娱乐没有错，想要了解性、爱、情也没有错。"小俊有点惊讶地看着我，发现我并没有生气，他感觉踏实了，终于说出了真话："可是……老师，大家私下在聊这些东西的时候，我感觉我好像什么都不懂！"

我轻轻地叹了口气，孩子有太多的同伴压力。当他感觉到自己在同伴面前什么都不懂的时候，他就想到了买手机去网上自学，还购买了成人用品以显示自己的成熟和懂得多。真是好气又好笑。但是，这就是处于青春期的孩子会做的事情啊，这不是很正常吗？

接下来，我们聊了将近两个小时，我终于知道小俊买三个手机并网购成人用品的目的，就是想在同学面前装成熟。明白这一点之后，我给小俊一些"更高欲望"的建议：关注有意义、有价值的知识，把好奇、好面子转化为实现抱负的强大动力，发挥自身的特长，在运动场上赢得同伴更多的崇拜，用表现优秀来获取更高层次的认同……

小俊离开的时候，一扫进来时的惶恐和不安，满脸自信、阳光。找到自信之后，他不需要利用低级的经验在同伴跟前获得认同。

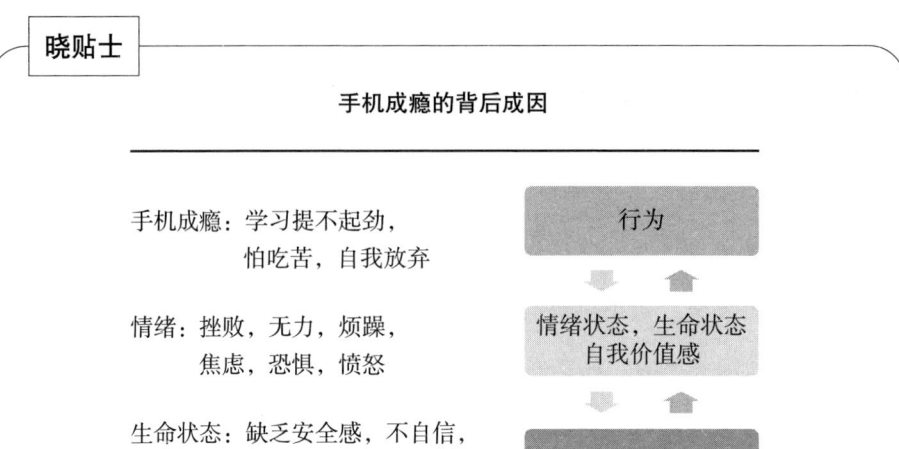

三、以规"律"人：民主协商的制度更有约束力

个别问题一对一谈心可以解决，涉及一群人的时候，就要用规则律人了。下面是我们班整体手机管理办法，效果不错，供大家参考。

1. 环境共育：学校、年级、班级都要有明确的要求

一个学校、年级、班级是有自己的气场的，如果这三级的要求一致，能够影响很多学生。如果这三级不管，学校里玩手机的风气形成，那么不玩的学生也会加入。反之，如果这三级严格要求，即使常玩手机的学生也会掂量一下，三思而后行。

我们学校对手机规范非常明确。于是，我对于带手机到学校的学生，会向他义正词严地强调学校要求，告诉他这是违规的行为。这样，在学校使用手机只能够成为一种偷偷摸摸的行为。我们要制造这样的氛围，学生玩手机就底气不足。

但是，我不会看到学生使用手机就如临大敌或遵循职业习惯——看到了就收走。淡化、宽容的态度本身就是一种自信的姿态。有时候我们越重视、越反对，会越强化学生的反抗意识。

2. 生态共建：重建手机外的生活朋友圈

青春期的孩子需要建立同伴价值感，玩手机其实也是一种圈子，一起玩游戏的要求很难拒绝。

那么怎么走出来呢？重建手机之外的真实朋友圈。我问过孩子们，如何让几个爱玩游戏的孩子戒掉游戏瘾呢？他们说，大家就是喜欢一起玩，玩什么不重要。我就和家长商量，由家长们组建新的圈子——运动圈、学习圈、美食圈、旅行圈等来代替。暑假时，家长轮流管理，周一五个孩子一起在小明家，上午写作业，下午去游泳、打篮球；周二一起去小凯家；周三去小杨家……圈子活动安排越丰富有趣，孩子就越容易放下手机。

3. 规则共商：班会讨论、个人签字、小组约定

我在班级里推行的政策，第一原则要以理服人，让大家口服心服。理不讲透，就不强行推进；理讲透了再执行，一旦执行起来就没有含糊的余地。我做一件事，一定是有计划、有步骤的，进展到哪一步就做哪一步的事，一切按照事物发展的规律来办。

所以，我班上手机管理的约定，都是班会讨论、个人签字、小组约定，这样民主诞生的规则，孩子们自己乐意执行。我的宣传力度是逐渐加大的，我一开始很温和地讲道理，然后强调规则，最后是在全班进行警告。而且，我不会一开始就制定严酷的政策，把自己逼上绝路，而是让学生发现问题，再组织大家讨论怎么预防和解决。

4. 重点整治：涉及团伙问题要一锅端

初二是学科难度骤升的一年，学生的作业量也翻倍。大家都在奋笔疾书，想赶在晚自习结束前完成作业。思远的表现却很突兀：第一节课他不做作业，先睡一节课；第二节课才开始做作业，但他的眼睛总是在打架，脑袋不由自主地点头，直觉告诉我这种现象不正常。

连续几天都这样，我决定给思远的爸爸打电话，提醒他关注思远最近在家的休息情况。他爸仔细观察了几天，说没有发现什么异常，我们百思不得

其解。我突然想到,思远会不会在晚上熬夜玩手机?家长斩钉截铁地告诉我:不可能,他的零花钱不够买手机。思远爸爸还跟我强调了他的监管力度,他每天从晚上10点孩子入睡到早上6点30分起床都盯过了,孩子的行为没什么异常。

但我感觉事情没这么简单。

经过又一周的观察,我发现思远依旧嗜睡,成绩也持续下降。有些同学自曝,为了玩手机,他们往往在家长的监督下假装入睡,趁家长休息后又偷偷打游戏。想到这里,我不禁捏了一把冷汗,赶紧提醒思远爸爸半夜观察思远的睡眠。果不其然,被我说中了,思远爸爸半夜两点起床后发现思远玩手机玩得不亦乐乎。

仔细询问后,思远"供"出了钱的来源——思远和小伙伴们为了一起玩游戏,商量每人从饭卡中省出饭钱,比如父母给500元,他们只用400元,省够600元钱就在手机店买一部二手手机。这都是从嘴巴里抠出来的钱啊,孩子对手机的渴望可想而知。

为了躲过父母的监管,几个小伙伴约定佯装正常睡觉,半夜再起来玩手机。过去的3个月,他们用这样的手段躲过了父母的监督。最后自然"小团伙"被一锅端了。

5. 奖罚分明:自律达人评选和违纪惩罚单

制度宣传教育到位,但我仍没有进一步的行动,把这件事彻底管好得有个契机——没有身边切实的案例,教育的力度是不够的。

机会来了。班上一名学生晚自习时玩手机被值班老师发现并扣下。他很不服气,认为老师应该首先提醒,不应该一发现就收,于是下了课就去找教师索回。教师当然没有同意。我根据这件事情组织每个同学对该情况做分析、提建议。星期一周记被收上来之后,我发现果然有不少同学提出了很好的建议。

> **708 班手机使用规定建议**
>
> - 上学不带手机；
> - 如果必需，在班主任处报备，配好"学霸机"；
> - 上课手机必关机，违者一次扣 20 分；
> - 上课玩手机，第一次警告且扣 30 分，手机暂放班主任处管理一周；
> - 第二次上课玩手机，扣 50 分，手机存放班主任处一个月；
> - 以上违纪都要填写自我惩罚单，并要告知家长；
> - 一学期结束，无任何手机违规情况的同学，评比为自律达人，并加 20 分；
> - 制度制定后自动生效，每个人都有义务学习并执行，不需要教师提醒。

大家看看最后一条，是不是我还没有说，他们就提出了解决办法？同学们说："遵守了规则，人也更轻松了，不必担心规则来惩罚你，心灵获取更大的自由。""规则与自由的关系，就是这么奇妙！"

四、家校协同：家长要做的事情还有很多

很多时候，手机引发的矛盾发生在家里，甚至因为手机使用引发更大的亲子冲突，酿成悲剧。因此，我们要加强对家长的手机管理指导。

1. 手机管理不是控制，而是爱和理解

一天晚上 10 点多，我正准备休息，宋晔（化名）妈妈哭着打来了电话："徐老师，求求你快到我家来，宋晔跟他爸爸打起来了，他俩准备动刀了！"

我不禁打了个寒战，惊吓之余，逼迫自己尽快冷静下来。宋爸是一个非常强势的人，管教孩子的方式主要是连打带骂。如今宋晔到了青春期，也开始了对父母管制的反抗。

人在愤怒的时候是没有理智的，我让宋爸接电话，借机转移情绪："宋爸，我知道你现在很生气，但你是个成人，务必先冷静下来。宋晔现在情绪很不稳定，再对峙下去，很有可能做出过激行为，那样的后果是你我都不愿看到的。你可以先走开一会儿，给自己和宋晔一些思考的空间和时间。有什么情况我们俩先聊聊。"

宋爸听了我的建议，走到了阳台，向我继续抱怨："这小子今天很烦躁，非要玩手机，我不给他，他竟然还跟我动起手来了。我再怎么样也是他的爸爸，他怎么可以这样对我？"

看得出来，他是因忤逆而感到不愉快。冷静时他担心孩子玩手机影响考试成绩，而我更担心冲突会让宋晔做出过激的举动。我继续稳住他："宋爸，我们不要跟一个已经失控的孩子计较，他的心智还没有发育完全，没办法很好地控制自己的情绪。我们先隔离吧，双方冷静一下。"在我的安抚下，他慢慢平静下来，并接受了我"接下来请先'冷落'他一个星期"的建议。

情绪失控是有时间规律的，不持续刺激，孩子就会慢慢冷静下来。当宋晔的情绪稳定后，他也意识到了自己的错误，主动找我聊了自己的不足。我告诉他，无论怎样，爸爸妈妈都是爱他的。回家后，他主动向爸爸道歉了。

我经常提醒家长：让孩子听话的，不是管控，而是爱、理解、尊重和鼓励。当孩子感受到父母的理解和爱的时候，他们愿意接受父母的建议。手机管理更要如此。

2. 给手机，更要给孩子自我保护教育

震惊全球的 N 号房事件在韩国爆出，引发全世界的关注。受害者人数众多，犯罪者手段之恶劣，让世人愕然。

我们来梳理一下整个事件。从 2018 年开始，一个网名为"戈德"（Godgod）的人开始在推特上寻找他眼中的"性感"女性照片，冒充警察对受害者们威逼利诱，对受害者实施性剥削，并在网站上的聊天室发布这些性剥削画面，供收费会员观看。收费会员变本加厉地提出各种变态要求，戈德也一一满足。一时间，要求加入聊天室的人越来越多，很快，聊天室从唯一的1号房扩展出2号房、3号房……这也是N号房的由来。

问题是一个聊天室里有300~700名观看者，平均每个聊天室有三四名受害者。当受害者开始反抗时，观看者便利用掌握的个人信息去威胁受害者，让她们"一辈子都活在恐惧之中"。2019年7月，赵立彬创立了第二个N号房，而且将整个犯罪体系变得更加完善，手下有大量的志愿者给他工作，受害人数也变得更多。

截至2020年3月22日，韩国警方所掌握线索的被害女性达74人，其中16人为未成年人，最小年龄受害者年仅11岁。有不止一名女性因为不堪羞辱而选择自杀身亡。

N号房事件给我们敲响了警钟。犯罪开端是我们司空见惯的网络信息诈骗手段，戈德在网上寻找上传过性感照片的未成年少女，下载照片后冒充警察发送黑客链接。女生收到之后，点击非法链接，相关信息就会被全部盗取，这样一步一步陷入被威胁的深渊。

我常通过这样的典型案例告诉家长，我们允许孩子看手机，更要教给孩子自我保护的策略。告诉孩子不要在社交平台随意发布自己的隐私照片，不轻易点击陌生人发来的链接，不轻信网络上的谣言；教会孩子网上交友的技巧，面对胁迫时不被恶魔摆布；培养孩子的"个体边界"意识，强化网络道德责任与自律能力，不成为网络的受害者，更不成为他人的加害者。

3. 给观念，更要给家长工具

在多年的家长工作中，我发现其实家长也很想教育和管理好孩子，就是不知道方法，没有工具。手机管理也是如此，我们给家长一些先进的理念，更要给他们落地的具体操作办法和实施工具。

下面的10个建议，值得大家推荐给家长。因为，这里有办法，有工具。

家长管理手机的 10 个建议

① 处理手机等电子产品的基本策略：和善而坚定，民主而尊重；

② 和孩子一起商量手机的使用时间和使用频率；

③ 约定吃饭的时候不玩手机；

④ 自己做好使用手机的示范；

⑤ 不将玩手机、买手机作为努力学习、提高成绩的奖励；

⑥ 多陪伴孩子：周末一起爬山、骑车或打球、看电影等；

⑦ 不告诉孩子自己的网络账号密码；

⑧ 掌握必要的技术：如查找"手机"，知晓孩子浏览的网页及玩手机的时间；

⑨ 和孩子讨论网络中的诈骗、色情等其他危险事件，如韩国 N 号房事件；

⑩ 和教师紧密联系，建立信任和合作。

晓莉姐说

◆ 不要用极端成功案例作为放纵孩子玩手机的借口，您看到的是少数案例，我看到的是普遍概率，没有做好管理准备之前，不要轻易给孩子手机。

◆ 教育管理走在前，学生手机使用走在后，一定不会出错。

第三节　序化管理：思路越来越清晰的四个维度

班级管理的目的是建立良好的秩序，让学生形成规则意识，学会应用规则约束自己和规范他人。

现在的班级管理，不约而同地提到"ACS 班级管理"模式。其中 A 代表自主（autonomy）、C 代表合作（cooperation）、S 代表自律（self-discipline），学生在班主任的指导下自主规划、自主管理、自我约束、共同成长。这种模式有一个前提，即自主、合作、自律均得在班级管理有序的前提下才能进行。因此，有序化管理其实是班级运转的前提。

无序则乱，有序才会有效；我们对班级的日常管理，实质上就是维护班级管理的有序运转。"序化"管理内容主要包括空间有序、时间有序、事件有序、应急有序四个方面。

一、空间有序

教室是学生学习的主要场所，对人的影响很大。一个整洁有序的学习场所，可以让我们自觉守护行为，思维更加清晰，学习更加专注。空间有序可以从摸得着、看得见的教室环境布置与管理入手，给学生打造一个良好的学习环境。

1. 教室整洁，物品摆放有序

教室公共区域里有边柜、讲台、卫生角、书架、柜子、植物、张贴等。布置不一定要奢华，但一定要做到整洁。整洁的班级一看就是用心经营的，需要我们投入爱心和责任，为班级营造更好的学习氛围。

边柜上摆放植物，不再放置其他杂物。植物是鲜活的，根茎叶生机勃勃，不要有枯叶，水培植物容器里的水质要好，不发霉发臭。这些当然需要专人养护，注意观察植物是否需要换水或浇水，在天气晴朗时记得把植物搬到走廊晒太阳，及时更换坏死的植物……

讲台和黑板是班级的门面。上面绝对不可以放杂物，作业本也要放在教室后面专门放置作业本的柜子上。讲台上放置多余的杂物会遮挡学生的视线，同时感觉混乱。我每次进教室，第一眼就观察教室，看看有没有不顺眼的地方，时间久了，学生也会习惯自查。黑板及时擦，不干净的黑板就像人的脸没有洗干净，给人的感觉很不好。

> **黑板整理标准**
>
> 【次数要求】擦两次。
>
> 【操作要求】第一次用黑板擦,第二次用半干的毛巾擦。
>
> 【整理地方】清理干净的黑板板面、粉笔槽、多媒体上面的粉笔灰、教师坐的凳子、多媒体键盘、鼠标等。
>
> 【抹布放置】用完的毛巾洗干净,保持半干状态,折叠整齐放在讲台边,方便教师再用。

桌椅摆放整齐。标准是横齐竖直,疏密均匀,第一排距离黑板两米,后排距离墙壁不低于 1.5 米。学生放学时,要摆好自己的课桌椅,把桌椅对齐,让其像训练有素的士兵列队一样;在每节课前观察桌椅是否整齐,如果不整齐,那么要先对齐再上课。

学生个人物品整洁有序。每个学生要管理好自己座位周边的卫生,地上有东西,不论是谁丢的,谁看见了就该捡起来;否则,追究周围(半径为 1 米的圆圈范围内)同学的责任。

> **个人物品管理要求**
>
> 雨伞要折叠放好,雨天放在教室走廊里挂伞的挂钩上,不允许散开;晴天放在自己书包的插袋里。
>
> 把水杯插在书包的插袋里,不允许放在桌面或地上。
>
> 抽屉要经常整理,确保第一时间可以找到学习资料。
>
> 书包里的物品也要有序,把红领巾放在夹层,将多余的校牌、学生证、市民卡、饭卡放在固定的地方……

这些看似与学习无关紧要的要求,其实能在无形之中帮助学生建立秩序感。这看起来有些麻烦,但是只要教师每天坚持,一旦发现无序就及时整改,时间久了，孩子们就养成了好的习惯。

"少成若天性，习惯成自然。"有序是促进学生知、情、意、行和谐统一与发展的有效教育手段，是形成良好学风和班风并提高教育教学质量的重要保证。

班级"桌大王"养成记

班级"桌大王"是我对学生个人习惯有序培养的一个活动。活动分四个阶段。

第一阶段，劳动课培训。学习整理抽屉、书包、柜子。明确任务后，我们一起讨论了检查的标准，每一项10分，计算每个组的平均分。孩子们干劲十足，相互帮助，很快就整理好了。我带着7个小组长一路巡检，大家进行相互评价，前三名加分并颁发奖品。

检查内容有抽屉、书包、柜子三项，每项总分是10分，由班主任带领组长打分。扣分要指出原因，方便学生改正。评分标准如下：抽屉内的书本摆放要上小下大、分类摆放（主科课本在左、副科课本在右）；无垃圾、无零食，把文具放进文具盒。书柜内无垃圾、物品整齐、书和本分开，无违禁用品（手机、游戏卡片等）。书包里无违禁品（手机），市民卡、饭卡、红领巾、水杯、雨伞、口罩等要放在固定的地方，一切物品摆放得整齐有序。

第二阶段，定期检查。每周五班级会安排组长、卫生委员进行定期检查；有加减分。

第三阶段，督查落实。这是日常培养阶段。我会在课间操或学生们不在教室的任何时间随机抽查。有时候还进行阶段性检测、评比。在检查或评比结束后，我及时反馈给同学们，还利用晨间谈话、班队课等时间带领全体学生学习优秀的榜样。

> 第四阶段，学期末评选最干净、最整洁的"桌大王"。组内推荐，班级投票，最后半个月大家民主督查，期末颁奖。这样选出来的班级桌面大王，简直就是班级活动的"规范说明书"。

整洁、有序，就是精神气。有人觉得不以为然：成大事者不拘细节，何必这样精细化管理呢？大家有没有发现：总有学生书包里的试卷被揉成团，自己从不整理，结果讲评试卷时找不到试卷；作业本乱放，经常用不了几天，封面就被搓掉了；学习用品三天就全部丢光了；他从不收拾物品，等用到的时候，就经常找同学借……这样的同学不论智力多么好，后期学习就会逐渐掉队。因为混乱的状态耗费了他找文具、书本、试卷和作业本的时间，时间长一点，他便开始焦虑，甚至把书包里的东西全部倒在地上，一平方米的地方全是狼藉。

这样的孩子输在哪里？有序教育缺失。战士把被子叠成豆腐块，看似与战争无关，但是没有军事化的严格和序化管理，战士的实战操作能力，尤其是协调能力就会下降。

2. 课堂发言有序

在课堂上，不允许随意说话讨论，举手发言要积极，不论说得对错，积极回答问题就有表扬和加分。一些本来不爱发言的内向的学生，为了小组的得分，也开始硬着头皮积极举手发言，努力地参与到课堂中，更能集中注意力，其课堂学习效率更高了。

3. 言行举止有序

言行举止有序涉及个人形象。青春期的孩子其实已经开始在乎自己的形象，我们应该引导学生正确地追求美。好的形象可以增强孩子的自信，对学习也有帮助。

着装仪表：在校要求穿校服，保持校服的干净整洁。保持身体卫生，定期洗澡，修剪指甲和头发等。要注意体态和姿势，站姿要端正，不要驼背或耸肩。

言谈举止：与人交往要尊重对方，不要粗鲁无礼。遵守交往规则，不要违反公共道德和社交礼仪。注意用语文明得体，不要说粗话或脏话，不要嘲笑或诽谤他人。要尽量保持笑容，给人留下亲切友好的印象。

自我修养：多读书、多学习，注重自我修养和自我提升。这要注意方法。青春期的学生有很强的自尊心，不能通过指责贬低去纠正他们，而要给他们面子，让他们感到老师是在关心他，而不是在指责他。比如当我看见女生的头发半散着时，我会把女生喊来，给她照镜子，用开玩笑的语气说：这么漂亮的女孩子，怎么今天的头发这么乱呀，把我心中的完美形象都破坏了。然后我亲自拿了头梳，帮她重新扎好头发。这样一来，她也知道以后要注意形象，学习的时候也不会顶着一头乱糟糟的头发，整个人给人感觉安静而沉稳，更能沉下心来学习了。

在管理学生个人形象方面，教师要自己做出表率，如果自己都做不好，如何去要求学生。因此，我们建议教师也要适当打扮自己，建立自己的气场和威信。说话不急不躁，情绪稳定。言必信，行必果，为学生做榜样。

二、时间有序

时间管理有序是做好事情的前提，主要涉及以下几个方面。

1. 一日有序

表3是我们班学生从进校到出校的"一日管理"内容及要求。

表3 "一日管理"内容及要求

时间	任务	要求及标准	管理员	职责	惩罚（奖励另有）
7:20—7:25	进校	佩戴校牌、穿校服、规范化放置自行车；交作业，把作业放在后面的柜子上	值周班长、卫生委员	保持安静、不得补写作业、抄袭作业、检查教室卫生、提醒开窗	抄作业扣10分，补写作业扣5分，不穿校服或提醒后没有佩戴校牌扣5分

续表

时间	任务	要求及标准	管理员	职责	惩罚（奖励另有）
7:25—7:30	收交作业	快速、安静、规范	课代表	整理作业，清查后将名单写在小黑板上进行提醒	缺一本作业扣5分，迟交扣2分
7:30—7:50	早读	大声、整齐、不做无关的事情	英语或语文领读员	巡视、提醒、评价	整齐、大声的小组集体加5分，个人加2分
9:30—9:50	课间操	快速去操场上做操（跑操）、下雨在教室里做室内操	体委	提醒及时做操、播放做操视频、提醒老师不能拖堂	不认真做操的同学先提醒后扣5分
12:30—13:20	午休	安静快速地午休，教室卫生整洁，符合检查要求	午休管理员、卫生委员	检查值日生卫生、提醒安静睡觉、管理纪律	检查出5个地方有纸屑，扣5分，其他类似
16:40—17:00	自习	提醒认真订正、安静自修	教师或班主任、纪律委员	确保安静自习	吵闹者先提醒后扣5分
17:40—18:00	卫生值日	按要求完成所有卫生	值周组长、卫生委员	确保卫生不扣分	如果被值周班扣分，那么班级内部翻两倍扣分
18:00—18:15	晚读	按要求晚读	领读员	确保不做其他事	不认真晚读扣5分
20:00	晚自习后放学	有序排队，安静离开教室，不影响其他年级	班长	确保整个班安静有序地离开（人车分流，接送、不接送分流）	排队吵闹就重新再走一次

2. 一月有序

每月有序主要是在习惯养护方面，侧重用评选典型的方式激励学生。每个月的班级工作有"四个一"：

一次班级"月度之星"评比；

一次班级"家长进课堂"上课；

一次班级"课程"，即班会课或培训；

一次班级"复盘会议"。

三、事件有序

事件有序主要是指常规事项安排和事件管理有序，主要涉及两方面的内容。

1. 计划和临时事件

我有一个很好的习惯——定期复盘。我为自己设计了一张表格（见表4），在每次具体事项结束之后，我会按照这张表格的内容，梳理出自己的改进措施。下面以家访为例。

表 4　家访回顾与反思

做过，感觉好，可以坚持的	做过，但没有意义，可以删掉的	做过，但有缺陷，需要完善的	没有做，但有意义的	其他灵感或火花
◆ 家访五部曲 ◆ 提前预约	学校情况通报	如何做好学生职业生涯规划	家长圆桌论坛	可不可以邀请家长随行家访？

日常要做的事情，我就做好每日清单、每周清单、每月清单和学期清单，列入自己的工作计划，按部就班，做好学期工作历。

临时性的任务，我就用便利贴写好，贴在办公桌上，以防忘记。

2. 要事管理

事情太多，我们可能就会忙乱无序。怎么办？是不是每件事情非我不可？非得我做？我按照时间四象限管理法则，从重要、紧急和不重要、不紧急的维度，建立直角坐标系，对事情进行分类管理。

这个分类管理的好处，就是发展性的事情如德育研究、课题立项及实践、提升学生成绩，这是重要但不紧急的，我就坚持长线做、有计划地做，避免它变成紧急又重要的事情。无关的事情，既不重要、又不紧急的事情，就少做、不做，或者让别人去做，比如搬运东西、传话等。

关于"四象限管理法则"的网上资料很多，我就不多说了。一句话——确实很有用，同事们用了都说好，值得借鉴一下。

四、应急有序

1. 学生伤害处理流程

图 5 是我们学校学生意外伤害处理的应急流程，我觉得不错，供大家参考。

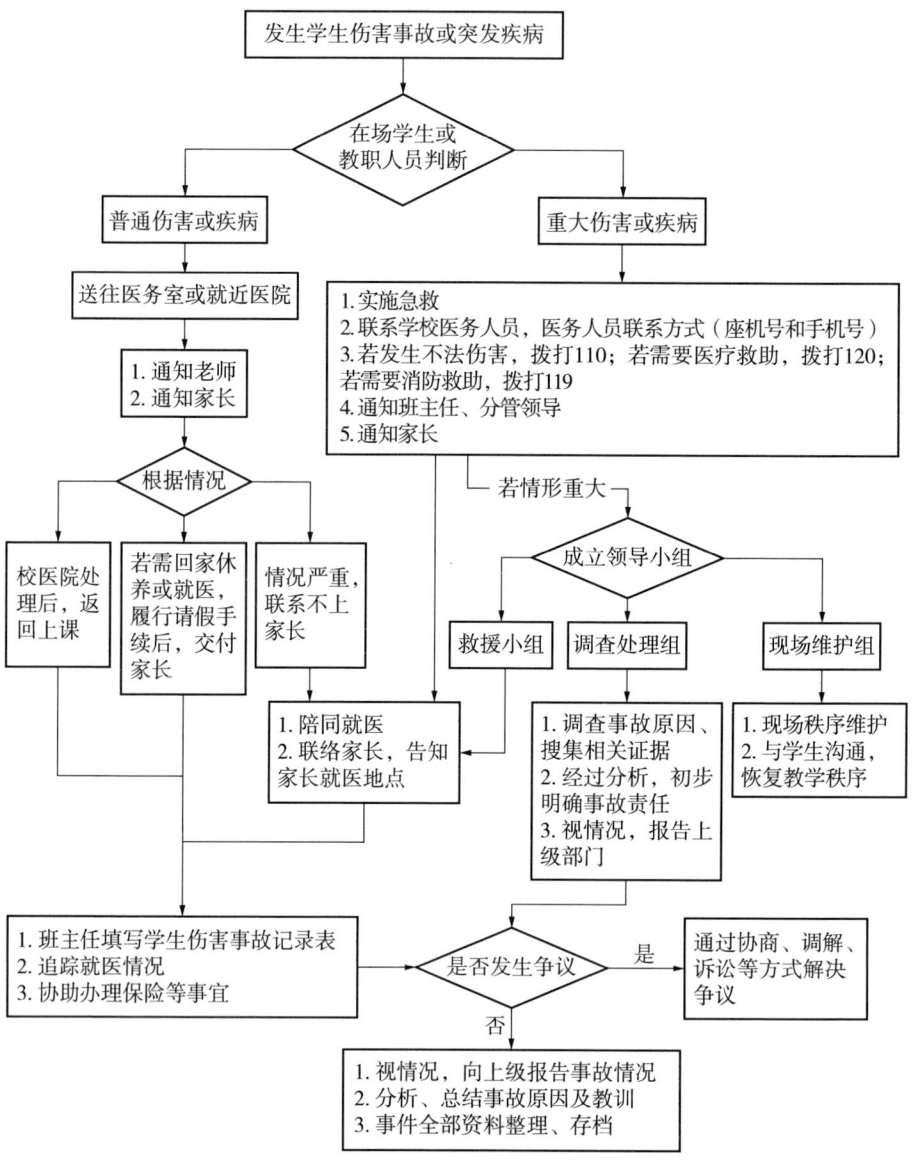

图 5　学生伤害事故应急处置流程

2. 教师缺岗处理流程

一般不会出现这种情况。但是如果遇到临时换课，教师忘记了或记错时间了，也有可能出现在有课的时间而教室里没有教师的情况。为了让班级有序，我们班级是这样做的：

课代表去办公室找任课老师，同时纪律委员坐在讲台安排同学们自习→找不到任课老师就找班主任→班主任不在，就找副班主任→副班主任恰好也不在，就找其他老师→老师都不在，就自习→课后向班主任汇报。

3. 师生冲突处理流程

师生冲突原因很多。一方面，教师对学生或事情本身缺乏全面了解，处理问题不注意场合，判断失当等；另一方面，学生情绪烦躁，性格倔强，对问题理解偏激等。这类事件一旦发生，若不及时控制，对师生双方都不好。遇到这类事情，一定要头脑清晰，不然就会错上加错。

具体处理流程如下：

分开当事人，平复情绪→初步了解情况，及时止损→寻找人员替换，维持常规教学→事后了解师生想法，全面调查情况→分析主次矛盾，厘清责任→分头谈话处置，讲清利害得失→教师合力，疏通双方情绪→争取家长配合，达成共识→形成处理意见，班内说明情况→及时总结反思，后续关注。

总之，凡事预则立，不预则废，有序是正常运转的保障。把握好空间有序、时间有序、事件有序、应急有序四个维度，每个班主任都会举重若轻，得心应手。

晓莉姐说

◆ 有序的本质是思维清晰、逻辑清楚，工作有序也是一个人工作能力的具体体现。

◆ 不要觉得有序是麻烦；当你把有序当作工具的时候，你会发现幸福由此产生。

晓贴士

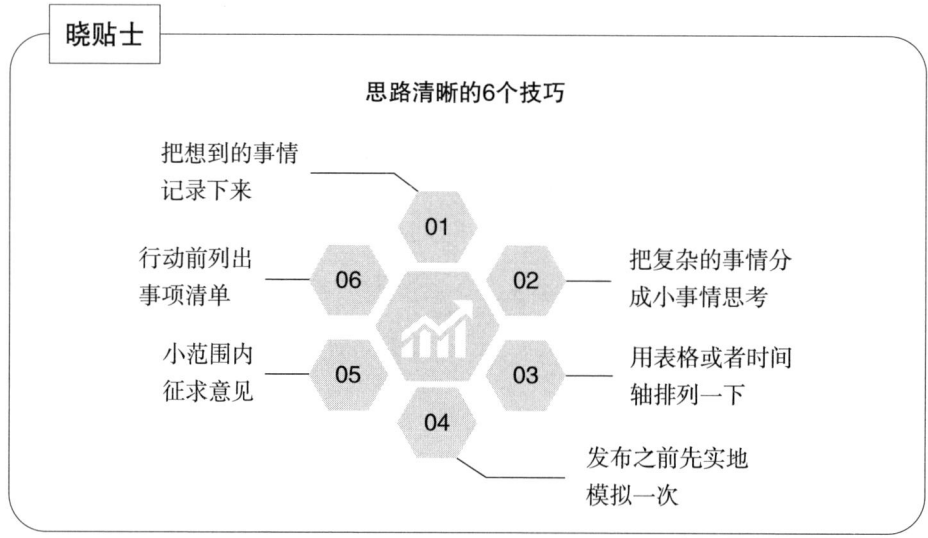

思路清晰的6个技巧

01 把想到的事情记录下来
02 把复杂的事情分成小事情思考
03 用表格或者时间轴排列一下
04 发布之前先实地模拟一次
05 小范围内征求意见
06 行动前列出事项清单

第四节 创新管理：五个创意为管理增效

所有的创意，都是山穷水尽之后的"急中生智"和竭尽全力之后的"另起一行"。

好的管理能够不断激发成员的积极性，不断提升我们的工作业绩，但是我们也知道，在管理的过程中也会出现疲软乏力、根本使不上劲的情况。遇到这种情况怎么办？换思路。

人是喜新厌旧的，唯有创新，才能够带来眼前一亮的感觉。

创意一:"丰满寒假"活动设计

写一副春联,做一顿美味的年夜饭,会打扫,会交往……这些让我们变得更美好的体验都是学习。为了让孩子们过一个有意义的寒假,我们倡导并邀请组长妈妈——我们的网格管理员们帮助我们来开展以下活动。

708 班"丰满寒假"系列活动

1. 争做自律达人活动

每个人上交一份寒假计划,包括四方面的内容:学习计划、阅读计划、变美计划、劳动计划(每个人学会三菜一汤、一面食一甜品)。负责人:7 组。

2. 美味的年夜饭

幸福从一顿年夜饭开始,让年味留在我们的心中。收集孩子们参与制作年夜饭的照片、视频等,晒一晒我们的年夜饭。负责人:1 组。

3. 打扫除尘过大年

过年要做大扫除——擦玻璃、拖地板、清洗被子、换被套等。让每个孩子都成为父母的好帮手,整理好自己的房间,帮忙打扫家里,劳动让家更美好。我们收集一些孩子干活的照片,晒一晒自己美丽的家。负责人:3 组。

4. 花样拜年传祝福

我国是礼仪之邦,有春节"拜大年"的习俗。我们可以写春联送给长辈、邻居,拍视频给教师亲友拜年,编辑创意拜年短信让别人感受到我们的善意和祝愿。看看我们的"花样拜年",一定可以给我们带来暖暖的情谊。负责人:2 组。

5. 春节团建活动

过年有好吃的和好玩的,但是进入青春期,还是最喜欢和小伙伴在一起玩,我们在一起有好多小秘密哦。利用寒假,我们可以邀约一起看电影,去图书馆或书店,一起在家写作业,组织团建活动来促进我们的友谊。负责人:5 组。

6. 优秀作业展示

开学前一周，我们要来"卷"了。作业写得怎么样？认不认真？来晒一晒我们的优秀作业！书看得怎么样？晒一晒我们看过的书，展示我们的"书评"，看看学霸是怎么过寒假的。负责人：6组。

创意二："五部曲"家访

"家访"这个词对教师和家长来说，都不陌生。作为资深班主任，我经历的家访还真不少：有新生第一次家访，有学生出现重大问题时的临时家访，有如同走亲戚一样的暑假中期家访。放假前布置劳动打卡、体育锻炼、作业上传等任务，暑假中期班主任需要去"实地考察"了解孩子的学习生活，指导暑期后半段的任务，尤其是要帮助部分孩子"矫正航线"，以免偏航太多，开学时来不及补救。

整个家访过程大约分为五个环节。

1. 环节一：作业检查

首先，诚信自律检查。这个很重要，作业的意义在于训练，而不在于完成任务。检查时我发现有些家长比较细心，会把答案收藏起来，没有人直接抄袭答案。有些同学很懂自律，有答案也不会抄袭，更值得表扬。

其次，重申作业标准。作业要求做到"三好"，即作业要自己独立完成好，自己认真批改好，对照答案订正好，这"三好"是我们班特有的"作业要求"。经检查，我发现存在以下问题：数学和科学作业批改环节不够仔细，有部分错题也打"√"；订正环节不够完整，有的同学只是在错误的答案边上写上正确的答案，缺少反思和正确的解题步骤展示，需要改进。

最后，扩大作业效益。除了理科订正环节不够好以外，语文摘录作业也存在应付现象。有的同学随便找一本书，"薅羊毛"一样，一薅到底，一口气摘录十段应付任务了事，没有真正去寻找"好词好句好段落"，存在"学习上的假努力"。怎么办？在作业效益上做工作：理科学习追求"懂"，要求把过程重写一遍，不懂的可以直接用微信联系老师；文科学习要求"真"，对于真心喜欢的文字多读几次，甚至背诵下来，这样用起来就方便了。

检查作业这个环节相当于开了一次小组目标会和家长会，帮助暂时落后的孩子重拾信心，家长也知道了孩子学习上的问题，大家一起为孩子赋能，促使孩子进步。

2. 环节二：厨艺展示

这是必备的一个环节。每次家访，我们都组团去一个同学家。然后每个同学做一个拿手菜，小组集体展示。打分则由教师和家长根据该菜的光盘速度来决定。人多了就轮着吃，坐不下就站着吃，师生同乐、亲子同乐，家访化身为一场愉快的聚餐会。当然也遇到有些孩子不会做饭菜，两极分化的局面让旁观的家长明白："成长需要放手，孩子独立要从会做饭开始"。

3. 环节三：才艺展示

才艺展示的目的，一是活跃气氛，二是给孩子搭建交流平台，三是借机会让孩子互相学习。因为孩子们更容易从同伴身上学到技能。

有的同学为我们展示了英语演讲；有的同学展示背诵"三十六计"，有的同学展示了乐器表演。乐器好的同学气定神闲，演奏流畅，令大家如醉如痴，例如：高同学为大家展示了吹圆号，他的中气十足，眼神里都是专注，认真的样子真帅，完全和平时不一样。看到大家自信的模样，真开心每一个孩子都有自己的赛道。

4. 环节四：生涯规划

我一直坚信，最好的教育不是大班讲课。真正让教育发生的，是人和人之间的亲密交流。假期家访，是我们对孩子进行生涯规划的最好教育时机。询问孩子的家庭愿景，了解孩子的性格特长，倾听家长和孩子的未来心声，根据其条件优化目标设计，顺便沟通并介绍相关特长生、分配生等升学政策……言谈恳切，分析具体，彼此共商，一份真正有用的生涯规划常常就这样诞生了。

很多教师觉得奇怪：为什么假期过后我们班学生的学习劲头那么大？因为他们在假期已经充电了，人生有了更明确的方向。写诗的功夫在诗外，班主任的假期家访，真的可以做很多事情。

5. 环节五：体育锻炼

锻炼已经成为贫富差距的分水岭。那些家境条件好、营养分配科学均衡的孩子，假期锻炼严格自律、坚持不懈、挥汗如雨，意志和体力都得到提升。相反，那些家境条件不好的孩子，看电视玩手机，假期躺平，贪吃懒睡、大腹便便的多。这已经成为全世界的一种新现象。

每次放假前，我都要对家长和孩子进行体育锻炼动员，把体育锻炼的意义讲透，并针对不同孩子的自身特点，制定学校运动会参赛项目，对家长也提出了监督和陪练的要求。我深信，健身也是"健心"，"成功是成功之母"，爱运动的孩子一定是健康上进、阳光快乐的；当孩子通过积极的训练提高体能，继而在运动会上获得肯定，"向阳而生"的他们一定会在各方面越来越优秀。

假期，我就督查孩子和家长在家里做得怎样。

一名学生这样总结："徐老师还真检查居家体育锻炼，看来今年的运动会，我得加油了，不然在班上可能就被淘汰了！加油，我会坚持每天锻炼，争取早日达到目标！"

家长这样评价："假期过半，晓莉姐组团家访了。叙旧话情，让我明白构建关系是一切的基础；学业指导，让孩子们学得更轻松更快乐；才艺展示，让孩子们明白多一份才艺就多一种选择；厨艺比拼，让孩子们知道学习之余还有生活；锻炼督查，让家长和孩子们有了明确的发展方向……遇到这样的老师，孩子和我们都有福了。"

每次家访都是这五部曲，每次家访都很辛苦，平均耗时约 4 小时。但我们的收获也很多：学生与父母的关系更和谐、同伴关系更亲密，更重要的是构建了假期学习共同体。孩子们校正了航向，在假期没有放纵自己！

创意三：我们一起开家长会

以往的家长会都是由教师组织并讲话，参加家长会的次数多了，家长的积极性越来越小，会议效果也很平淡。怎样把家长会开得有新意、有新效果呢？我们开启了师生、家长一起开家长会的尝试。

1. 学生给家长开家长会

这样的家长会，学生高兴，家长也高兴。具体做法是：整个家长会全部都由学生来组织策划，含流程设计、家长会的主要内容、家长会的海报设计、邀请函设计制作、会场布置分工和汇报交流的内容，全部交给学生来做。一般一个学期一次，每次做这样的家长会时，孩子们热闹得像过年一样。

学生开的家长会，主要侧重于每个孩子的学习、工作和成长分享，这样的家长会，家长也很喜欢。当他们看到自己的孩子在班级很能干，每个人都有事儿，每个人都和在家里不一样，他们也很欣慰。家长会后，一些家长发来信息："以前觉得自己的孩子很内向，没想到能在公开场合这么自信，看到了孩子的进步和闪光点，我们很感动。"

2. 组长召集组员开家长会

小组长开组员家长会流程如下：

小组长培训—收集资料、整理出发言稿—修改、补充并完善—模拟开会—相互评价—完善发言稿—开家长会—会后复盘—资料留存。

在家长会期间，小组长组织组员和家长进行沟通交流。交流内容包括日常行为规范、学习情况、作业情况等，评价组员做到"三优点一建议"。小组长提前参加培训，包括礼貌用语、交流内容等，让站在班级中央的他们，敢讲、敢说、更自信。先培训后模拟。事实上，同龄人更了解同龄人，这样的方式，也让教师和家长了解到孩子更真实的一面。

下面是六组组长林雅雯的感悟。

这次我作为组长组织家长会，跟组员的家长进行面对面交流，这样的形式让我收获颇丰。为了能向家长更好地汇报同学们的在校表现和期中考试的成绩情况，我提前收集了组内成员的各科成绩，梳理了大家的优点和不足，让我们每个人更加了解自己和每个同学。这也锻炼了我的能力，让我更有责任心、更有信心做好工作。

不过，在和家长交流的时候，我还是有点紧张。我不敢直视家长的眼睛，担心这样会显得不太礼貌，给组员提的建议还不够有针对性，下次还可以改进。

3. 家长给家长开家长会

这是我班上经常进行的一种家长会形式。这种家长会有三个层级：第一个层级是家委会开会，他们确定每次家长会的主题和内容；第二个层级是组长妈妈开会，他们负责细化家委会的布置和安排，培训家长组织会议；第三个层级是组长妈妈组织每个学生家长开家长会，落实家长会的各项流程。

家长开家长会，一般共同问题、共同语言比较多，开的都是研究型会议，比如：一起研究手机问题怎么处理，孩子早恋了该怎么办，如何调整自己孩子的赛道以帮助其在中考中取得理想成绩……

会议地点很自由，可以在学校，集中分组召开，然后全班分享交流；可以在某一名家长的公司、会馆或单位，借助于家长的资源召开；也可以以小区为单位，在某一个孩子的家里召开；还可以在咖啡馆以小聚会的形式开，甚至在班级外出活动时找个地方开。

有教师说："徐老师，看了您的班级管理，感觉您的点子好多啊。"实际上，这些点子都是被逼出来的。只要我们想做好工作，不甘平庸，其实所有创意，都是山穷水尽之后的"急中生智"和竭尽全力之后的"另起一行"。

创意四：班徽设计网上海选

班徽，是班级灵魂的象征，是对班级文化的浓缩和精华，对增强班级凝聚力以及强化班风学风可以起到有力的助推作用。为增强同学们的班级责任意识和对班级的热爱之情，我的班徽设计都是以同学们自愿投稿的方式收集素材，并通过投票的方式选定最终方案。每次活动都在班上热热烈烈地展开。

就拿最近的这一届708班的班徽设计来说吧，此次活动一共收到13个作品，线上投票3天，阅读量达到近4万人次。反响巨大，一方面说明家长给力，另一方面也说明孩子对自己的作品能否成为班徽感到特别在意。

活动结束后，"让每个人在自己的赛道发光"的班级理念深入人心，最终毛同学的作品（作品三）胜出。我们在作品三的基础上融合了作品一的设计，最终出台了我们班级的班徽，用在班旗、班服、班牌上面，成为最耀眼的徽标。

我们挑选几个有代表意义的作品来欣赏一下吧！（见图6）

作品一：以数字"8"为核心，红、黄、蓝三色代表不同的人生跑道，寓意8班的每一名同学在徐老师的带领下，都能在各自的人生跑道上仰望星空、追逐梦想。

作品二：一艘知识的小船在海洋中遨游，船的下方是一些蓝色的小人代表我们，波浪代表着知识。无数个小人形成了波浪，扛起了船头，8形船帆迎风起航，那么多小人也在无形中告诉了我们团结的力量，也揭示了只要团结就可以共同努力，共同进步，在知识的海洋中畅快地遨游。背景是蓝天白云、万里晴空，再加上一个代表生机的太阳，几只展翅飞翔的大鸟，寓意着我们8班终将拥有属于我们自己的一片蓝天，每个人像鸟儿一样飞得更高、更远、更好，在太阳的照耀下，绽放自己的闪耀光彩！

作品三：设计理念是，团结8班、豪情满天、众志成城、超越自我，让每个人在自己的赛道发光！逐梦708，加油！

作品一　　　　　　　　作品二　　　　　　　　作品三

图 6　班徽作品

创意五：把"调皮小地鼠"培养成管理者

"你们班那七个男孩子，管教他们就像打地鼠，你方唱罢他登场，这边刚敲下去，那边又冒出来。"这是任课老师对他们的评价。我也知道，老师们说得一点儿都不夸张，初一的小男生有使不完的劲儿，他们活力四射，终日闹腾。

我们班这七小"地鼠"有三大特点。

特点一：爱打闹。小地鼠们的精力总是过于旺盛，像被上了发条、设了定时的闹钟一样，只要是下课时间，就是无止境地追逐打闹。每一个短短的 10 分钟，他们都能完成一套完整的流程：你打他，他追你，我帮他，七个人彼此"牵绊"，闹作一团，从 7 号楼追到 1 号楼，一来一回相当于跑了个 800 米，上课铃响才喘着粗气、大汗淋漓地回教室。

特点二：爱吵架。听他们互相告状已是家常便饭，不争出个谁对谁错不罢休。明明每一个人都不占理，却都振振有词。

特点三：成绩差。如此好动的小地鼠们自然无法静下心来集中精力学习，各科任课老师说起他们的成绩都是频频摇头，总是忍不住向我抱怨"打地鼠"打不过来了。

初一的孩子们从童年到青少年过渡，很多孩子还没有学会独立和自律，加上在小学没有养成良好的习惯，空有一身能量，却不懂得如何使用。教师若不能正确引导，便会有打不完的"地鼠"。要让"地鼠"属性消失，就得想办法让他们把能量用在学习或者其他有意义的地方。

我设计的策略如下。

安排他们成为"护班大使"。班级有什么意外事件或有公物损坏，他们要第一时间告知我，且负责帮忙维护秩序或维修。

安排他们成为老师的"小助手"。下课前去办公室"迎接"老师上课，并帮助老师拿教具或发作业。

安排他们成为年级组的"志愿者"。帮助年级组管理午休或检查卫生、分发书籍等。

安排他们成为"小老师"。有空时帮助同学讲题，辅导同学，当然前提是我先辅导好他们，他们分工，每一个人负责一道题目，班级里的讲题任务就归他们承包了……

安排他们成为"课代表"，专门盯不交作业的同学补写作业，还要负责教不会写作业的同学。

由于工作太忙，他们每天甚至要小跑进办公室，闹腾的时间和精力都没有了，"地鼠们"转身为勤劳的"小蜜蜂"。每一只"地鼠"，都有可能是一颗金子。

晓莉姐说

◆ 学生都是喜新厌旧的，别指望一个老套的做法能够支撑您工作一辈子。

◆ 新的创意来源于哪里？来源于变化，来源于我们对完成任务的高目标追求。当我们不满足于当下的工作水平，创意就自然而然地产生了。

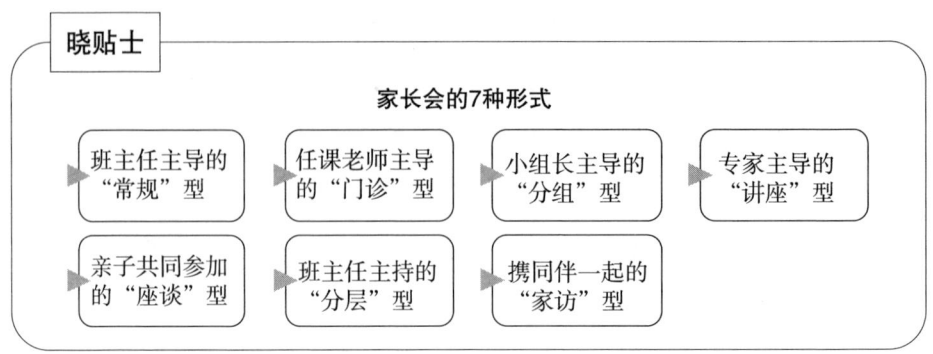

第五节　复盘管理：我们一直走在正确的道路上

复盘的本质是对过去的事情做思维演练，也可以说是一种回忆和重新推演，它让我们的工作不断攀登新的高峰。

应用了"小组合作"的加减分制度后，短时间内小组的积极性很强。新鲜期一过，有部分学生对量化扣分就不在意了，甚至公开说："爱扣分就扣分吧，反正扣的是小组分。扣分有啥用，中考又不受影响。"还有学生说："我基础太差了，不会做作业，上课听不懂，加分对我来说没有意义。"

这样下去班级的小组合作还要坚持吗？作为管理者，这样的局面是不是经常遇到？班级管理出了问题怎么办？以前的经验不管用了，怎么办？时间长了，出了问题怎么办？我们需要复盘。

一、复盘目的——把班级带回正确的道路

"复盘"原是围棋术语，本意是对弈者在下完一盘棋后，重新检讨对弈过程，把过程还原并研讨，后延伸到将做过的事情，按照一定的模式进行反思、检查、总结、提升。

复盘对班主任来说，有什么意义和价值呢？

明得失，找差距。每做一件事情，我们都要定期复盘，用结果导向来对标自己的工作，看看采取当下的措施是否能够实现自己的目标，离我们的目标有多远的距离。

寻优劣，找方向。做一件事情最忌讳的是忙着忙着，最后忘记了自己的工作方向。复盘可以让我们在忙碌中找到自己的工作方向，冷静思考一下自己做得好的、做得不好的，知道下一步该怎么办。

知快慢，调节奏。欲速则不达，太慢就是磨洋工。对照计划复盘任务完成的时间，横向对比同一年级班级的节奏，可以精准知道自己推进的工作快慢，及时调整节奏。

悟是非，少犯错。我们经常在班级管理中出错，其实，一次犯错没有关系，这是成长；屡次重复犯错就不应该了。复盘的意义就是及时停下来，及时止损；老犯错不合算。

复盘的本质是对过去的事情做思维演练，也可以说是一种回忆和重新推演，它让我们的工作不断攀登新的高峰。如何实现上述价值呢？我介绍一个表格（见表5），这个表格横向有三个栏目，最后一列指向问题解决，纵向是步骤。

表5　复盘项目清单

阶段	主要问题	关键活动	成果交付
目标评估	◆ 是为了自己还是为了学生？ ◆ 是寻找答案还是寻找原因？ ◆ 是简单归因还是多种假设？	依据目标考核SMART原则，用陈述句描述存在的问题。	亮点在哪里？如何坚持？不足在哪里？如何克服？
反思分析	◆ 进行教育行为还是为了发泄情绪？ ◆ 是责备别人还是自我反思？ ◆ 是满足于一个答案还是寻找多个答案？	情景提问： ◆ 哪些事情可以现在开始做？ ◆ 哪些事情需要继续重复做？ ◆ 应该停止或不做哪些事情？ ◆ 做法有无超越边界或权限？	◆ 把握重点。 ◆ 掌握模式：先固化再优化，以便熟练。 ◆ 记录要点，定期回顾：成功在哪里？失败的因素是什么？

续表

阶段	主要问题	关键活动	成果交付
萃取提炼	◆ 结论是否排除了偶发性因素？是普遍的，还是个例或偶尔的？ ◆ 结论指向人，还是指向事？ ◆ 结论是否经过3次以上的连续追问：为什么？ ◆ 结论涉及根本性的问题，还是具体事件、操作层面？ ◆ 是否有类似事件的复盘结果？	◆ "五有"：有准备、有纪律、有程序、有主题、有检查。 ◆ "五不"：不抱怨诉苦、不务虚、不讨论细节、不偏离主题、不搞一言堂。	◆ 区分可控、不可控和半可控。 ◆ 可以传承与推广的是什么？ ◆ 需要回避、克服的是什么？有哪些经验教训？ ◆ 需要改进的地方有哪些？
转化运用	◆ 从过程中学到了什么新东西？ ◆ 如果有人进行同样的行动，你会给出什么建议？ ◆ 接下来做什么？哪些是可以直接行动的？哪些需要相关的条件或资源才能进行？	◆ "四框架"：好的方面、存在的问题、改进措施、下一步的工作。	◆ 行动计划，改善建议。

一般来说，这个表格基本上能够满足我们对当下事件复盘的需要。复盘一次，对班级来说就是一次纠偏，通过发现问题，解决问题，及时把班级带回到正确的道路上。

二、复盘做法——推荐使用五个工具

我推荐复盘的五个工具，这五个工具是一整套流程，最好连着使用。

一把椅子。 复盘的时候，在会议室的主席位置上给复盘的工作对象空出一把椅子。如果复盘的是家长，那就把椅子留给家长；复盘的是学生，那就把椅子留给学生。这样建立"我们为谁复盘、为谁服务"思维，遇到问题都想一想，如果"他们"在，他们有什么需求。这样就能够真正地实现换位思考。

一条鱼。 这条鱼其实是幅鱼骨图（见图7），每次复盘的时候，我都在计算机上或者用白板画一幅鱼骨图，将造成不理想结果的三个主要原因分别放在三条鱼骨上,对应的方向则是提出解决策略。这样可以将自己的思维可视化。

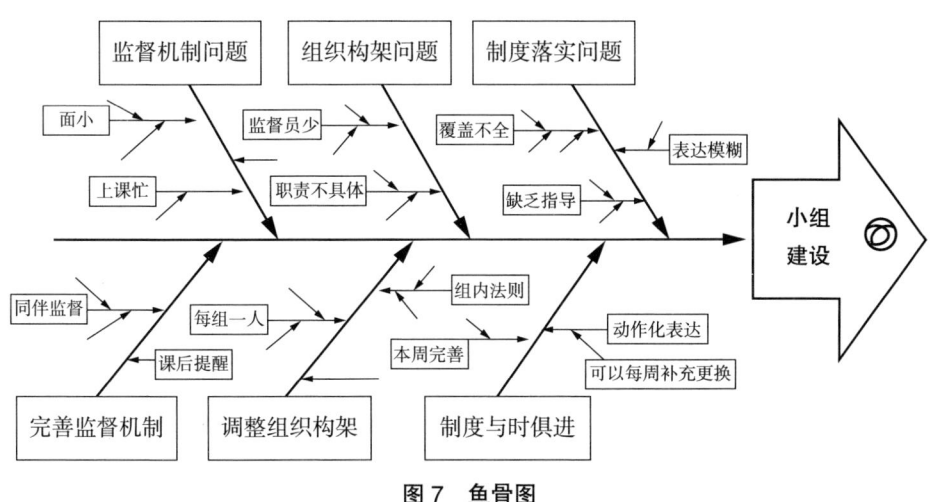

图7 鱼骨图

比如上面这幅鱼骨图,就是我组织孩子们一起讨论开篇的问题——"小组建设出了问题、管理流于形式、孩子们依然不听话,怎么办"的讨论成果。孩子们分别从监督机制、组织构架、制度落实三个方面提出了问题,然后我们从同伴监督、课后提醒、组内法则、人员安排、制度改进、过程中完善等方面对改进措施进行了研究和布置。这里展示的只是一个概要,班上的鱼骨图所展示的内容更加丰富。

一面镜子。这面镜子的主要作用是提醒自己。在每次复盘的时候,我都会在会议室或者办公桌上合适的位置放一面镜子,提醒自己多关注一下自己的脸色,不要情绪化复盘。

一个号令。这是一个提醒,我觉得福格行为模型是有用的,好的行为需要恰当提醒。如果是小组复盘、干部复盘,我会用一个小铃铛,轻轻敲一下,"叮——"提醒参与者投入工作中,不要观望或者等待,避免浪费时间。

一张表格。这是成果展示。每次复盘,均要有一张行动表格,在显眼的位置,摆出关键计划、团队、指标的进度表,及时更新。温馨提示:表格一定要是实体纸质版的,而非网络或电子版的。为什么呢?眼睛看不到,心里就不会有改进的动力。把每次复盘的结果变成行动要求,贴在班上、自己的办公桌上,眼睛瞄到进度表,改进进度,不知不觉,进度表就植入每个人的心里了。

如何打造优秀小组——"六个核弹"小组复盘会

周六上午,"六个核弹"小组在组长林雅雯和组长妈妈的组织下,在江一公园的茶吧里进行了小组建设复盘。

复盘会议分两个独立的空间进行:孩子们举行同伴复盘会,家长在另外一个空间里组织"组长妈妈复盘会"。

1. 学生会议

会议由组长林雅雯组织,刘昊天记录。用团队共创的方法,每人一张卡片,围绕现象、问题、原因、策略四个方面思考。鼓励大家有想法充分发表,倾听每一名成员的意见,最后讨论达成共识,形成可执行的若干条行动计划。

讨论红线:只说现象,不涉及具体人;禁止对当事人进行批评;如果要讨论,发言对象是主持人,不能够彼此互相争执。这些红线主要是防止互相推诿,用正面解决问题的方式讨论。

2. 家长会议

家长会议由林雅雯妈妈组织,姜传一爸爸执笔记录。家长研讨的主题是"我们能够为孩子的学习提供什么帮助"。虽然在沟通的过程中因为家长之间的共鸣导致多次跑题,但是大家始终坚守"让孩子们在不同的赛道上发光"的理念,"以小组形式共同进步"的方式进行讨论,探讨了小组中成员之间如何互帮互助、作业质量的提升该怎么办等内容。

在讨论中,针对小组中有困难的同学,家长们敲定了采取同伴远程监督的办法进行帮助的策略,每个家长还分别认领了属于他们的督促工作。

3. 学生感言

黄同学说:"以前老师说要求,我们总觉得模糊,不好落实;现在小组讨论要用陈述句表达,要用动作去落实,我觉得挺好的。以后改进有方向了。"

陈同学说:"喜欢小组和谐的氛围,让我们一起朝着共同的目标努力。"

4. 家长感言

陈妈说:"聚焦问题解决,而不是攀比、聊天,这样复盘会带来的压力小多了。"

周妈说:"很幸运能加入这么优秀的班级、优秀的小队。相信在这么多优秀队友的带领下,孩子一定会越来越好!"

三、及时复盘:让工作不断优化

复盘频率多大?这个没有固定要求。当我们感觉到工作推进有难度,或者可能会出问题,或者问题已经暴露出来了,那就要及时复盘。例如:疫情防控期间,对于每天健康打卡,每个班主任头疼不已,全部精力都花在催打卡、填报表上,甚至崩溃。怎么改进呢?我就发动"网格管理员"——组长妈妈。我们每周复盘,确保了疫情防控期间各项工作的落实。

复盘"网格管理员"——组长妈妈的行动改进措施

复盘原因:居家隔离,网课期间孩子学习不那么自觉,每天健康打卡的难度很大。

复盘时间:周五晚上 7:30—8:30

复盘主题:网课管理,组长妈妈该如何改进

一、组长妈妈的基本职责有哪些呢?

1. 上传下达:每天及时关注手机提示信息,把新要求传递给每个家长和孩子。

2. 作业检查：按照网课进度，督查孩子的作业完成情况。

3. 健康统计：每天上报身体健康状况，登记个人行程，做好行程调查。

4. 打卡点名：准时督促孩子上课打卡、锻炼打卡、作业打卡和健康打卡。

二、组长妈妈的工作特色有哪些呢？

1. 一组柯奕宏妈妈：乐于分享，示范引领

大气、温和的柯妈，在努力把儿子培养成为标杆的同时，热心积极地服务好其他组员，让一组成为最优秀的小组之一。柯妈对孩子善于放手，给孩子自我成长的空间，并分享了自己的育儿经验和体会，非常棒。

2. 二组朱家慧妈妈：事无巨细，心有大爱

朱妈不仅管好自己的孩子，还通过微信、电话和高喆昊妈妈沟通，确保防控期间特长培养和打卡两不误。朱妈还提出了孩子们互背及课后在妈妈面前复背的方式，提升孩子的文科记忆效果。

3. 三组刘显杰妈妈：活动精彩，团队有爱

刘妈组织大家居家做菜，大家传上来的认真做家务的画面着实让人吃惊，水果羹、花样蒸点心、炸油条、橙子蒸蛋、巧克力饼，样样皆能。

4. 四组子轩妈妈：表扬激励，以快带慢

子轩妈妈先上传动作较快的女生的打卡记录，对未打卡的孩子进行督促和提醒，并采用一些表扬激励办法，如获得一个"大拇指"或者"鲜花"，提升了小组的管理效率。

5. 五组杨晨欣妈妈：将心比心，接纳包容

杨妈在管理上善于利用同理心开展工作，对没有及时打卡和学习的组员主动聊天、帮扶，每个组员都能够感受到杨妈的宽容和爱。

> 6. 六组虞佳颖妈妈：温馨提醒，善于学习
>
> 第六小组的妈妈们都很给力。虞妈采取了微信提醒和示范引领的做法。当家长因工作忙而忘记打卡时，她就发微信、打电话提醒，经常把别的小组做得比较好的打卡视频或图片发到第六小组群，引导大家向优秀同学看齐，效果挺好。
>
> 7. 七组杨嘉乐妈妈：学习示弱，欣赏孩子
>
> 嘉乐妈妈善于示弱，总是请求孩子们给她帮忙，孩子做好了，马上在群内表扬。这个做法让组内每个孩子都充满了积极性。
>
> 8. 八组张依仁妈妈：耐心细致，谦虚待人
>
> 依仁同学刚开始对当小组长有一点担心，怕自己不够优秀，不能引领组员。依仁妈妈耐心细致地帮扶，她鼓励着女儿，陪伴孩子一起成长，自接管八组的工作以来，谦虚待人，兢兢业业，用实际行动赢得本组家长的认可，也让女儿树立了信心。

四、存在问题与改进措施

存在问题与改进措施如表 6 所示。

表 6　问题与改进措施

存在问题	改进措施
组长妈妈都想争先进，争先恐后地打卡。	把每天健康打卡的时间定在晚上 10:50 结束，不抢时间。
小区不同，网速不同，影响上课质量。	保存授课录像，有需要的孩子和家长可以自行下载。
居家生活单调，亲子矛盾增加。	开展网上活动，转移注意力。
有时候睡过头，忘记叫孩子了。	手机定闹铃，设置提醒。
……	……

我对自己有些苛刻。我经常对自己说:"把今天的优秀变成明天的标准。"我知道一个人的能力有限,但是,我可以通过每次复盘,不断地给自己提要求,不断地拓展能力半径。这样我们的管理效果就会提升。

晓莉姐说

◆ 复盘其实是一种向内叩问的过程,只有勇于主动向内求,我们向外的能力才能不断延伸。

◆ 人生也是不断复盘、不断成长的过程,我们复盘的质量有多高,我们能够抵达的地方就有多美。

第四章　做有指导力的班主任
——技术产生教育改变的力量

指导力又称指导能力，是我们帮助他人面对和处理问题与困难的一种能力。

指导力和领导力最大的区别在于责任主体不同：指导力的责任主体是受指导者，别人的话对与错、有无作用和价值，选择权在于被指导者，责任得由被指导者自己承担。领导力的责任主体是领导者，对领导者的话我们觉得对与不对也要执行；当然，出了问题也主要由领导者担责。

领导能够产生追随的力量，指导能够产生依靠的力量。班主任要活用这几种作用和功能不同的力量，做好自己的班级管理工作。

第一节　生涯规划：让每个孩子在自己的赛道发光

一眼能够看到的将来，还能够使人产生奋斗的动力吗？生涯规划不应该这样，而是应该让孩子看到越来越美好和无限可能的将来。

有人问，孩子才进入初一，有必要这么早就计划三年后的升学去向吗？真的很有必要。学习是一种意义的构建，当学生明白现在的学习会和将来的自己产生意义上的链接时，他们对学习的感觉是不一样的。

我们不仅要给孩子规划三年，还要给孩子规划十年、三十年，只有当孩子明白自己为什么要学习、怎么学习、用什么标准衡量自己的学习、知道学习对自己将来的意义时，他们才会对学习保持持久而饱满的热情。不然，一切以考试为终点的教育，以考上某一个阶段性的学校（中学或大学）为目标的教育，会使孩子在考上目标学校后产生人生迷茫，不知道自己接下来的努力方向。

凡事预则立，不预则废，对学生的生涯规划宜早不宜晚。但是，生涯规划也不是我们帮学生分析，告诉人家怎样。如果是这样的一种规划，孩子们就会有一种看透人生的味道，一眼能够看到的将来，还能够让人努力吗？生涯规划不应该这样，而是应该让孩子看到越来越美好和无限可能的将来。只有这样，现在的一切才有意义。

所以，我将我们班学生的生涯规划侧重点放在"让每个孩子在自己擅长的赛道发光"。

一、科学研究，规划好学习增值点

1. 在观察中发现孩子的特长

一个人的成长需要天赋和后天的培养。孩子成才的必要条件往小的方面说是家庭和学校的教育，往大的方面说是政策和社会环境。我们对学生的研究和观察，就是在兴趣和政策的加持下，解决孩子学习的兴趣、特长、条件和发展方向问题。不仅要解决孩子喜欢什么、学什么、为什么学的问题，还要解决孩子怎么学、标准是什么、将到哪里去的问题。

为此，每接一个新班，我第一时间便通过家访摸清学生的情况。每次家访必有"五部曲"——作业检查、才艺表演、厨艺展示、体育测试和生涯规划。了解孩子的兴趣爱好和特长，因材施教，做好适合每一个孩子的生涯规划，不仅可以帮助每个学生在自己擅长的"赛道"发光，也有助于缓解家长焦虑，让家长舒心。

刚进初中时杨培总给自己贴上"学渣"的标签。一个年级总人数是520个人，他排在438名，各科分数都少得可怜。他还有致命的弱点：答题语句不通顺、错别字连篇，数学计算能力不佳，英语单词几乎都不认识。门门功课"吊车尾"，他对学习毫无信心。学习对他来说，除了令自己痛苦，并没有任何意义。

对于这样的学生，我决定通过"家访"做深度研究，希望能从他的爱好中找到与学习的关联性。经过了解，杨培从小对地理、政治、历史等颇有兴趣，看了很多相关的课外书，每每谈到这些话题都如数家珍。

一个人的发展不能够只看当下，尤其是不能够只看分数。学习是综合的、全方位的，他对政史地的喜欢，也是综合素养的一种体现。我叮嘱家长不要因为考试分数低而过多干涉他这方面的爱好，也特意交代文综科目的老师们上课时多让他回答问题，让他能展示自己丰富的知识储备。果不其然，他一次次的滔滔不绝引得其他同学瞠目结舌，谁也想不到这样一个成绩垫底的"学渣"，竟能有如此表现。杨培从中获得了莫大的成就感。

在我的鼓励下，杨培参加了区文综知识竞赛，并且拿了奖，再次获得了同学们的崇拜。这燃起了杨培的学习兴趣，从此，他在文综科目方面的学习主动性大大提高，进步速度远远超出我的想象，文综成绩上升到了班里数一数二的位置，稳获"文综学霸"的称号。

随着文综科目成绩的提高，他也取得了阶段性的胜利，初二下学期的期末考试，他排到了年级285名，一举登上了优秀进步生的榜首。

2. 结合政策制订并实施计划

现在的升学政策越来越考虑到孩子发展的多元性，提供了很多分流渠道。孩子的生涯规划就要好好地研究政策。如果孩子提琴拉得好，进入初中后可参加学校的管弦乐团，如果被评为优秀团员或考到音乐的 A 证，升高中时音乐特长生就有了底气；有的孩子擅长画画，升高中时就可以报考某高中的美术特色班；英语成绩优秀，想到国外读大学的同学，则可以准备好相关条件去考国际班等。

提前了解各种升学政策，并根据每个孩子的特点制订计划，既可以让孩子在生涯规划上早做准备，又能够有效减少家长和孩子的焦虑，一举两得。

刘亮同学立志要从事城市规划的工作，考上美术学校便成了他走向梦想的跳板。遗憾的是在初中的时候，他没有接受过系统的美术学习，在该校的第一轮专业初试中就被刷下来了。

"一战"的失利令刘亮失去了方向。在他失去斗志时，我结合美术学校的招生政策，建议他先努力以文化课成绩考进该校，入校之后再找机会转美术班。这一线生机让他重燃了希望。

最终，在不懈的努力下，他成功进入了该校美术班。高考的时候，他成功地考上了自己理想的大学和专业。

3. 在孩子成长中不断调整

选择比坚持更重要，方向比努力更重要。在学生生涯规划上，我不赞成盲目坚持，而提倡及时调整，因为成长就是不断试错的过程。家长需要及时了解孩子的目标和想法，根据他们的兴趣、特长和思维差异，不断引导孩子们调整。

刘同学确定了要以文化成绩冲刺他心目中的理想高中后，我和他一起分析了目前的分数和他当下的优势、劣势和机遇与挑战。我告诉他：优势、劣势指向自身，机遇与挑战指向外部环境和政策条件，我们要对标终点，依据政策，调整自己的努力方向和方法。他擅长学习文综学科，美术成绩比较薄弱，实现目标的关键渠道就是理科学习。他要从兴趣爱好和需要结合的角度，转变学科学习的情绪和心理障碍。一句话，我们得学会改变。

为坚定他的信心，我先从我执教的科学入手，研究他的科学试卷，寻找他的提分点。我仔细分析他在这个学科上的优劣势，肯定他的解题思路大多是对的，只是从来不写公式而只写数字，因此遗漏了单位换算而失分。我夸奖他思维清晰，再给出提分办法，他十分高兴，对我的建议居然全盘接受，而且慢慢地改进。

对其他学科也是一样的，我邀请每个学科老师都这样为他研究提分点，引导孩子自己不断调整，一个学期后，他的文化课成绩就发生了显著变化。

二、聚焦目标，增强规划落实能力

生涯规划要能够落实才有意义和价值。为此，我们还要做好下面一些工作。

1. 对标长远理想

家长要按照学生的起始成绩、发展速度、家庭目标和个人愿景，分别帮助孩子对标自己的理想高中、理想大学和理想职业。对标时，把他们的目标学校近三年的最低录取分数线找出来，把现在的成绩模拟填进去，从每个学科上查找理想学校和自己的距离。当孩子有了明确的长远目标之后，他的心才静，方向感才更强。

2. 计算发展空间

卡尔·马克思（Karl Marx）在《给威廉·白拉克的一封信》中说，"一步实际的行动比一打纲领更重要"[①]，但实际行动要用在有增值空间的事情上，不然意义也不大。不是每个学科的分数差距都能够提升，发展空间就是我们应该会，但是目前不会的地方。我们可以借用数学和软件上的工具，帮助学生计算自己的发展空间。告诉孩子们，重复学习是没有意义的，要把努力用在发展方面；只要短板弥补上来了，我们就能够达到理想的地方。

3. 制定行动策略

每次考试，我们可以把孩子的试卷拿来，一个个地、面对面地寻找提分点，然后制定行动策略。将行动策略落实到每天每学科，孩子的进取状态会更好。

初三上学期结束后，宋军的文综和理科成绩已经基本定型，接下来只能从语文和英语上突破。偏偏这又是他最束手无策的两门科目。之前他总是想方设法逃避，事到如今，他必须硬着头皮迎战。

---

① 马克思.哥达纲领批判［M］.北京：人民出版社，2018.

鉴于他一直以来"惜字如金"的答题方式，我们制定了一个行动策略：所有的空都必须写满。这要求他除了提升卷容卷貌，还要从材料中挖掘素材，找到材料和题目的关联点。为了写满答题区，我和语文老师给他建立了相应的答题模板，培养他从多个角度来思考问题的思维习惯。两个月后他的语文成绩终于从 80 多分提高到了 100 多分。

对于他最棘手的英语，我们共同研究的目标是拿到 95 分。目前他只有 80 分，提升这 15 分的关键途径就在于词汇量。认清了这一点后，宋军开启拼搏模式，每天坚持背 50 个英语单词。他每天都生活在我和英语老师的"围攻"之下，50 个单词成了宋军每天的一项要事，我和英语老师则负责验收奋斗成果。

虽然这样的帮扶很费时间，但是孩子的提升很大。中考成绩出来之后，宋军兴奋地告诉我，他以超分数线 30 多分考入了理想高中。

4. 不断激励

目标的实现离不开三个基本要素——时间节点、执行能力和任务标准。但在实现目标的过程中，有些孩子的时间节点到了而结果不理想，有些孩子落实目标的能力和实现目标之间还是有一定的距离，也有些孩子会产生畏难心理，还有些孩子不够自律……时间长了，他们就不想动了。

怎么办？我一直坚信，我们要不断地对学生进行激励，可以通过冥想、交流、分享、锻炼、游戏、调整和挑战等多种方式，以及将目标分解，对孩子们进行励志教育。

这里我重点介绍目标拆解，这是很实用的励志方法。目标太宏大，会让人觉得遥远，甚至绝望。我们把目标分解成小任务、微目标，实施起来就容易，自信度就高。如果我们把目标分解成背一个单词、解一道习题、复习一个学科……及时庆贺和自我暗示，孩子们就会成为自上发条的永动机。

三、强化实践，创建规划体验课程

说起生涯规划教育，可能有些教师持不同意见，理由很简单——少年心事容易变，现在做生涯规划教育，有意义吗？

我个人的理解是：绝对有意义。青春期的梦想容易变化，这很正常，因为孩子们在不断地尝试着融入这个社会。但是，我不会因为易变而对生涯规划教育产生动摇。别说孩子们的兴趣、爱好和理想容易变化，面对着现代充满不确定性的社会，我们成人的工作不也经常变化吗？生涯教育不是让他们一根筋地只喜欢一种工作、向往一种未来，而是培养孩子们面对未来充满不确定性的挑战的那种应对能力，让他们在今后的一生，有足够的能力养活自己，并获得幸福生活。

生涯规划中，我觉得下面的活动课程值得大家尝试。

1. 职业体验课程

纸上得来终觉浅，绝知此事要躬行。任何一种职业，没有体验就没有感觉，没有感觉就谈不上喜欢。我利用家长中的资源，每个学期都在班上开始"爸妈职业体验课程"。采用情景模拟的方式，到学生家长所在的公司、企业、单位、科研所、店面举办各种职业体验和调查活动，激发孩子们对职业的认识。

2. 梦想畅聊课程

我班上每周都有一次未来畅聊课，聊什么呢？只要是孩子们感兴趣的话题，都可以聊。内容不封顶，不管现实生活中有没有，均可以聊。因为我知道，时代在变化，每过 5～10 年，就有很多新的职业会诞生，也有很多旧的职业在消亡。谁说未来就是现在的样子？那样也太没有挑战性了。梦想畅聊课程，就是让孩子们做梦。

3. 父母荣誉课程

有些孩子看不起父母，父母也常常在孩子跟前抱怨工作不好做。其实这样做很不好，给孩子做了负面示范。有些父母在孩子跟前说不上话，就是因为孩子对父母崇拜不起来。我反过来，建议家长带孩子寻找父母职业荣誉时刻，让孩子看到父母在平日生活中被人尊敬的一面，这样对亲子教育、孩子的未来生涯规划都很有益处，都会起到积极的参考作用。

4. 职业再创课程

原来是做失业课程，培养的是孩子面对未来失业时的自救自强能力。后来想，仅仅是失业还不行，失业之后我们还得继续求职、创业，所以定位为"职业再创课程"。这个课程起步比较晚，但是也基本形成了晓莉班的特色，尤其是"拆拆乐家电维修课程"，特别受男生的喜欢。因为男生天生就喜欢拆东西、组装东西，"拆拆乐课程"释放了学习压力，还使学生享受到拆卸东西的快乐。

晓莉姐说

◆ 没有一个职业是永远兴盛的，从现在起培养孩子面对未来不确定性的应对能力，对孩子的未来有很大的意义。

◆ 教育必须联系生活，如果我们的学校教育是空中楼阁，那么我们想要让孩子们对学习产生兴趣就很困难。

第二节　学业指导：让学科能力为班级管理"背书"

一个目标明确、有行动力的学生，只需要不断坚持，保持自我觉察和反思，不断调整自己的节奏和策略，迟早会获得成功。

学习力是我们生存、生活的一项重要能力。双减之后，如何让学习成为学生的美好体验，让学习力成为孩子们的一项主要能力呢？作为班主任，我们需要送给学生好的学习策略和方法，让学生"善学"；培养学生的学习意志力，使其能"笃学"；保护和激发学生的学习兴趣，让学生"爱学"。

一句话，我们要做好学业指导工作，用好的学习绩效，让学生的学科学习能力为班级管理"背书"。

一、建立科学民主的保障系统，让学生"善学"

1. 夯实学习品质

学生不会学习或学习低效的原因往往是学习目标不明确、动机不强、学习方法不科学、不善于学习管理，还有学习品质不好，不够认真、不够努力、不够自信，也不严谨。

我们班流行一个词叫"虚荣"，形容作业或笔记写得好但成绩上不去的情况，即"虚假的繁荣"。我告诫学生，假努力会让人上瘾，因为这种假象可以避免责罚，教师和家长也不忍心去提更高的要求，还可以让自己看起来更像一个好学生。

如何识别假努力呢？我们班文科常用"过关测试"，理科常用"每日一题"。这些测试内容都是课上教学的重点，在课前五分钟完成。教师不看学生的笔记，只提问或测试，引导学生在班级里形成真学真干的学习氛围。

2. 关注两类学生

在课堂上我一般优先关注两类学生：学困生和临界生。每节课我都会把目光投向这些更需要帮助的学生，或鼓励，或欣赏，或提醒，或暗示，不断地给他们回答问题的机会。长此以往，受到"关怀"的学生会得到精准提升。每次期末考试，我都把学生的试卷拿来，一个个地、面对面地寻找提分点，让学生看到自己的进步空间，然后一人一方案制定具体的行动策略，落实到每天每学科，这样学生就有了具体的努力方向。

3. 建立管理原则

学习管理，尤其是作业管理是学习力提升的一个重要内容。我和搭班团队制定了布置作业的"四项基本原则"。

原则一：非必要不布置作业；

原则二：分层布置作业，让不同层次的学生作业"对口"；

原则三：弹性管理作业，不"一刀切"，尤其是对特殊孩子的作业；

原则四：严控作业不超时，每天的作业保证学生都在90分钟内完成。

4. 时间精细协调

为严格控制时间，教师们先做后布置，精准计算时间长短。为平衡各科作业时间，我们推行"主作业日"。语数英三科，每周一天主作业日，时间可达30分钟，其余任何一科作业，都不允许超过20分钟；小四科当天无课不允许布置任何作业。同时，安排学生做监督员，作业超时就直接找班主任协调。他们经常把作业难易程度、作业量和完成时间在家校联系册上记录好，便于我和任课老师协调。

5. 民主出台制度

制度来源于学生才能被彻底地执行。在作业管理中，我会倾听学生的心声，允许他们各种"吐槽"。在真诚、自由、包容、开放的氛围中，一起理性讨论和协商作业管理制度。

比如：我组织学生确立了好作业的五条标准——"书写规范，及时完成，正确率高，能够订正，还会增补"；写作业没章法，孩子们出台"作业行为标准"——"作业不看书，看书不作业；有错题，先订正；不用上网查答案；休息时间到，先保证睡眠，第二天再补作业"……这些做法也受到家长的一致认可。

针对抄作业、作业忘在家里、作业本没有带回家、发下的作业不见了等问题，我们展开班级大讨论，建立健全系列作业管理制度，让学生自己解决交作业难题。

> **晓贴士**
>
> **作业管理制度**
>
> | 作业布置的"四项基本原则" | 好作业的五条标准 | 书写作业的要求 |
> |---|---|---|
> | ·非必要不布置作业；
·分层布置作业；
·弹性管理作业；
·严控作业不超时。 | ·书写规范；
·及时完成；
·正确率高；
·能够订正；
·还会增补。 | ·作业不看书，看书不作业；
·有错题，先订正；
·不用上网查答案；
·休息时间到，先保证睡眠，第二天再补作业。 |

二、建构积极自我的自支持系统，促学生笃学

学习最好的支持系统还是自支持系统。自支持系统来自个人的目标、决心、意志品质、行动力和感知力。一个目标明确、有行动力的学生，只需要不断坚持，保持自我觉察和反思，不断调整自己的节奏和策略，迟早会获得成功。

怎样引导他们建设自支持系统呢？

1. 科普相关知识

自支持系统成功建构有三个因素：反思力、专注力、抗挫力。当学生学会了自我反思，就会主动调整学习状态和方法，主动求助；当学生把注意力放在长线成长上，他们就不会因为一两次考试失败而垂头丧气；当他们习惯于在错误中学习，在挫折之后获得成功，也就不怕失败了。

这些知识我常常通过开设系列班会课来帮助学生了解，从初一就开始训练，一直到毕业。如通过"我和我的情绪""冲破定式思维的樊笼""评优后的反思"这类班会课，让学生明白反思的价值和方法；通过"高效利用时间""自习课的自我管理"等班会课，训练学生培养专注力的小窍门；通过"我的小黑点""抗挫力培养"等班会课，帮助学生明白"在错误中学习"是

一门学问……这些班会课都为学生逐渐建构自支持系统指明了努力方向。

比如"我的小黑点"就是一堂积极思维课。青春期的孩子很容易自我否定，我引导学生"积极思维，做自己的充电宝"。

"我的小黑点"活动具体如下。

学生在一张白纸上画一个小黑点，然后尽情发散。有孩子把黑点画成了眼睛，他说："这是我身体的一部分，我喜欢我的小黑点。"有孩子画了一把枪，把小黑点画成子弹，"我要把它射出去"。有孩子直接拿橡皮擦擦去说："我要用行动改进，让缺点消失。"

活动目的是教会学生合理归因，把注意力放在积极思维上，通过积极思考，调整认知和评价，做出行动改进。几次之后，孩子基本上能够准确归因，认识自己，解决问题。

2. 创建成功体验

成长是通过一次成功带动下一次成功。如果成长只有一个赛道，那么必然会有学生有深深的挫败感。作为班主任，我注重通过创造不同的机会让学生体验成功，并不断引导他们把体育、艺术、劳动技术或其他方面的成功迁移到学习上，建立学习自信。

高同学带领校足球队获得了市长杯足球比赛第一名，我让他代表球队去学校升旗、做演讲，率全体足球队员一起走红地毯，那一天是他的高光时刻；我经常发朋友圈展示学生认真且规范的作业、美食厨艺、优秀的艺术作品等，这是对学生最大的鼓励；家访时我让其他学生陪我一起，同伴的看见和欣赏能够极大地激励学生；我还把被语文老师点赞的作文展示在教室或走廊，把精彩的数学解题过程起名为"某某解题法"并写在软白板上，让学生感受被人羡慕的"荣耀"……这样的舞台很多。时间久了，学生就会认为，"我原来很厉害""我只要努力就可以做到"，在不断的自我肯定中，他们的自支持系统就逐渐建立起来了，自我导航就实现了。

3. 定向激励活动

"独行速，众行远"，班级集体定向激励活动能给学生积极的心理暗示，很好地提升学生的意志品质。我们班的励志活动包括坚持长跑、毅行活动以及百日宣誓。每天我们班的学生都在操场长跑，连续坚持一个月后，学生变得更笃定、更能坚持、更自信。

对于 10 千米的毅行活动，很多学生一开始认为自己坚持不了，等到真正打卡成功，学生的成就感、自我认同感就油然而生。

在中考前夕，我们集体来到钱塘江畔，把班级口号写在横幅上，签名、留影、宣誓，大家很受鼓舞。

三、建设温暖润泽的家校共同体，让学生"爱学"

在紧张、高压、害怕、烦躁、抑郁或睡眠不足的情况下，学生的内驱力一般会急速下降，大脑也会失去学习的功能。但是，在爱和信任的环境下，孩子会更加自信，学习动力也更足。因此，我们要建设温润的家校共同体，用好的环境让学生爱学。

1. 建立家长指导课程

家庭作业让亲子关系紧张，削弱亲子关系的质量，我对家长的指导原则是：要启发，不强制，要从"控制型家长"转向"顾问型家长"。要关心孩子的睡眠，陪伴孩子运动和阅读；在孩子完成作业之后不要再安排过量的课外作业，不然孩子们就会用拖拉来抵抗；指导家长尊重和支持孩子，不因为孩子的作业问题而发脾气或使用暴力，而是把问题当作线索，一起帮助孩子寻找发展空间。

我对家长的指导途径有三：家长同步课程、家长沙龙活动和分层家长会。

家长同步课程：围绕 6 大主题开设 10 次家长系列课程，主题分别是解密青春期、学业指导、学会对话、指导交往、学会性保护、学会分离，10 次课程分为认知型指导课程、体验型指导课程和活动型指导课程三类，其核心分别指向真相、接纳和操作。

家长沙龙活动："周一下午茶"——把有困惑的家长和有相关经验的家长约到一起，小范围地沟通交流，帮助解决个别家长棘手难题；"妈妈沙龙"——一个月举行一次，妈妈们互相交流、分享，形成互帮互助的良好氛围；年度或学期的沙龙活动如"新年登高"——邀请家长见证孩子的成长并一起祈福，成为历届学生和家长美好的回忆。

分层家长会：我根据学业成绩、理想目标把36个孩子分为6个层次，每个层次6个学生，不同层次学生的家长会单独开，总共开6次。这样做能够为每个孩子做个性化分析，家长指导也更有针对性，还避免了攀比和内卷，效果非常突出。

2. 推出学生求助通道

亲其师，信其道，好的师生关系是学生学习动力的重要源泉。我和搭班团队推出了多种学生求助的"绿色通道"。有家校联系本上的"说说"，有作业本上的"便利贴"，有师生书信交流……

有些孩子会在"说说"本上撒娇："老师，我太难了！"教师用表情包回复："难就来办公室喝茶。"有些孩子会在便利贴上写："老师，今天我上课回答了两次问题！两次！"教师温馨回复："今天上课有惊喜……"这些求助通道让孩子们感受到老师们的关爱一直都在，其学习的主动性就更高了。

3. 建立花样奖励系统

学习需要正向反馈，成就感才不断加强。为此，我和任课老师建立了"花样"奖励系统，先后开发了零食奖励、特权激励、红包竞猜、幸运抽奖等多种奖励学生的方式。这些特色各异的奖励，每次都招来同学们的尖叫和别班学生的羡慕。

我还鼓励学生"成果赠送"，即把自己获奖的美术作品赠送给其他任课教师，任课教师受宠若惊，精心装裱后挂在办公室里，它成了办公室最美的一角，很多教师一进来就艳羡不已，学生自己也乐滋滋的。

4. 降低学生的压力水平

静能生慧。20多年的班主任经验告诉我，情绪平稳安定的学生才会专注地学习，为了让学生的情绪平和，我们需要帮助他们降低压力水平，促进学生的自我认知和自我调节。

午休是我们班级的静谧时光。为了保障这可贵的30分钟，我会提早几分钟拉上窗帘，在教室里洒几滴精油，放几分钟音乐，帮助他们进入冥想。对于睡不着的孩子，我告诉他们不要急躁，也不要急着写作业，就安静地放空自己。为了保障教室的安静氛围，我会在教室里陪伴他们。时间久了，我班学生都养成了午休的好习惯，下午学习的效率就会提高。

下午茶时光是我们班的幸福时光。班级家长委员会为了给孩子们补充能量，每天下午在第二节课间送来美味的下午茶：一份牛奶、一份水果、一份小点心。孩子们一边开心地享受美味，一边放松着心情。

多年以后，毕业的学生回忆说，初中的学习生活多么幸福，有老师陪伴，有美味享受，我一点儿也不感到辛苦。

晓莉姐说

◆ 学习是学生的主业，如果班主任不抓学习，孩子们成绩不好，我们在家长跟前就没有底气。

◆ 一个好的班级，必定是德智体美劳全面发展的班级，必定是五育并举、活力四射的班级。

第三节 团队指导：一起搭建卓越支持系统

导师们除了解决问题，还利用"常常倾听、偶尔帮助，经常鼓励"定期给学生们赋能。每日不定时地表扬、提醒或帮助学生，家长们反映非常好。

在具体工作中，许多教师可能存在一种认识上的误区：领导力是团队老大的，指导力是专业部门的，我们能够指导学生还好说，指导搭班同事，这不是让别人不愉快吗？

这种想法是不够严谨的。中国有一句古话，"学无老少，达者为先。"平辈之间，谁的方法好是可以给别人做指导的。在我们学校，一直奉行着"优秀想法至上"的原则，也正因为这样，大家才能够成长得那么快。

关于同事之间是否能够互相指导，我们团队曾经做过深入研讨，得出 6 条结论，只要符合下面结论中的一条，均可以成为指导者，均具有指导力。

① 能鼓励人们建立改进目标，并帮助他们达成这些目标；

② 能用语言或人们能理解的其他方式对他们进行指导；

③ 找出可以改进绩效（或做事）的方法，从而帮助大家一起改进；

④ 使人们能自由地得到所需要的建议、指导或帮助；

⑤ 能毫不隐瞒地与重视组织经验的人分享这些经验；

⑥ 能帮助人们确定产生问题或困难的根本原因，从而探寻和解决。

现代管理学认为，指导力要解决的问题是："如何成功地与人们共事，并对他们潜在的不足给予诚实的评价，然后鼓励他们用新的想法和策略来克服这些不足。"从这个意义上说，带好一个班级，我们确实需要有经验的同事指导我们。对团队的指导力，其实也是衡量一个班主任综合能力的标志。

一、指导树立先进教育理念

课堂，占据了学生在校时间的绝大部分，学生在课堂上过得怎么样，学到了什么，获得了哪种体验，决定着他的学生生涯，影响着他的未来人生。组建优秀的搭班团队，首先需要指导老师建立良好的课堂理念。

我通常会和同事们围绕"课堂之美"一起聊这些话题。

1. 课堂之美，在于"有爱"

没有爱的课堂就好像没有水的庄稼，是没有生命力的。我自己也有这样不好的经历。读小学四年级时，我由于好动，上课时用手抠桌子，数学老师看到后顺手用教鞭打下来，我的手立刻红肿一片。我把手藏在袖子里，回家不敢告诉父母，害怕去上学。在成长过程中这个中年女教师在我梦里出现了好多次，成为我的噩梦。

好的师生关系是美好教育的前提，课堂里教师的一句话、一个行为对学生都会产生很大的影响，甚至影响一生。我的经历时刻提醒自己要做一个好老师。学生这么爱我，是因为我知道一些教师曾经做错什么，并且有意避免那些错误的行为。

我告诉同事，尤其是新入职的教师：老师得主动营造爱的氛围，才会拥有有爱的课堂。心理学上有句话："学生喜欢喜欢他的人。"我走进教室后经常会给学生带去一些小惊喜，发棒棒糖奖励作业特别认真的同学；给病愈后回校的孩子一个大大的拥抱，告诉他们，回来真好；给过生日的孩子一块小蛋糕，这份独有的惊喜带给他一天的快乐；给黑板擦得干净的值日生来个花式表扬，告诉他，黑板擦得这么干净，舍不得写字怎么办？

这些都是主动"示爱"。我们还可以主动"讨爱"！我一直认为"会撒娇的女人命会好"。身为教师，可以偶尔放下教师的端庄而"皮一下"。有一次，我穿了件漂亮的裙子进教室，一个男生突然喊道："哇，徐老师今天好漂亮！"另一个男生马上怼道："你胡说，怎么是今天好漂亮，明明是每天都好漂亮！"教室里一片哈哈大笑，我故作严肃："拿出纸笔！"学生一脸懵，我接着说："把刚才表扬我的话都记下来，每天复习两次！"这样的课堂，师生之间没有代沟，只有活力和快乐。

我有哮喘，看到黑板上的粉尘就害怕，无奈吃的是教书这碗饭。走进教室，我和学生吐苦水："为师可是冒着生命危险来上课啊，不好好听讲，就对不住我了。"第二天，讲台上就放好了干湿正好的两块抹布，专门用来擦黑板上的粉尘。

示范久了，学生也会懂爱。他们学会了为别人的进步喝彩：学习弱的孩子突然大放异彩，答对一道题，全班自发给他鼓掌；平时不爱写作业的某个同学在认真做完作业后受到了老师的表扬，大家都为他点赞；迟到了的孩子有一天不迟到了，同学们在他准时到班的时候主动说："哇，你做到了，真棒！"他们还会给老师很多惊喜。一天，我上课用的多媒体突然"不灵"了，大屏幕上出现了"徐老师生日快乐"几个大字，原来是同学们瞒着我改了计算机设置，在课中出现的生日祝福语，让我猝不及防地被感动了。

2. 课堂之美，还在有序

新入职的教师苦于难以驾驭课堂，"学生扰乱纪律，不听话"，教学内容难以完成……这是因为课堂无序。有序的课堂则可以让学生迅速"卷入"学习状态，认真学习。

那么，如何做到有序？

第一，做好课前情绪清理。很多教师很珍惜时间，一进教室就开始讲课。殊不知学生可能刚刚上完体育课，满头大汗，根本静不下心来；有的学生还在埋头寻找相关讲义、作业本，有的在喝水、擦汗，还有的学生沉浸在上一节课的作业中……这时候讲课是无效的。最好的方法是，限时3分钟，让他们息汗、喝水、上厕所。无事的学生和老师聊聊天，拉近感情……这些事情做完了，学生学习就会安心，这叫课前情绪清理。

第二，做好课桌环境治理。我上课前一定要求大家一分钟内自查，做好"三有三无"。"三有"是桌上有相关课程的书本、笔记、两支笔（一红一黑）；"三无"是桌上无水杯、无其他学科书本作业、无多余的杂物。在这一分钟内，我巡视教室，确保人人做到，并提醒学生整理好衣服拉链，对齐桌椅，保持地面干净；值日生确保讲台、黑板干净。很多教师觉得奇怪：这有用吗？有用，太多的杂物容易转移学生们的注意力，清爽的环境有利于他们集中注意力。

第三，做好课堂调控管理。有序的课堂需要师生互动，而不是教师一个人的独角戏。教师要密切观察学生，做好课堂调控。学生因病趴在桌上，教师可以问问他，摸摸额头；学生因困乏而趴在桌子上，教师可以善意提醒，让他回答一下问题，帮助其赶走困意。学生没有听懂，我们不妨停下来问一问；学生做其他学科作业，教师可以关心其有无"苦衷"，而不是一味地撕学生的试卷来"彰显权威"。

好的管控不仅仅要及时掌握学生的情况，还要有合适的提醒，如"洗耳恭听""大声地说，安静地听""手不离笔，笔不离纸"等，将这些提示语张贴到墙壁上，也是管控的一种手段。

3. 课堂之美，在于有趣

建构课堂的有趣包含这几个方面。

第一，内容链接生活。学习动力只有在实际应用中，学生才能充分得到激发。因此，从与学生生活相联系的角度来讲，教师要有意识地指导学生从自己面临的真实的问题出发展开学习，将学习与个人生活中的问题解决联系起来。

科学课上，我用毛笔蘸了无色溶液在白纸上写了四个大字，然后用一瓶装有无色液体的喷壶对着字喷液体。一会儿，白纸上呈现了四个红色大字"我爱你们"。学生都大呼起来，纷纷猜测这两种神秘液体是什么。当学生有疑问，其注意力就集中了。

第二，情境链接体验。当学生所学内容能够激活其生活体验时，这些内容才具有了活力，才更容易被理解和接受。没有体验，就没有学习，任何体验都是学习。深度体验如"司机驾车"而非"乘客坐车"。

建设有趣的课堂，我们需要创设教学情境，链接学生体验。

在讲解杠杆时，我让学生想办法用一根直尺翘起一大桶矿泉水，还要思考如何更省力。学生们兴趣盎然、跃跃欲试，各种各样的方法都被他们创造出来了。以至于一个学期之后，谈起"用直尺撬动大桶矿泉水"，他们还记忆犹新。

第三，教学手段让学生"难以忘记"。我有很多简单好记、有趣的谐音来帮助学生学习概念，如地壳中含量最高的四种元素分别是"氧、硅、铝、铁"，我们一起编了谐音句"养闺女，贴（钱）"，学生哈哈大笑，因为"嫁出去的姑娘，泼出去的水嘛"。学生在开玩笑中就记住了四大元素的名称。多年以后，毕业的学生回忆起来，都说这样的课堂真有趣，学起来好玩还不累。

二、提供具体有效的指导方法

我们都知道要知行合一，但是知行合一的难点在于怎么做。一个有指导力的班主任，应该不满足于对团队说"要"怎样，而是要告诉他们"怎么抵达"，这样的指导者，才更受欢迎。

比如，我经常和其他教师聊"怎样让课堂教学有料？"。我不仅仅和他们聊"有料"的课堂对学生知识建构的意义，更会分享给他们一些具体措施和办法。

1. 可以把写变成讲

单纯写，有些学生会抄，或者模仿时懂了，考试时就不会。这样的学生，关键只完成了输入，没有真正实现意义构建。把"写"的作业多用"讲题"的方式代替，讲不出来就自然发现问题；多讲多展示，很多问题就自己想清楚了。

还可以"二次做笔记"。课堂教学，听讲重于写笔记。但是听课的时候，时间来不及，很多笔记是临时记的，有些东西只记了概貌，有些没有重点，需要第二次梳理。我们要求每个学生课后一定要根据上课内容，自己找时间内化和进行二次加工。然后，把自己整理出来的东西讲给老师和同学听。

2. 分享留白的艺术

只讲最重要的、最难懂的，而不是满堂灌，让学生有点饥饿感，意犹未尽地想去回味，这样的做法，叫课堂留白。留白时间，让学生有几分钟可以相互检查提问，让学生有时间去订正，而不是讲完试卷，就不管收尾工作了。

拿试卷讲评课来说，我先给学生5分钟的时间讨论，消化掉简单的内容。随后同学提问，我讲重难点内容，最多6道典型题目，大约需要30分钟。最后留5~8分钟答疑或检查订正。班级36个人，我常用的方法是6个小组各派一个全部都懂的同学去做小老师，每个小老师管理5个人——如果组员全部懂了并完成订正，就给他们签名；如果组员没懂，那么继续讲解并督促其完成。这样，留白的时间就全部交给学生自我解决问题了。

3. 建立问题解决程序

我在课堂上用四个"一秒止损"程序，教会学生减少粗心带来的损失。当学生把题目做完了，用一秒钟停下来做检查——检查事项是否做完；用一秒钟"回看一眼"——看单位是否和物理量匹配；用一秒钟"秒结论"——看结论是否和问题匹配；用一秒钟看结果是否符合正常生活逻辑，如人上楼的功率如果是5000瓦，步行速度如果是每秒10米，那就是不合常规了。

学生对每个问题的处理，可以从事项、原因、结果、标准四个方面"秒看一下"，这样很多粗心的事情就不会发生了。

三、打造高效教学保障系统

每个老师都是孩子们的"贵人"，称职的班主任应该做协调高手，指导同事做好师师合作，让搭班同事成为学生学习的知识保障系统。

1. 相互补台打造精英团队

我一直提倡共赢，大家要互相补台而不是拆台，这样感觉才好，工作才好，心情也才好。那么，怎么补台呢？

第一，多表扬团队老师。尤其是在家长和学生面前，这样能够迅速产生信任力。初三新换了三位教师，为了让她们能尽快融入班级，我把她们的照片和优秀事迹做成PPT，在家长会上隆重介绍，家长们印象深刻；学生的成绩进步了，数学老师自己掏钱奖励学生吃鸡排，我马上"揭穿"背后真相并发家长群；文综邱老师发现男生头发太长，在班级耐心地做工作，我惊呼邱老师做到了"好班主任"的细致……真诚地赞美，让搭班老师都进入班主任角色。

第二，巧妙让利。班主任在学科教学上自带"现管效应"，任教学科成绩一般比较优秀。但每个任课老师都想自己的学科成绩优秀，班主任要懂得把时间分给其他任课老师，每门学科的成绩优秀，孩子的总成绩才优秀。我常把自己的辅导时间匀给其他老师，他们觉得我很贴心。

第三，善于互相补位。这也是最重要的一点。有的教师特别敬业，但批评学生过于严厉，他们批评之后，我第一时间对学生进行安抚，引导学生理解、感激老师，虚心接受批评，这样就不会引发学生对抗。谁有私事、公事请假，一句"我来"让每个人放心离开。恰当补位，不仅是对班级负责，也是形成合力的重要方法。这样的结果是，不管什么时候，我们班在全校都是最好的。

廖老师是出了名的"严厉"，对学生要求也很高，典型的"眼里容不下一粒沙"。但是，学生不一定每次都做得恰恰符合老师的要求，师生难免起冲突。

一次，廖老师在查作业时发现家林的作业没交，几次清查都没有找到，情急之下直接问家林是否交了作业。家林说交了作业，可能是混到别的班级的作业里了。这句话使廖老师花了一节课时间，重新清点了两个班的作业，还把办公室里的桌椅都搬动了一遍。把所有可疑的地方都找了之后，她反应过来了：家林根本没交作业。

下课铃一响，廖老师便推开教室里的门，气冲冲地拍着家林的课桌："徐家林！你以为我是3岁小孩吗？你不但不做作业，还欺骗我，太过分了！"

我见廖老师生气了，立马安抚了廖老师，让她消消气。家林呢，听廖老师说自己有问题，也低头抽泣起来。见气氛不对，我把家林叫到了一边，询问具体情况。家林告诉我他确实做了作业，只是记错了内容，没有做老师要求的板块，担心自己被廖老师批评，就谎称自己交了作业，打算在第一节课上把作业补上，趁廖老师不注意再放回作业堆里。谁知他还没来得及补完作业，就被廖老师发现了……

家林的回答令我哭笑不得，欺骗的行为实在不可取，但动机可以理解。我把家林的想法告诉廖老师后，廖老师的气也消了大半。然后我又把廖老师对家林的重视向家林解释，家林也认识到了自己的错误，主动找廖老师道歉，并且交上了补好的作业。

学生出现问题，搭班团队要善于分开唱白脸和红脸，"你方唱罢我登场，你发脾气我收场"，这样的合作才能够给孩子们的成长营造好环境。

2. 双导师制建立帮扶系统

我们学校推行双导师制，即任课教师和班主任都做学生的成长导师，任课教师负责学业帮扶，班主任负责管理协调。帮扶机制半学期轮换一次，每次任课教师和学生双向选择，确定结对。任课教师一次最多带6个学生，学生每次只能够选择1名学业导师，确保同一个学生在一段时间内，至少有2名教师陪伴，实现深度沟通和交流。

我们对学生约定：结对期间，学生每天至少要去学科导师处两次，作业面批、面订一次，聊天一次。其他问题也可以随时向导师求助。为提升学业辅导效果，每个导师每天给学生布置一道练习题，叫"每天一练"，孩子们要到导师处过关才能够放学。这样，每个导师在轮换周期内，都能够让学生获得极大提升。

导师们除了解决问题，还利用常常倾听、偶尔帮助、经常鼓励来定期给予学生们支持的力量。对于每日不定时地表扬、提醒或帮助学生，家长们反映非常好。

晓莉姐说

◆ 任课老师是班主任的好搭档，让任课老师都参与班级管理，班主任就轻松了。

◆ 我们要最大程度地依赖、信任、鼓励、帮助任课老师，让利、补台，与之成为黄金搭档。

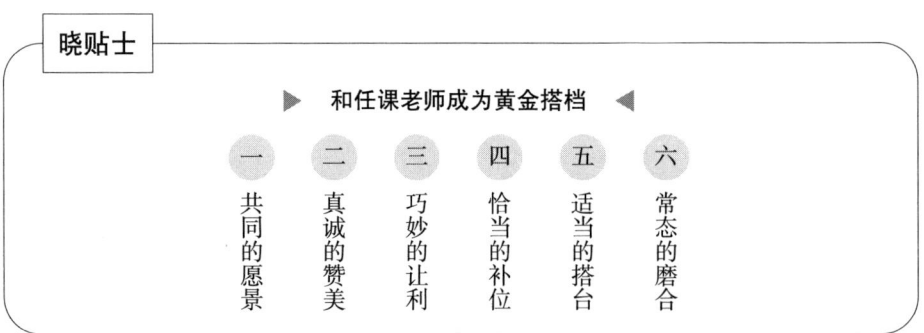

晓贴士

和任课老师成为黄金搭档

一 共同的愿景　二 真诚的赞美　三 巧妙的让利　四 恰当的补位　五 适当的搭台　六 常态的磨合

第四节　家长指导：让家长成为我们的"教育合伙人"

不少学生的厌学是从家里开始的。因此，家长工作的第一个要务，就是修正家庭亲子关系，用良好的亲子关系撬动孩子学习的情感驱动系统。

常常有家长向我表达自己的困惑和焦虑。虽然问题五花八门，但万变不离其宗，大部分问题都围绕着三个主题：学习、性教育和亲子关系的处理。

孩子进入初中，成绩跟不上怎么办？孩子在学校学习有点"吃不饱"，应该怎么指导？进入初中后，孩子还和小学一样，需要家长陪着写作业吗？作业还需要检查吗？孩子拖拉，晚上写作业写到很晚，怎么办？孩子已经发育了，很喜欢看言情小说，早恋了怎么办？孩子很懵懂，不上进，成绩不好也不着急，我们该怎么引导？孩子抱怨在班级没有好朋友，我们很担心她的人际交往，怎么办？孩子和老师总是处不好，现在基本不学英语，怎么办……

家长们向我求助是好事情，说明他们信任我。但是我不能够成为他们问题的解决者，尤其是不能够把他们的"猴子"背到自己的背上。最好的做法，是我指导他们自己去解决问题，指导他们和我们的学校老师一起去解决孩子成长中的问题，指导他们成为我们的教育合伙人，分工合作，这样孩子的问题才好处理。

一、指导家长修正亲子关系

青春期孩子的心理发展伴随着两大意识（自我意识和性意识）的觉醒，他们在成长的路上需要得到更多的指导和陪伴。我们一起看以下这个案例。

女生小丽和小颖来找我。小丽说："小许故意喝水时抬高胳臂，用胳臂肘碰到了我的胸部。他有时不经意地把手放在我的大腿上，还摸到了我的脸！"

两个女孩曾经先后和小许是同桌，小丽受不了小许的"咸猪手"，也知道小颖遭受过同样的遭遇，所以拉来小颖一起向我投诉。小颖性格内向，声音很小，她吞吞吐吐地说了和小丽差不多的情况，并补充了一点，说小许最多一天会摸十多次，有时还触碰到了她的屁股。

小许平时是一个乖巧听话的男生，他居然会有这样的举动，我很震惊。赶紧问：为什么不向老师汇报？有没有告知家长？小颖的回答却让我再次惊讶："我和妈妈说过一次，但妈妈叫我不要生事端。我妈说，她和小许妈妈是好朋友，不要因为这点小事影响两个妈妈的友谊。我妈还说，他肯定不是有意的，叫我避开就是。"

我意识到问题的严重性，不同的家庭教育培养了孩子不同的性格和价值观，我得深入了解。

在后续的调查中，我得知小丽的家庭氛围平等开放：妈妈对她的安全教育比较到位；爸爸很民主，经常会倾听小丽在学校里发生的事情，并会尊重她的意见。小丽在这样的家庭里，个性开朗外向，很勇敢，也很有主见，小许一碰到她，她就大叫一声，全班都能听到。

小颖父亲在温州经商，经常不在家，妈妈是一个全职妇女，怕女儿"生事端"，会影响到自己的朋友圈。小颖内向，不愿意惹父母不开心，就默默地忍受了小许多次的"骚扰"。

小许父母听了女同学的投诉后相当震惊。他们对小许管教十分严厉，经常是"棍棒伺候"。小许为了讨好父亲，选择了伪装好学生。妈妈和小许十分亲密，到五年级时妈妈甚至还会陪他睡觉。一个十多岁的小男孩，正是青春懵懂的阶段，妈妈陪伴其入眠也会刺激到孩子的心理。

三个孩子都处于青春期，小许的家庭环境让他成为两面人，小颖隐忍的性格也不利于其成长，幸亏有小丽，不然还有多少问题潜藏在学生的成长中呢？难怪小许上课神情恍惚、小颖心不在焉，原来他们都有故事啊。

这件事情让我认识到：学习需要动力，家庭应该成为学生的动力之源。但是，不少学生的厌学是从家庭开始的。因此，家长工作的第一个要务，就是"修正家庭亲子关系"，用良好的亲子关系撬动孩子学习的情感驱动系统。亲子关系修正到正确轨道，在被爱、被信任的环境下，孩子会更加自信，学习动力也更足。

于是，我对这三个家庭做了有针对性的指导。

针对小许：我建议他们从此注重分离和尊重，从命令到规劝，从指责到倾听，给孩子足够的安全感。爸爸要多回来和孩子交流，妈妈也要注意亲密有度，不要因为自己的情感需求，误导了孩子健康的性心理形成。在校期间，我们对小许进行了心理疏导，在班级中给小许更多的表现机会，防止他进入自卑的旋涡中。

针对小颖：我们也对妈妈提出了要求，希望妈妈能真正地爱孩子，保护孩子，做好孩子的防火墙、保护伞。遇到孩子的求助，要协助解决而不是猛然推开。我们很庆幸小颖遇到了小丽,在小丽的影响下勇敢地说出了实情,小颖能间接地维护自己的权益。很庆幸,恐怖的经历没有发生在小颖身上。

针对小丽:我肯定了家长家庭教育的成功,也对她采取向教师寻求解决问题的正确方法的做法给予了肯定。我邀请她父母与我们班的孩子做经验交流,小丽的父母很高兴。

这个事件完美处理后,我在思考一个问题:许多学生的家庭环境不好,父母和孩子的亲子关系不健康,以至于影响了孩子的学习,但是家长并不知道。怎么给他们提供更好的指导呢?这三个"亲子关系修正"的工具要提供给他们。

- 要学会觉察,敏感地发现问题,做一个智慧的观察者;
- 要学会聆听,深入地了解情况,做一个耐心的倾听者;
- 再给予指导,尤其是家风民主,做一个民主的引领者,让孩子顺利解决问题。

二、引导家长做好"五个角色"

我觉得好的家长应该扮演好五个关键角色(见图8)。

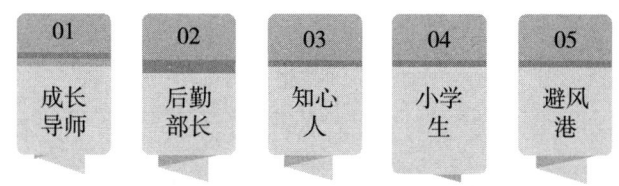

图8 教育合伙人的"理想画像"

1. 孩子的成长导师

在人际关系、学习方法、生涯规划上做好指导,让孩子早明白为什么要学习。

2. 孩子的后勤部长

陪伴孩子早起，坚持做爱心早餐，烧一些好吃的饭菜，饭桌上不批评孩子，孩子就对家庭死心塌地。

3. 孩子的知心人

一起散步，看电影，陪伴孩子聊天，听孩子发牢骚，非功利性聊天让孩子倍有安全感。

4. 孩子的小学生

让孩子讲讲学习知识，听孩子"卖弄"所学内容，让孩子学习更具有信心。

5. 孩子的避风港

当孩子失败时，家长给他一个拥抱，鼓励他不要紧，重新来，孩子会变得更坚强。

这"五个角色"的建立，不需要多久，快的一周，慢的一个学期，家长就能够切身感受到亲子关系的变化。

三、创建"家长同步课程"

近年来，我创建了6个主题、10大话题的家长系列课程，同步学生的发育时间和发展规律，按时按需用不同形式来开展，在培养家长成为我们的合伙人方面，取得了不错的效果。

这6个主题分别是解密青春期、学业指导、学会对话、指导交往、学会性保护、学会分离，涉及10个话题，对应设计10节课（见本书第29页的表2）。课程可分为三大类型：认知型指导课程、体验型指导课程和活动型指导课程，其核心分别指向真相、接纳和操作。

这10节课覆盖了初中青春期家庭教育的主要问题，家长很需要。从开始就引导家长达成共识，后面的工作就好做了。

徐悦（化名）是班里的假小子，常常和男生扎堆玩。一天，徐妈不经意间翻到了女儿枕头下的七封情书，她一下子惊呆了。

这七封情书来自徐悦的"兄弟"之一——李昊然（化名），他在每封情书上都洋洋洒洒地写了几千字，字里行间情真意切，让徐妈着急不已。基于对徐悦的了解，我建议徐妈按兵不动，一来避免徐悦发现自己的隐私被窥探，二来青春期的孩子变化无常，强行干预容易适得其反。

我建议徐妈增加对女儿的关注，周末多花时间陪徐悦逛街吃饭，在聊天过程中有意无意地引导她。当徐悦能从父母那里感受到安全感和被接纳，也许渐渐地，她就不会特别需要外界异性的爱了。

在徐妈尽力打亲情牌的同时，我也开始了对校园情感的软处理。徐悦大大咧咧，并不受班上女生喜欢，缺少友情的她只好和男生相处，以寻找同伴价值感。于是，我开始在女生队伍中放大徐悦的优点，尽量多给徐悦帮助女生的机会，并引导女生们多和徐悦交往。徐悦逐渐融入女生团体后，没有了孤独感，也减少了和男生们厮混的频次。

在双面调节下，徐悦中考前主动告诉我，她曾经对昊然有过好感，但目前已经回到了"兄弟之情"，并表示自己会尽力准备中考。

在解决徐悦问题的同时，我也找到了昊然妈妈了解情况。昊然父母离婚，妈妈是医生，在病房里每天忙碌，没有给予昊然应有的关注。孤独的昊然与活泼开朗的徐悦每日相处，自然对其产生了爱慕之情。

我心疼昊然的经历，和昊然妈妈分享了青春期孩子成长的心理需求和早恋特点，昊然妈妈也做出了改变。从后期状态来看，两个孩子生活、学习都还不错。就这样，在一场看似"无为"的精密计划中，这一场"兄弟之恋"妥善画上了句号。

很多教师好奇：您这样和家长交流，他们理解和支持吗？会护短吗？我想说的是，他们还真的挺理解的。这个问题之所以处理得这么顺利，是我们的家长同步课程给我做了很多前期的铺垫。

四、构建家长学习共同体

家长最需要的是技术和方法。那些简单、好用、效果好的方法比一大堆道理更让他们喜欢。我们可以建构学习共同体相互交流，抱团取暖。我班上的家长学习共同体有以下几种类型。

1. 家长亲子沙龙

目的是让家长们自己交流，促使每个家长的教育经验变成现实生产力。沙龙的类型和形式很多。

有按月开展的妈妈沙龙，一个月一次。君妈因儿子离不开手机而非常焦虑，在妈妈沙龙上，学霸柯妈的经验帮她解决了大问题："一要接纳不完美的孩子，然后再去改变，现在我和儿子约定使用手机的时间，自动设定黑屏功能，孩子想玩也玩不了。"

有按周开展的活动，如"周一下午茶"。我把有需求的家长和有经验的家长约到一起，小范围内地请家长一起坐下来喝杯茶，真诚地交流和沟通，一起想办法解决个别家长的棘手难题。有些话，我们说了家长不一定相信，家长现身说法，格外有说服力。

也有年度或学期的沙龙活动。这就比较注重仪式感了。如每年一度的元旦登高祈福，我邀请家长见证孩子的成长并一起祈福；我们在钱塘江畔、灵隐山上、孤山寺北的活动，成为历届学生和家长美好的回忆。

青春期的孩子变化大，家长普遍焦虑。家长沙龙活动让家长们相互倾诉、相互分享、相互帮助，不仅教孩子的方法多了，不少家长们的心情也变好了。

2. 分层家长会

我们班 36 个孩子，每次家长会我要开 6 次。很多教师不明白，为什么要开 6 次，一次开完不行吗？不行。因为层级不同的孩子，家长的需求、孩子的定位都不同。

我根据学业成绩、理想目标的不同，把 36 个孩子分成了 6 个层次，每个层次 6 个学生。每次开会，我把握一个基本原则——只开同一个层次的，这样不仅有针对性，还能够为每个孩子做个性化分析，避免了攀比和内卷。每个主题都这样，我开 6 次家长会，看起来辛苦，但是效果非常好。

3. 个别化互助组

家长"搞不定"孩子，情绪就很崩溃。怎么帮助他们？把有经验和正处在问题中的家长一对一结对，组织成"个别化互助组"，点对点地帮助和指导。

个别化指导有三个侧重点：观念、导向、方法。

成人的观念要改变很困难，除非发生了重大变故，或者自己觉醒，不然很难有变化。于是，我们对家长说，不能够改变观念，那么我们就改变行动，请您用您有效的做法和行动给别的家长提供借鉴。

注意，不是教，而是借鉴。下面举一个案例。

宋晔是一个生活在家长"打击型教育"下的孩子，无论是个人内务还是学习，他时常能收到来自父母的质问和谩骂。日复一日中，宋晔在长期的否定下，索性破罐子破摔，事事跟父母对着干，甚至险些对任课老师"动手"，性格暴躁的他是个十足的"火药桶"。

在得知宋晔几次和爸爸由于一些小争执"大打出手"后，我联系了宋晔的家长。很遗憾，宋晔家长并不认为自己有错，也不想改变。怎么办？我只好安排另外一个和宋晔关系好的孩子梓童和他经常一起玩，并在周末的时候，邀请梓童家长和宋晔父母一起举行两个家庭的聚会活动。

在聚会活动中，我建议梓童的爸爸多发掘宋晔的优点以进行鼓励。梓童家长比较细心，时间长了发现宋晔有不少优点："宋晔，你真的挺有数学天赋的，成绩这么快就从 80 多分升到 109 分了，很厉害哦！""宋晔虽然话少，但是个内秀的孩子，思考问题很全面！"

宋晔开始感到很意外，后来感到惊喜，渐渐地，宋晔发生了改变。学习的主动性明显提高了,各科成绩都飞速提升,总排名进步了100多名,与老师及同学的相处也越来越融洽,情绪变得越来越积极。

观察到宋晔适合鼓励式教育之后,我悄悄地提醒他的父母,注意观察一下宋晔的变化及原因。宋爸觉察到了自己的不当,慢慢地做出了改变:由劝说改为商量,多听取孩子的想法、采纳他的意见、发现他的闪光点、包容他偶尔的小错误。在这样的模式下,宋晔和父母都在蜕变和进步……

晓莉姐说

◆ 当我们利用课程提升家长的认知以后,您会欣喜地发现,家长的情绪不再那么焦虑,解决问题的策略也越来越丰富了,温暖润泽的家校共同体就形成了……

◆ 让我们更懂得孩子的成长密码,更理解家长的困惑需求,更清楚自己的责任使命。团队协作,智慧成长!

第五节 "恋爱"指导:青春期恋情的疏导策略

我相信,孩子在爱和尊重的环境中不会偏离成长的主要方向。

这是一位妈妈发给我的求助信息:

徐老师您好!我女儿现在读初二,最近我发现她有早恋现象,每天都会跟同班的一个男生进行网络聊天,放学也经常一起回家,晚上写作业也是时不时拿出手机看看。我也因为这件事情跟她沟通过几次,每次她都否认自己早恋,可是这样子,旁边的人都能够看出来。真的是愁死我了,我该怎么做才能制止孩子的早恋行为呢?

作为班主任的我们，如何帮助这位妈妈和孩子呢？

一、正确对待青春期的交往

孩子进入青春期，其情绪和心理发生显著变化，对异性产生好奇心或朦胧的好感，这是正常的一种现象。为了不让家长们担心，同时更好地处理好青春期情感，我先在班级给孩子们以下三点建议。

1. 学会合理交往的方式

异性交往的基本法则：公开交往、不私下交往。有需要和异性交流的话题，寻找合适的时机和身边的伙伴们一起进行交流，因为更多的同学交流会有更宽的角度和思考来帮助自己成长。不单独私下与特定同学进行交往，尤其是不多次频繁地和某一名特定的同学交流，以避免误会。

2. 学会温和沟通的方法

理解父母对我们的关爱，他们担心我们在异性交往中受到伤害，希望我们能够处理好交往和学习的平衡，我们要学会理解父母的善意。对父母不同的意见，我们要学会站在他们的角度，积极主动地与他们交流内心真实的想法。不论在观点上有怎样的分歧，请保持温和沟通的方式说话，互相理解、相互信任。

3. 学会自我管理的平衡

我们作为学生，处于青春期的情绪焦点与学业的重要节点，要更好地学会自我管理，平衡好学习与交往的关系。

如果大家不能认识和理解，请遵循一个基本法则：学习第一，成长第一，无论当下遇到的这个人有多好，请先学习和成长。我坦率地告诉孩子们：青春期的孩子与异性交往时内心的风波比较大，大家不知道怎么控制和处理，很遗憾一些本来很优秀的孩子，因为异性交往不当而成绩退步，最后沦为平庸之人。这很让人痛心。

真欣赏一个人，那就成全他的最好。怎么有利于他成为最好的那个人，我们就怎么操作,请大家把这当作一个基本准则去衡量自己的言行。

对青春期的孩子讲很多道理有用,但是更有用的是教给他们规范和标准。这三条坚持下来,孩子和父母、异性交往的度就有了。

二、正确认识青春期的情感

一般将18岁以下的青少年建立恋爱关系的行为称为早恋。但实际上,"早恋"这个词本身就具有价值判断倾向,这个"早"被默认为是不好的。科学来讲,儿童不可能会有恋情的发生,只有到了生理激素催生的青春期,才会有"恋情"的发生。这个特殊时期的懵懂之情与其说是"早恋",不如称其为"青春期恋情"更恰当。

这一时期的恋情产生有以下三个特征。

1. 必然性——生理与心理发展需求

青春期的孩子的第二性征开始显露,生理变化引起了性心理的微妙变化。性意识的发展使得他们开始敏感地看待男女同学间的交往,对异性产生好奇和接近的欲望。在对异性有好感的基础上各自形成一个或几个异性的"理想模型",并逐渐转向个别依恋,这是孩子在身心发展中必然会经历的变化,我们要予以理解。

2. 依恋性——家庭环境满足需求

大量的研究资料发现,许多有青春期恋情的孩子的家庭,或教育失当或结构缺失。教育失当家庭则指有不端行为家庭、不和睦家庭、过于苛刻的家庭或过于溺爱的家庭。特殊结构家庭主要是单亲家庭、再婚家庭或双亲缺失家庭。在这样的家庭中,孩子与父母之间缺乏沟通,无法从家中获得爱与温暖,故而选择向关心自己的异性倾诉,寻找心理安慰,产生依赖。这是不少孩子恋爱的真相,他们误把依赖当爱情。

3. 社会性——过度美化幻想需求

恋爱具有一定的盲目性,是因为受多巴胺和催产素等激素影响,让人们主动美化对方。看什么都好，这是激素诱导下的判断。一旦这些激素分泌水平降低，人就会回归理性，所以说恋爱是激素的反映。加上影视媒体、文学作品的渲染，也会让孩子过度美化恋爱。我们理解生理需求，也要让孩子客观认识到社会美化的原因——审美上的需求。

三、正确面对青春期的孩子

有了前面两个认识，再来谈怎么正确对待青春期恋爱的孩子，方向就对了。

1. 尊重情感，理解需求

哪个少女不怀春？哪个少年不钟情？青春期的"早恋"并非"洪水猛兽"。家长要理解和尊重孩子成长的心理需求，也要引导孩子正确认识青春期的性感情。

给孩子爱，让她觉得有安全感，让她的感受和需要被"看见"，她也就不急着和异性去倾诉和分享；尊重孩子的成长规律，在孩子的自我意识和性意识发展中，不要着急去指导，而是更多地去观察，等待孩子自己感悟。要想把"事故"变成"故事"，一切变得"风轻云淡"，就需要对青春期密码解锁，用尊重和理解重建亲子关系和师生关系。

2. 学会接纳，用爱发力

不管遇到什么情况，首先要接纳孩子。接纳孩子在成长过程中遇到的问题，也接纳孩子在异性交往中出现的心理和行为特征。不要把孩子看得很坏。孩子在成长中遇到了"问题"，而非成了"问题孩子"。与他们交流，爱为先，家长必须让孩子感受到关心与爱，然后才能与其共商异性交往的相关问题。不然，孩子们是不会听从我们的建议的。

3. 丰富策略，智慧化解

家长多关注孩子情绪的变化，通过郊游、打球、共同阅读等亲子活动加强感情，让孩子在心中有事情时能放心地向家长倾诉。鼓励孩子积极参与班级集体活动，扩大孩子的交友范围，不与特定的对象交往，其恋爱的可能性就小。另外，还要引导孩子主动与异性交往，建立友谊，帮助孩子安全体面地满足来自内心对同伴认可的需求。

四、正确破解"早恋"伪命题

异性交往是青春期孩子的正常需求，性情感发展是每个孩子都要经历的，"性吸引"也是性情感发展中正常美好的心理。同学们得到异性的欣赏和喜欢后感受到喜悦，与其说是"爱别人"，不如说是"爱自己"，是获得被别人喜欢和欣赏的美好感觉。

大家对"青春期恋爱"如临大敌，其实不是担心恋爱本身，而是担心恋爱的副作用，担心孩子因为"恋爱"突破防线而引发"性行为"。

初中生的"三角恋"

晚上11点，宿管打电话过来："谌雨（化名）从围墙上爬出去了，目前去向不明。"这孩子就是不省心，从三中到六中，最后转到我们学校来。当初接这个孩子时，我就向学校表达过担忧：这孩子两年换三个地方，肯定不是省油的灯。

果不其然，入校才半个学期，他就惹事了。我来不及回家，赶紧联系家长并连夜赶回学校了解情况。孩子们说，他可能去十三班那个女孩家了，他们最近在拍拖①。我问到那个孩子的名字，联系了十三班的班主任，十三班班主任告诉我，这孩子早就和谌雨分手了。原因很简单，谌雨在和她恋爱的同时，又和四班一个叫桃桃的女孩好上了。

还是三角恋！我又联系四班的班主任，了解到桃桃的基本情况。父母离异，跟着奶奶住。我让四班班主任了解情况，几分钟后，她告诉我桃桃并没有回家，"奶奶管不住，经常不回家"。最后的一根线索又断了……这事儿该怎么办呢？

---

① 广东方言，指男女双方结为异性朋友，谈恋爱时互相关心和难舍难分。

父母离异、留守、老人管不住……事情变得有些复杂。怎么办呢？

1. 先从家庭入手，赢得家长支持

第二天，谌雨回来之后，我问他昨天晚上爬围墙出去干吗，是不是和桃桃在一起。他坦率承认，两人在网吧里打了一夜游戏。

我舒了一口气。在早恋问题上，女生家长更担心"早性"，其次才是学业影响和情感伤害。网吧那么多人，状态应该还好吧。第二节课，谌雨妈妈也过来了，她一个劲地道歉，说没有管好孩子，给我添麻烦了。"我听说徐老师在青春期孩子的教育方面很有方法，才想办法把他转过来的，您可要救救我的孩子，这是唯一的希望了！"

她焦急的神情，让我相信她说的全是肺腑之言。我对她说："您别急，我们先让子弹再飞一会儿，把孩子的情况弄清楚，想法弄明白，然后再说。"我和谌雨妈妈聊天，询问她在家里是否给了孩子足够的关注。她很不好意思地告诉我，她是再婚的，谌雨是她和前夫的孩子。再婚之后，她和现任丈夫又生了个女儿。当妹妹把妈妈的爱和视线转移了以后，谌雨在家里就没有得到足够的关注，他的情绪没有被看见。

这种情况下，刚好有一个同病相怜的人出现，对他说："你很好，我懂你。我看见了你的情绪，看到了你的需要，你的一举一动都在我关注的范围内。"你说，谌雨会不会觉得自己被宠爱着，会获得一种强烈的满足感？

我的话还没有说完，谌雨妈妈就肯定地说："是的，是的，原来和十三班的那个孩子就是这样的情况，小雨就这样和人家好上了。"我明白了，谌雨其实还挺聪明的，知道用自己需要的去打动别人，他和桃桃、十三班的女生，其实都是一种补偿性恋爱——家里缺什么，他们就在同伴中寻找什么。

我对家长说："要想真正改变孩子，你们还是要把孩子爱起来。当孩子在家里有足够安全感的时候，他们对异性的渴望才会不那么大。"我给家长提了七个建议。

> **给青春期恋爱孩子的家长的七个建议**
>
> ① 和孩子分享自己青春期的交往故事,引导孩子正确的交往方向;
> ② 向孩子明确表达爱,让孩子在家里能够得到温暖;
> ③ 分享恋爱的经验和体会,给孩子以借鉴;
> ④ 让孩子看到最美爱情的样子,明白现在的时机是否妥当;
> ⑤ 让孩子学会转化,从长远发展上看到未来;
> ⑥ 引导孩子的情绪,看见孩子的痛苦和挣扎;
> ⑦ 一般情况下不要去和对方家长直接联系,那样可能会让事情更糟糕。

2. 立足学校,拓展孩子的社交圈

谌雨的故事只是一个典型案例,但是也反映出青春期孩子成长的一个基本需求——渴望被看见,渴望温暖和爱。我们的学校教育,就要建立课程,回应孩子们的这种关切。

我在班上设计了一系列关于"爱情"的主题班会课。三个年级一共6个,每学期一个,形成了一个系列,叫"晓莉姐说爱情"。我为什么要在班级里往前走一步?因为我不仅需要对家长的担心做出反馈,更要教给孩子们与异性交往的技巧和"度"。如果孩子一开始就知道怎么做,要掌握哪些"度",那么很多问题和忧患,就能遏制在萌芽中。

我要做的第二件事,就是拓展孩子们的同性朋友圈。谌雨其实在班上有好朋友,而且是我的科学课代表,一个很善良的小男孩。我和他聊起了谌雨,嘱托他多关心谌雨,多帮帮他,多带着他,玩的时候多拉上他,不要让他被孤立。在谌雨生日时,我的课代表给他送了一份很好的礼物。谌雨非常感动,这个时候,他实际上已经找到了同性之间的友谊,这点很重要。

随着友谊的建构越来越稳定,越来越多的男生看到了谌雨身上的优点。当然,这需要我有意无意地强化。例如,我会在班里跟同学们讲:我们体训

队的谌雨同学，在比赛中为班争光，还教大家一起练铅球；他现在的学习也越来越棒了，等等。在我的引导下，更多同学看到了谌雨身上的光芒。其他方面的鼓励和情感联系多了，他对异性的情感需求就减弱了。

3. 给自己约法三章

我后来发现，青春期孩子的问题在我的班级相对容易处理的原因，也和我的约法三章有关。

（1）不管怎样去做工作，爱与尊重是前提。青春期恋爱处理有三点很忌讳：①在全班或者大庭广众下公开讲这件事；②给孩子贴上道德标签，好像恋爱就变成了坏孩子；③刻意强化孩子在恋爱。过于强化，等于提醒他要去恋爱。其实，初中生恋爱的时间很短，一般不超过半年。新鲜感一过，他们自己就会思考。

我尊重孩子的隐私和感受，任何时候和他们聊，我谈话的前提都是——我爱你们，我是来帮你的，而不是拆散你们，我会尊重你的选择。我相信，孩子在爱和尊重的环境中不会偏离成长的主要方向。

（2）绝不给孩子贴标签，更不认为恋爱孩子的道德有问题。我更多地从他们内心的需要去想这个问题。孩子需要被看见、被倾听、被人肯定，哪怕他们恋爱了，其实他们也需要爱情指导。

（3）能够用班风解决的，绝不强制干预。好班风能够影响孩子们的异性交往质量。我高中时的同桌是一个壮实的小个子男生，外号"武大郎"。我和同桌讲过几次话，他们就叫我"潘金莲"。下课时男生们还起哄，让我痛苦不已。当时老师没管这事，也没有人在乎我难不难过，我唯一的处理方法就是躲，躲开不让人看见我。

所以，在我班上，我不允许学生编排故事、乱起绰号。谁这样做，我就"以其人之道还治其人之身"。我建设了尊重别人隐私、尊重别人交往的班风。我对孩子们说得最多的一句话，就是"每个人都可能是同伴生命中的重要他人，成就他人，而不是影响他人，这是我们做人的底线，暗恋也是"。

这样，班级里的氛围安全了，大家就不觉得男生和女生在一起就一定是在谈恋爱。我们可以是一家人，是兄弟姐妹。

4. 教会学生异性交往技巧

我们需要教会学生筑好异性交往的三道防线。

第一道防线：学会交往。坦率自信地和异性交往，心底越阳光，其交往的质量越高。"我把你当哥们儿，你却有非分之想，我们就交往不长久。"这样的法则要告诉他们。青春期的孩子可以一起玩，但是不要单独一对一接触，尤其是不要穿一些暴露的服装，这是对别人的尊重，也是对自己的保护。

第二道防线：学会拒绝。怎么拒绝？比如说，异性问："明天晚上到我家里玩好不好？我爸爸妈妈都不在家，我们一起写作业吧。"这时候怎么办？要学会拒绝，因为不可控的因素太多了。

但拒绝是很难的，孩子善良，重感情，拒绝时怕别人伤心、怕别人失望……有时拒绝到最后，变得没有力量，就软下来了。怎么办？首先，确认自己拒绝的价值，坚信自己拒绝这个行为是正确的，并且要坚持。其次，懂得一个道理——很多事情，拒绝得越早越好。例如：对方可能一开始只是邀请去家里玩，如果不在这时候拒绝，接下来第二步，对方就有可能说我们来做一点亲密无间的事，这时拒绝就更难，甚至被强迫都有可能。在两人不尴尬的时候拒绝是最好的。对方难受了再拒绝，麻烦更大。所以，拒绝要早。最核心的，要教会他们拒绝的艺术，拒绝时不让对方觉得尴尬，自己又很有道理，而且态度坚决。比如，回答："不好意思，你妈妈不在家，我妈妈在家。"或者说："到你家玩可以，但我可以带上我的好朋友吗？"

多种问题，创设情景训练几次，组队训练，孩子们就变得大方、稳重和有智慧了。

第三道防线：学会止损。如果真的无法避免性行为，要知道怎样做的损失是最小的。首要是避孕，吃紧急避孕药或遵医嘱，这是止损。然后告诉父母，比起被父母骂一顿，被父母亲帮助会更好。我和学生讨论过："假如真的怀孕了，生还是不生？"大家的结论是不能生，不合法也不合情理。不能生怎么办？做人流，怎么做？最后一道止损的办法，就是告诉父母，去正规医院。千万别抱侥幸心理，别相信无良广告宣传"无痛人流"，后果的严重性一定要让孩子们知道，这样他们才知道止损。

> **晓莉姐说**
>
> ◆ 形成良好的家校协同机制，打通校内和校外教育；
> ◆ 设计连续的青春期课程让学生得到有效教育；
> ◆ 所有的青春期性教育都要指向科学、责任和爱，这样孩子们的未来才会更美好。

晓贴士

异性交往：筑好"三道防火墙"

1 学会交往
群体交往，不单独交往；
公开交往，不私下交往；
服装端正，不聊性话题。

2 学会拒绝
相信自己的拒绝是正确的；
尊重并学会礼貌地拒绝；
拒绝时要坚决且趁早。

3 学会止损
减少损失，立刻求助，向最值得信任的人（如父母、老师、医生）求助，去正规医院求助。

第五章 做有行动力的班主任
——赶走焦虑的最好办法

行动力是一种主动做事的能力，属于自觉、自发做事，对自己有越强的自制力。

突破自身局限，实现自己想做而不敢去做的或者认为自己能力不足的事，非"行动力"不可。

行为不会无辜发生，有效的行为诞生一定有正确的动机、恰好的行动能力和适当的提示。

从计划到行动，是极为遥远的一步，是把人区分为优秀和平庸的重要分界线。

我很忙，但是我越来越感觉到安全、踏实。因为这些踏实是一步一步的行动搭建出来的。

事情真没有你想的那么复杂、艰难，先做起来吧，做起来你就会发现另外一种感受。

第一节 目标制定：让目标鼓舞人心

不管将来能不能实现，我们一定要给家长一个共同愿景，这样，我们才能够把家长的力量凝聚起来。

我曾经和一些教师交流过：达成一个目标，我们需要的是行动力还是执行力？一字之差，在我的概念里却有天壤之别。

在我看来，行动力是一种主动做事的能力，属于自觉、自发做事，对自己有超强的自制力。突破自身局限，实现自己想做而不敢去做的或者认为自己能力不足的事，非行动力不可。

执行力呢？尽管它有很多近义词，如"办事能力""经营能力"，我总感觉"主动"不够、"愿力"不足，多少有些需要别人指路的味道，一般指落实组织意图、完成组织任务不可缺少的能力。做班主任，我们做的是影响人、成就人的事业，太被动了不行。所以，我喜欢行动力。

行动力强的班主任，建班之初就会给班级一个伟大愿景——天生为一伟大目标而来，而且会让这个目标成为家长、学生和任课老师团队都为之激动、愿意为之奋进的动力源泉。

一、建班即家访，让班级愿景成为家长的动力源泉

接手新的班级，了解学生最直接的方法是家访。建班家访和后面常规家访不同，常规家访侧重于了解家庭教养方式、特长兴趣、个性特点、生活习惯、学习习惯、成员关系、家教理念、经济状况、身体心理状态、父母期待或诉求等。建班家访主要是了解家长心愿，缔结班级家校共同愿景，让家长从建班开始，就和老师一条心。

我通常这样和家长聊我们的班级愿景。

1. 提前预约行程，确保家长都在家

首次见面，一定要和孩子的爸爸妈妈都见面，这样可以了解这个家庭的成员关系怎样，父母亲的教育理念是否一致，有没有亲自教养，父母亲对孩子的陪伴程度如何，管理孩子的方式是否科学，对孩子的成绩或升学有何期待……

2. 协调亲子沟通，让家长和孩子同心

我们去家访，会发现家长在代替孩子回答问题，这样我们很难听到真实的声音。孩子的声音听不到，就很难家人同心，一起去缔造美好的未来。所

以，第一次家访，我侧重于帮助家长沟通亲子感情，让家长和孩子同心向未来。

如果观察到孩子不作声的时候，我就会及时制止父母，让孩子说自己的想法。

我去一个文静的小姑娘家家访，她妈妈很热情，我还没有发问，她就倒豆子似的不停地倾诉孩子不主动、学习习惯差。我观察到女孩的脸色很差了，小嘴也开始紧闭。妈妈说完孩子又开始吐槽爸爸，说爸爸常常应酬，很少陪伴孩子，也不过问孩子的学习。爸爸也点头附和，说："我孩子是不够自觉，只完成学校任务，其他的作业都不肯做！"

父亲缺席，母亲辛苦又不得法，家庭怨气很重。孩子其实还很自觉，起码学校布置的任务都不折不扣地完成了。于是，我说："我看到孩子的作业完成及时，书写端正，步骤完整，这几天家访下来还是作业最好的呢，妈妈和爸爸是不是对孩子的要求高了？"

我刚说完，女孩哇地哭了："爸爸从来不管我，自己天天喝酒，还说我！我哪有不自觉了？"孩子委屈的眼泪让爸妈愣了，有点尴尬。

我只好两边找优点，请他们互相谅解：家长多看到孩子的努力，孩子多理解父母望子成龙的心态，谅解他们不会教育，毕竟，他们也是第一次做父母，经验不足。重要的是，我们一起朝向美好的目的，共同行动。最后双方都喜笑颜开。

3. 了解家长需求，缔造共同愿景

进入初中后，家长对孩子的学习成绩最感到焦虑，他们知道，中考招生学校是会看学生的分数的，成绩不好会影响后面的高中学习和高考。他们经常会问下面一些问题。

孩子进入初中，成绩跟不上怎么办？

孩子在学校学习有点"吃不饱"，我应该怎么指导？

进入初中后，孩子还和小学一样，需要家长陪着写作业吗？作业还需要检查吗？

孩子拖拉，晚上作业写到很晚，怎么办？

孩子已经发育了，很喜欢看言情小说，她早恋了怎么办？

孩子很懵懂，不上进，成绩不好也不着急，我们该怎么引导？

我家孩子爱玩手机，如何去管理？

……

这些问题涉及学业规划、学习指导、手机管理、人际交往、青春期发育等，他们迫切需要得到指导。遇到这些问题，我会向他们传递一个信息——没有关系，你们所有的这些问题，我们前面的家长都已经碰到过；我们将筹建一个家长互动交流组织，有效地让大家互动解决问题。我们将筹建一个新的家校共同体，每个家长都将在中间竭尽所能，互相帮助解决。我有很丰富的经验配合大家开展工作，"做最好的班级，家长和我们一起行动！"

最好的班级是什么样的？我在家访中不断地向他们描述：有明确的家长互助组织、有经常性的家长培训活动、有家长交流的小沙龙，大家方便的时候可以和孩子们一起聊天、分享……未来有多美，我就描述给他们听。

美国麻省理工学院斯隆管理学院资深教授彼得·M.圣吉（Peter M. Senge）曾经说过一句话："有没有共同愿景，是平庸领导者和优秀领导者的分水岭。"不管将来能不能实现，我们一定要给家长一个共同愿景，这样，我们才能够把家长的力量凝聚起来。

> **晓贴士**
>
> 家访，"访"什么
>
> | 访家长和孩子 | 访学校和教师 |
> |---|---|
> | 一、家庭教养方式； | 一、学校育人理念； |
> | 二、父母工作性质； | 二、初中学习要求； |
> | 三、孩子兴趣特长； | 三、学校管理要求； |
> | 四、家庭成员关系； | 四、教师育人理念； |
> | 五、孩子学习生活习惯； | 五、教师团队介绍； |
> | 六、父母期待或诉求。 | 六、教师的个性特点。 |

二、开班即励志，让每个孩子在自己的赛道发光

每接手一个新班，我都会开一次主题为"赛道设计"的班会。这个班会的设计意图有三条：

第一，告诉孩子们，班级的每一个孩子都是我们的"宝"，不放弃每一个孩子；

第二，人生而不同，所有孩子都可以找到自己的专属"赛道"，我们不需要和别人比，只要和自己比就可以；

第三，"发光"，就意味着成功。

家长和老师要帮助孩子成为更好的自己，至少让孩子成功一次，成功才是成功之母。所有的人都会帮助孩子，做孩子的支持系统，助力孩子"发光"。

为什么要设计这样一次主题班会课呢？是因为一次家长会，让我看到了不同家长对孩子的不同需求。那是我们的一次学业质量分析会，我和家长们聊学习方法指导，我建议家长提醒孩子纠错，适当地把教师分享的方法记录下来。

我们发现，学霸的家长们早就这样做了，可是还很谦虚地做着笔记，方便回家和孩子商量。反而是成绩靠后的几名孩子的家长，在那儿一脸茫然，他们听不明白，也觉得自己不会指导，会后甚至有家长打电话给我，让我不要管孩子的作业，说孩子在小学时也不写作业，初中就跟上大部队，只听课就行。

从这个会议来看，我们对家长和孩子需要做更多的"个别指导"，需要从家庭和孩子的实际需求出发，做有温度和弹性的教育。因此，我们就有了"赛道设计"，即个体目标设计的主题班会。最后提炼出来的学生个人成长目标是："让每个人在自己的赛道发光。"

1. 如何让目标深入人心

把"让每个人在自己的赛道发光"这12个字做成标语，贴在教室后面的墙上，提醒每一名老师，因材施教，尊重孩子的个性差异，发现孩子的兴趣和特长并呵护这些特长。同时，我们也鼓励孩子做更好的自己，自主发展，成为自己想成为的人。

同时，我们还做了一件事情——班徽设计并海选。目的是通过开展"让每个人在自己的赛道发光"的班徽设计和评比活动，让家长和学生参与进来，让他们理解班级目标理念，理解班级目标，并做自己喜欢的班徽。我们在微信公众号上发起投票。投票前面有班级建设理念，班级奋斗目标。然后鼓励每个参赛者拉票，扩大影响力，让家长参与并转发。

这样，在家长和孩子的不断拉票中，班级目标深入每个家长和孩子心中。孩子们提交了15个作品，阅读转发量达到了近2万人次，引起了很大的反响。

2. 目标细化为成长阶梯，步步为赢

如何做到"让每个人在自己的赛道发光"呢？我指导孩子把自己三年的成长目标细化为以下三个阶段。

初一：习惯培养，形成规范；

初二：学法指导，建构关系；

初三：学业规划，发展自我。

为什么这样细化设计呢？

初一生活和学习要有序，故侧重习惯培养。初中生活和小学时不一样，学生刚进入新初一，对初中生活还没有适应，作业、听讲、卫生、劳动等习惯都需要养成，还需要养成很多的行为规范，如排队、食堂就餐、午休、晚自习、出操等。初一学生通过习惯培养和规范的养成，让学习生活"一日有序"，进入有规律且逐渐自觉的状态。

初二学生要会学，故学法指导和建构关系很重要。因为初二的课程难度增加，有些孩子逐渐感到学习吃力了，开始出现明显的两极分化。加上孩子发育后，自我意识觉醒和性意识觉醒，孩子们更加在意关系和价值感。他们需要和父母分离，和外界建立连接，人际交往变得越来越重要。手机管理也越来越难了，他们迫切需要手机这个工具来和外界建构关系。所以，无论是学习指导还是人际交往指导，对这个年龄段的孩子来说都特别需要。很多出现厌学、抑郁、青春期恋情、亲子关系破裂等问题的孩子都是这个年龄段的。

初三要帮助孩子"发展"，离不开学业规划。我们需要帮助孩子做学业规划，设计升学路径，帮助孩子明确行动的目标和步骤，远离升学压力。我们需要多做抗挫训练，帮助孩子建构自支持系统，最终助力孩子在自己的赛道"发光"。

三、开学即行动，让每个学生的梦想汇成钢铁洪流

这些年，网上有一个梗，"每年都在立 Flag[①]"，意思是，很多人每年都会立一个振奋人心的目标，结果在现实中并没有实现，然后，过新年又重新立一个 Flag。这个"立 Flag"成为一个热梗了。

这个梗是在笑话那些有目标却没有行动力的人，也被人作为自我解嘲的

---

① 英文单词原意是"旗子"，后成为网络流行词，意指"要实现的目标"。

笑话。这个梗的背后有行动力不强的原因，也有目标本身设立得不够明确的原因。

如何设置有效的目标呢？我推荐大家使用 SMART 目标设立原则。举一个例子来说吧——"我初三成绩要进步"，这个目标太空洞：哪门学科需要进步？进步多少？如何进步？在什么时间达成目标？在这个目标中并没有说明。方向感不强的目标产生不了巨大的行动。怎么改进呢？

1. 把目标具体到事件（Specific）

如果一个学生想要提高自己的学习成绩，那么他需要分析自己的各科成绩，了解学科短板。假设英语是短板，那么要提高自己的英语成绩，他的目标表述应该为"通过三年的学习有计划地提升英语学科成绩"。更进一步，则要明白：目前英语成绩的薄弱点是哪块？想要通过什么方式来提高成绩？有哪些具体措施？如果词汇量不够，那就多背单词；如果作文写得不好，那就多做英文阅读，多看英文电影、多写作文等。

总的来说，就是将原本抽象的目标一层层拆解，变成具体的小目标，如，每天早上提前起床，多读 10 分钟英语，记住 10 个新单词后再上学。这个就很具体。

2. 数据化让目标可衡量（Measurable）

这个不用多说，前面已经描述了。10 个英语单词，就是可衡量的目标。

3. 目标刚好是自己能够达成的（Achievable）

我常念叨，让目标产生激动人心的力量，要让学生的梦想汇成行动的"钢铁洪流"，这是目标设置之后的形象描绘。但是，并非所有目标都能够达到这样的效果，孩子们自己设置的、能够实现的目标，才能产生强劲的动力。

达成或可实现原则（Achievable）很重要。我们要根据学生的实际情况，设定一个既具有挑战性又可达成的目标。就像吊在驴前面的胡萝卜，吊得太近，驴一口吃了就不走了。吊得太远，等于不存在，驴连前进的想法都没有。

4. 和切身利益产生关联（Relevant）

目标之所以产生动力，是因为这个目标和自己产生关联，让自己有所取舍。只有当目标与自己的梦想或兴趣相关，才会让学生更加有动力去实现。例如，如果一个学生对于美术有浓厚的兴趣，梦想是考上中国美术学院，那么他就应该以考上重点高中的美术班为目标，看看自己的成绩够不够分数线，哪些成绩需要提高。为了这个梦想去努力，他的动力就会加倍！

5. 设置好完成的时间节点（Time-bound）

这个很好理解，有明确的截止日期，能够更好地监控进度并激励自己积极行动。一旦有了明确的时间节点之后，紧迫感、效率意识就上来了。

表7 个人目标

姓名	王晓明				
升学愿景	重点高中				
九年级上学期目标	品行	期中成绩	体能	艺术	劳动
（9月1日到11月30日第一轮复习开始前）	优秀，5A	年级前50；语文95分或单科排名年级前10名，数学115分或排名年级前3名	体测30分（满分）：跑步优秀；跳绳一分钟190个；引体向上10个	成为社团骨干，评上戏剧社团年度"优秀团员"	会做"三菜一汤"；会包饺子；会做蛋糕

在表7这个九年级上学期的个人目标案例中，实现目标的时间设置就精确到了11月最后一天。

为了提醒自己达成目标，孩子把它张贴在自己的床头墙上，每天看一看。我经常对学生说：让我们早起的，不是闹钟，而是梦想。

> **晓莉姐说**
>
> ◆ 行为不会无故发生，有效的行为诞生一定有正确的动机、恰好的行动能力和适当的提示。
>
> ◆ 让自己变得有行动力，就要激发自己做事情的强烈动机、锻炼自己至少能够胜任的办事能力和恰到好处的行为提示。
>
> ◆ 家访，既是老师访问家长和孩子，也是家长和孩子了解学校和老师。双方形成一个基本认识，便于缔造班级共同愿景。

第二节 "想"变成"做"：用行动赶走内心焦虑

从计划到行动，是极为遥远的一步，是把人区分为优秀和平庸的重要分界线。

期中考试结束了，过两天就要开家长会，可是 PPT① 还没有开始做呢！

入职 2 年的小李老师的班级考得不怎么好，他很想好好地和家长沟通一下，可是从哪里开始呢？找谁学习啊？还是等年级的模板吧……

5 年班主任任龄的小王老师报名参加班主任基本功大赛了，这周要提交不少初赛材料，还要一个教育故事、一节班会课。这些任务都还没有开始做呢，王老师心里烦得很，一边焦虑、一边心烦，心想：我当初要是狠一狠心，推掉这个任务就好了。我现在的压力太大了，怎么办？

上面要评教科研先进，名单送区里评选，工作 10 年的吴老师想着这可是一个好机会，可是就是没有时间准备那些材料。最后只好笑笑，对自己说：把机会留给别人吧。

---

① 英文全称为"PowerPoint"，中文意为"幻灯片"。

工作中总有很多心烦的事儿，大家看看上面这些现象在自己身上是不是也有。有些遗憾就是典型的行动力不强造成的。

一、行动力不强的十大特征

我梳理了行动力不足的主要特征，请大家看看自己中了几条。

1. 半途而废

减肥三天就开始大吃大喝，计划每天阅读 10 000 字、写作 300 字，只坚持三天就中断……个体的行动不能够坚持到原定行动结束的节点，半途而废是一种极为常见的行动力不足。

2. 草草收尾

花了很大精力，制定了一个班规，可是实施起来不按照班规，经常擅自做主修改条例，最后草草收尾，让学生缺少敬畏感和信任感。下决心好好做一个课题，可是到最后结题的时候，发现截止日期快到了，自己却还没有好好去整理材料，只能仓促应付……这种行为看起来是做完了，但是"雷声大，雨点小"，没有起到效果。

3. 光想不做

很多时候，我们是因为想得太多，在心理层面预设了事情的艰巨性，又顾及他者的眼光和评价，担心结局不尽如人意……行动尚未展开，思虑已经折损了大半元气，"光瞄准，不射击"，计划就泡了汤。

4. 没有导向

"走一步，看一步"，没有长远目标，也不会坚持长期主义，最后累了，但是不知道自己在做些什么。

5. 容易改变

本来自己计划做一件事情，结果临时领导有事、同事有邀请，家长有需求……想想每件事都很重要，于是，就把自己当下要做的事情耽误了。

6. 抱怨事多

本来那些事情都是自己本职工作范围内的事情，如学生学习品质训练、家长机构设置和组织、和学生谈心聊天……但是自己没有计划，总是拆东墙补西墙，还经常感觉到学校领导的事儿多，干扰了自己的教学。

7. 累而无效

确实整天都在忙碌，但是在每天睡觉前盘点一下，发现没有几件大事，觉得累，但是没有成就感。

8. 经常焦虑

担心班级成绩不好，总是排名靠后，班级管理还经常被扣分，学生家长的情绪也不稳定，学生也不听话……经常焦虑，睡不好、吃不好，情绪不稳定。

9. 害怕失败

一件很简单的事情，结果想得很复杂。还没有开始之前，就担心失败了该怎么办。不是去想怎么行动，而是先计较成功和失败比。

10. 选择模糊

心中有很多欲望，脑中有很多头绪，也有不少可自由支配的时间，就是既想做这个，又想做那个，既可以做这个，又可以做那个，感觉自己始终站在十字路口，却不知道该往哪里去，陷入一种不确定性之中。

以上十大特征，中了一条，就是轻度行动力不强。3条以上，就是中度行动力差了。5条以上，就需要马上改变。

二、既然事情都要做，那就立即开始行动

坦率来讲，我以前也是一个缺乏行动力的人。我还会找借口：没有时间、没有能力、没有意义、身体不好、没有心情……最后的结果自然不理想，出现很多"兵荒马乱、手足无措"的情况。

我知道，原因很简单，也很符合人性——偷懒让人暂时舒服，而选择舒

服是人的本性。但是，如果你的内心有一点想法，想做的事没有做好，遗憾之后又会陷入更多的焦虑情绪，整个人陷入自我内耗，自我怀疑、自我否定，缺少信心。

1. 曾经的我，评上高级职称之后停滞不前

我 2010 年就评上了高级职称，那年刚 35 岁，算是比较顺利。但是 2010—2018 年这 8 年，个人发展几乎停滞不前。直到有一天，学校德育校长来找我，希望我成立班主任工作室，报名参加市里的工作室领衔人选拔。我立刻拒绝了，我觉得条件不够。

虽然我一直在做班主任，但我疏于积累，懒于写作，不肯动手，有经验、有做法就是没有记录。我拿什么去申报呢？现在优秀的班主任，哪一个不是笔耕不辍、坚持输出、意志坚定、行动力强呢？

2. 既然推不掉，就马上行动

领导一再坚持：你是我们江南学校的骄傲，首届什么什么的……我听不得好话，领导赞美几句，我觉得自己再不做就不好意思了。在领导的引导下，我想，既然推不掉，那就开心地马上行动吧。

当我决定开始之后，2018—2023 年这 5 年，我的发展时间轴如下所述。

2018 年，我加入著名德育特级教师韩似萍老师的青春期教育工作室，开启和身边的一群优秀的小伙伴学习的旅程；在区级有了自己的第一个德育类规划课题，同年评上了区首届中坚班主任。

2019 年，我评上了杭州市育人先进个人，同年成立了市级班主任工作室，成了工作室领衔人，开始自己带团队了，学员有 15 名；同年我参加全国青春期教学比赛并获得二等奖；省级课题立项。

2020 年，青春期教学比赛获得一等奖；德育规划课题获得区一等奖，省级课题顺利结题并获得市级二等奖；这一年，我的班主任工作文章开始发表在各种班主任专业媒体上；这一年，我和王勤美教授合著的《我不想戴眼镜》在浙江科学出版社出版了，一至九年级学生通用。

同年，我进入了区最高级别的班级——卓越教师培训班，这个班级是为培养特级教师和正高级教师而设的，小伙伴都非常优秀，我感到特别有压力：我是不是最弱的那个？同时我又觉得很有动力，团队里的每个人都是我学习的榜样。

2021年5月，《让每一次评优都成为教育的契机》让我成为《班主任之友》的封面人物，全文10 000多字；这一年，我的专业写作有了重大突破，几乎每个月都至少有一篇文章发表；这一年，我被评上了杭州市最美教师；这一年，杭州市首届名师名校长工程启动了，我幸运地被选上了。为什么说是幸运的呢？因为这个班级的大部分教师已经是特级教师或正高级教师，可以说是杭州市教育界最牛的一批人，全班只有20人，一个区只有一个，严格删选，宁缺毋滥，我能进入这么高级别的班级，倍感幸运。

2022年我加入许丹红省级网络工作室；我的《发现让学生"善学""笃学""爱学"的金钥匙》发表在《人民教育》杂志当年第7期上。2022年10月，我又成了《班主任》杂志的封面人物。这一年，我从区卓越班和市卓越班同时毕业了，我的导航站被评为优秀导航站，我被评为优秀学员。这一年，我上了市电视台，访谈节目《不以爱的名义做让学生厌学的事》的点击量超过5万次；我还参加了6次学习强国网站的教育视频录制和另外2次电视台访谈节目。这一年，我被评为区首届特级班主任，全区获得这样荣誉的老师只有两位。

2023年1月，我被评为杭州市年度创新人物，同时我的新一届导航站又开始工作了；从2月份起，我被邀请参加《杭州之声FM89》栏目的《大鱼家长会》直播节目，两周一次，至今已经连续半年受到杭州市家长的好评，每期点击量过万；长江出版社看中了我的青春期访谈直播，约我写一本关于青春期教育的书。于是，我开启了两本专著的写作之旅，每天都要抽时间写上一些文字……

3. 行动会带来更多安全感

以前担心做不好，行动之后发现事情并没有我们想象的那么难。这些年，我一直坚持做班主任，还负责科学课教学，同时兼任学校德育校长助理，负责班主任的培训，还带着工作室、导航站等团队……

可以说，我很忙，但是我越来越感觉到安全、踏实。因为这些踏实是一步一步搭建出来的。

三、提升行动力的十个建议

回顾这一段历程，不仅很多人觉得不可思议：您的时间是怎么挤出来的？行动力也太强了吧？您是怎么做到工作和个人发展兼顾的……我自己也觉得潜力巨大。自己梳理一下，我是怎样做到的呢？一句话——把"想"变成"做"。

通过这些年的经历，我积累了以下提高行动力的十个建议，供大家参考。

1. 找到强大的内驱力

一是要有欲望。当一件事能唤起你的表现欲望、创作冲动、理想的自我认同时，你就能真正地做下去，并且做好，而不会感到"被迫完成"的压力。二是喜欢。热爱是行动力天然的催化剂，会诱导你主动去钻研事情、解决事情。做喜欢的事，身心自然会进入一种高度唤起的状态。

我热爱做班主任，以前就喜欢琢磨班级管理、学生转化、家校沟通，我找准自己的兴趣点，从最擅长的学业指导、家校共育、青春期心理教育开始研究，路就会越走越宽。

2. 和优秀的人为伍

如果身边有行动力超强的朋友，或者处在一个讲求效率的环境氛围下，你就会不自觉地加入节奏，拒绝"惯性力量"的延宕。多去靠近、汲取积极的能量，从优秀的他者身上，我们更能收获情感支持，找到自己努力行动的意义。

我身边有很多优秀的人：工作室里的小伙伴孙老师、费老师、蔡老师出版了自己的著作，我觉得我也可以做到；王老师每日更文，非常自律和勤奋，我深受感染；学校金老师严谨勤勉，一步步成长为特级教师和正高级教师，这是榜样……还有很多导师，功成名就却还在一线坚守岗位，潜心育人，心怀大爱。从她们身上，我看到了高尚的人格，也认识到了自身的渺小和不足。哪里还有停下来的理由呢？

3. 长期主义

长期主义，就是坚持把一件事做好。

举例来说。班里有孩子收到 7 封情书，这件事让家长非常焦虑。我用了一系列的办法处理好了这件事，并且记录下来。后来，在遇到同类事情的时候，我就拿出来对比、鉴别，寻找新的思路和新的突破点。在同类事情的一次次更新中，我积累了很多新的经验，更有思路和发言权。后来，这一系列教育故事被录制成了视频，有关青春期教育故事的文章在市里征文比赛中还获得了一等奖；视频在很多场合播放，成了学校年轻班主任的学习资料。

长期主义，要牢记初心，不要总是变化。比如我做德育研究，就会一直研究德育，看到好的素材，我就顺手在手机里收藏了，我平时看的公众号都是关于教育类的，家里的杂志也都是与德育相关的。做一件事，就要一直做下去，这样才能"水滴石穿，久久为功"。

4. 从简单开始

从简单的、具体的、能够完成的小事开始，逐渐积累做事的信心。尤其是把拖了很久、实际上并不困难的事情解决了，你会有发自内心的轻松感、胜任感。继而勾起"再解锁一件"的念头。

任何庞大复杂的事，我们都可以通过把它拆解成小单元、小模块、小碎片的方式来逐步完成，保持"有进度"的状态。

德育研究也一样。我们可以从案例评析开始，看别人的故事说自己的想法，我觉得这比较容易。然后，单一事件叙事，也不太费时间。待形成习惯之后，系列的综合思考，无非就是小的事情一加一加二加三……悄悄告诉大家，我写这本专著，采取的也是这个方法。

5. 先做起来，再求完美

不难发现，那些经常说事情太难了、自己做不到的人，倘若真的走投无路，必须要面对的时候，大多也都能够拿下来，甚至还有完成得很漂亮的。

必要的时候，我们需要给自己施加约束，强制自己按期完成。不是为了受苦，而是锻炼自律性和爬坡过坎的耐受力。不给拖延无限期的纵容，我们要拒绝拖延，先做起来，再逐渐追求完美。

我写文章经常想很久，不肯动笔，郑学志老师经常说，要先写出来，这样才有修改的基础啊，甚至还用"先开枪，再瞄准"这样的话语引导我。想想也是，哪次战争不是浪费了很多子弹才击毙一个敌人。

很多事情，只要开始行动了，也就变得简单了。

6. 先做重要的事

我们需要做出选择，挑重要的事情优先做。比如，我打算这两年写一本专著，我可能就要放弃一些喜欢的事情，如看电影、旅游、交友。

这几年，我几乎没有一个完整的双休，平时要管理班级，双休日是我安静写作的好时机。我一般挑选一个环境好的咖啡馆，忙上一天，每次都可以完成几千字的文章。我发表的文章几乎都是在咖啡馆里完成的。我经常逼自己一把：不写完就不回家。往往这样效率就很高。这几年我的朋友们说，几乎约不到我，我没有时间社交或做其他的事情。

7. 难度递进

如果事情完全在驾驭之中，或是过去的简单重复，我们会因为"无聊""缺乏新鲜感"，丧失推进的动力。这个时候，就需要走出舒适区，挑战一些更艰巨、更复杂、更具成就感的事。只要有疑难问题来逼你用脑子，有未解的谜局盘旋在你好奇的心中，你自然会保持求知的兴趣，不自觉地行动起来。

8. 自我决定

许多人遇到问题和决策时，喜欢观察和考虑"别人会怎么做"，而不是"我想怎么做"。这容易导致在外界没有现成的、足够的参考坐标时，自己丧失了做事的勇气。

试着把决策的主动权交给自己。你每一次做出决定，并从结果中获得反馈，都是经验的积累，都是对自信心的锻炼和提升。

拿参加班主任基本功大赛来说吧，如果是学校建议参赛，一些教师往往不太珍惜这个机会，不会用心充足准备，往往无功而返；如果自己特别想要参加，不仅准备充分，还会更加主动地去请教。

因为我自己想努力成为一名卓越班主任，所以，我特别能吃苦，经常白天高效工作，晚上高效梳理，忙到深夜也不后悔。

做决定，也会激发人的责任心，敦促你更自觉地、善始善终地完成一件事。

9. 换个角度想问题

不要让生活状态去掌控我们的心态，而是要让自己的心态去影响生活。想法转变了，行动也会发生变化。

比如，你可以尝试从"今天不做了，明天再说吧……"转变成"今天做完，明天就有时间尝试别的新鲜事了"，从"不喜欢，无兴趣，不想做……"转变成"试试也未尝不可，有比较才能锁定真正热爱的事"，从"我害怕做不好，以后再说吧……"转变成"生命重在体验，做好做不好，我做了才知道"。

换个角度想问题，跳出固有的观念去看看，也许可以看到不一样的自己。

10. 保持激情

何为激情？是你还热爱着自己和眼前的生活，是你对未来还有探索的热情，是你对更多可能性的深层好奇，是你在努力把自己支棱起来的情感渴望。

一个永葆激情的人，才不失前行的勇气与力量。希望每一个人，都能在负重前行的生活之路上，守护好内心激情的火苗，主动采取行动，做一个生命力旺盛的人。

> **晓莉姐说**
>
> ◆ 事情真没有你想的那么复杂、那么艰难，先做起来吧，你会发现另外一种感受。
> ◆ 赶走焦虑、让自己安全踏实的最好办法，就是立即行动。

第三节　行动达标：成事，让每一个孩子都发光

每个人都需要成就感支撑，当每个学生都在班级能够有成功感的时候，我们班主任在家长眼中，就是一个会来事、能成事的人。

15年前建校的时候，我们学校是民办学校，生源很好。三年后改制成公办学校，划片招生后生源质量有所下降。不管政策怎么变化，随着我的成长和成熟，我们班成绩却在不断攀升。

我对自己的行动力是这么定位的：好牌要打好，烂牌也可以打好。不管政策如何变化，生源怎样，我都要给孩子规划适合他发展的赛道，让每个孩子都在自己的赛道里"发光"。我的行动力就是助他"发光"，帮助孩子在他人生的重要阶段成为更好的自己。换句话说，要能够成事，让孩子感受教师成事的能力对他有价值，能够让他"发光"，这是我判断自己的行动力达标的基准。

怎样让自己做成事呢？怎样让自己在不同班级都能够成事呢？

一、帮助每个学生调整好心态

不管优生差生，心态都很重要。尤其是优秀生，他们更看重竞争，如果被其他学生赶超，成绩出现滑坡，他们就会自嘲为"掉链子"。如果经常"掉链子"，他们的心态可能会出现失衡，甚至开始自我怀疑。班主任要善于观察他们，及时帮助他们调整心态。

学霸刘同学平时小考每次都是年级第一名，期中考试也一样，但一到期末就容易掉链子。为什么呢？

因为期末考试成绩要计入保送加分的，对她来说特别重要，她的爸爸妈妈也很看重，全家的目标就是她被保送进重点中学。每到考前，她的爸爸妈妈就盯得很紧，孩子感到压力很大。

明确是这个问题以后，我和家长聊握沙体验："手用力握着的沙，会越来越少。"我们如何做好孩子的释压工作？我告诉家长，越是优秀的孩子，越是自律自觉，家长越要给孩子准备"矮树枝"，孩子累了供他栖息。这时候，悦纳就是最好的心态，不管孩子考试怎样都要悦纳。

再说升学道路除了保送，还有其他很多选择。我跟她妈妈讲，我教的学生很多开始不怎么出色，后面越来越好，因为"被好好爱着的孩子，是不会允许自己变糟糕的"。

除了让家长在家里给孩子减压以外，每次大考前，我也会对刘同学进行心理调适。和孩子聊聊天，去考场之前给她一次大大的拥抱——拥抱能够给人力量，也是一种信任，传递了教师的接纳：不管你考没考好，你都是老师心目中的好学生。

刘同学慢慢地调整了心态，初三以年级第一的成绩被保送进了重点高中，现在已是清华大学化工系的一名优秀大学生。

二、邀请任课老师一起组团管理

人生路很长，但是关键的路往往就只有几步。如果在关键的时候我们不出手，孩子的人生可能会拐个大弯，甚至可能一蹶不振。作为班主任，我们不想放弃一个学生，但有时候也真的是黔驴技穷——没招！不想眼睁睁看着学生跌落谷底，就只能想更多的办法了，求助任课老师组团进行班级管理，就是我的一种办法。

景缘很聪明，成绩优秀，学得还特别轻松。他学习时特别专注，善于思考。最厉害的是数学，一次数学竞赛，大家都需要1小时，他只用了30分钟就完成了，还满分，被同学们直呼"大神"。

他身体抵抗力不好，经常过敏，中考前还沉迷上了游戏。于是，早上就成了起床困难户，上课也经常迟到，遇到过敏时，他就索性以身体不舒服为由请假。这不仅影响了他的学习，还影响了班级学习氛围。

景爸每天忙碌，全身心都献给了工作，没时间和精力管理景缘；景妈虽然没有景爸那么忙，但管不住景缘。爷爷奶奶也叫不动他，这样一来，早起上学对景缘来说就显得尤其困难。

几番思考后，我想到了吴老师。吴老师和景缘住同一个小区，每天上班都会经过景缘所在的那栋楼。平时景缘也比较听吴老师的话，如果吴老师上班时顺路去景缘家叫他起床，再一起到学校……吴老师被我的"灵机一动"吓得不轻，连忙说这可不合适。

"吴阿姨，我求求你了，救救我们的景缘吧！"我见她有顾虑，便软磨硬泡，在我几十个"吴阿姨"的撒娇攻势下，吴老师被我弄得哭笑不得，拗不过我，只好答应了我的请求。她通知景妈明天早上7:15她会在小区门口等景缘一起去学校，还强调"不见不散"。

第二天早上，景缘准时出现在了小区门口。吴老师很高兴，带着景缘去了教师食堂，用自己的饭卡买早饭，看着他吃完再送到教室。吴老师是学校中层干部，到校时间很早，景缘也跟着成了班上最早到教室的学生，我和老师们对他夸赞不已。

早起的问题解决了，游戏怎么办？景缘对游戏的痴迷超乎想象，一回到家便急不可耐地打到深夜，情绪焦虑，经常以身体不舒服为由请假。怎么办？再请吴老师。为避免景缘回家就打游戏，吴老师等景缘放学后一起回家；在景缘心情烦闷时，吴老师陪他去操场散心；景缘托病，吴老师陪他一起去看医生……

在吴老师的通力合作下，景缘终于如愿考上一所重点高中。成长之后，孩子也变得更自律了，和当年比起来，现在的他简直变了一个人。

人和人是有缘分的，当自己不能改善孩子的时候，我们可以邀请教师帮助学生一起成事。

三、共创学生成长的友好环境

一个孩子的成绩不好，他最需要的并不是学习方法，而是要先建构一个安全、被接纳的美好环境。这个环境对他而言，是友善的。孩子之所以成为学困生，就是因为他在成长过程中没有被接纳，他在班级失去信心后，还要承受来自家长和同学的压力，没有心思学习。

小李同学入校成绩垫底，性格内向，不爱搭理人。我对他说："小李，帮徐老师把鼓送到音乐老师那里好吗？"他面无表情地说："我不想去。"

他的冷漠和抗拒让我担忧，我把他的家长请到学校来商量。孩子的父母告诉我，他每到一个新班级，开学前两月，班主任都会让他们带孩子去医院，觉得孩子有心理问题，但是他们去医院检查后，医生并没有发现孩子有问题。

"孩子是没有问题的，有问题的是我们成人，因为我观察到他在家校联系册上说，他以前是幸福快乐的。我想可能是家里有了二胎弟弟以后，父母对他的关注减少了，甚至有可能拿他和弟弟比。这让他觉得自己不够好，不被接纳。"我说。

他妈妈也意识到，他们家的朋友圈里很少有小李的影子，这个环境对他不友好。这孩子的行为规范、自律性很强，只不过现在受到了情绪的困扰，不被人理解。我建议他的父母重新审视并接纳他的问题。

旁观者清，当局者迷，我提醒之后，他爸爸也觉得是"当局者迷"，他们引起重视并听取了我的建议后，孩子慢慢地发生了变化。

有一次他来问我考试名次，我说："我看你线上学习非常认真，估摸着你至少进步 50 名。"结果他有点害羞地说："不会吧，我没有那么好。"我马上顺势说："打个赌，如果你进步 50 名，你给徐老师送一幅画；要是没有进步，你可以跟徐老师提任意一个要求。"孩子默许了我的赌约，后来查成绩居然进步了 62 名，他非常开心。

当天晚上，他妈妈告诉我孩子晚上 11 点完成作业后还不肯睡，还在房间里画画。我跟他妈妈讲了打赌的故事。

他非常守信，第二天就把画装裱好送给我。这是一个友好的开端，后面会逐渐好起来的。果然，之后这孩子便一路飞速进步，从 400 多名前进到 180 名，中考时一举考进了理想的美术学校的实验班。

给孩子一个友善的支持环境，孩子就能够自己向上生长。

四、把学生培养成成事的助手

班主任要成事，不能够仅仅靠自己一个人，还得把班里的每个学生培养起来。当班级每个学生都是动车组，都能够有动力的时候，班级发展就快了。

举一个例子，我班 42 个学生，被我分成了 7 个小组，每组正、副组长各一人。我把这 14 个正、副组长培养起来，就占了班级三分之一的人。这些人托起了班级的底盘。我的很多工作，就由班级基层组织——组长们来做。

期中家长会就让组长来开，培养程序如下。

（1）先培训。开场语如何说，本组总体概述怎么讲，都一一培训。涉及对每一位组员的评价，给出评价模板：先说优点，后提建议；优点数量不限，建议最多两个。还要向家长说明组内后半学期的计划和目标，努力的方向等，最后对家长们的支持表示感谢。这些都是培训内容。

（2）再模拟。为确保培训有效，按照"我说你听，你说我听；我做你看，你看我做"的模型，小组长们一个个模拟，一遍又一遍地过。我现场指导，请大家相互点评。前面两三次确实累一点，但是后面三年都不累啊！

（3）后备份。每名组长梳理好发言稿，给家长和教师看后，修改完善要给我备份。不能够随意丢掉。为什么呢？后面培训要用。

下面是一个小组发言稿模板节选：

【开头】各位叔叔阿姨好，我是二组组长蔡淳嘉。接下来我为大家介绍一下我们二组的成员，做一个中期总结。总体上，我们小组同学很努力、做得也很规范，没有人迟到或欠交作业，上课纪律也还不错，本学期6次班级评比，我们小组一共获得3次优秀。

【主体内容】下面我来介绍小组成员的收获。

徐蕙卿：小组进步之王。她在数学课上勇于向缪老师提出问题，细心改正试卷中的每一道错题；每天自愿留下来补习当天所学的知识，特别是文综科目学习扎实，本学期取得了优秀的成绩。唯一的建议是：蕙卿若在作文中多注意修辞手法的使用，文章会更有文采。

陈书凯：书凯外向开朗，是个有趣的人；他的体育很好，为班级篮球比赛立下汗马功劳。目前他最大的困难是科学，只有这一门学科还没有及格，我们组研究了他的试卷，发现主要还是基础题没有掌握，平时他在写作业时会看手机上的答案。我建议叔叔关注他的作业，重点关注双休日的作业，不要满足于手机上的答案。不懂可以问同学们，我们很乐意和他一起学习。

章子铭：在生活方面，子铭是一个很有绅士风度的男生，对我们十分友善，小组有事会主动帮忙。在理科方面，他是我们的榜样，通过本学期的成绩可以看得出他付出了汗水和努力。足球场上，他是我们班级的先锋，团队荣誉里有他不可缺少的一份力量。希望子铭在文科上多花费一点时间打卡背诵，这样他下学期的成绩会更棒。

……

【部署】下周我们小组一起商定每个人的期末目标，并督促大家行动，争取成为卓越小组。

【结语】乾坤未定，你我皆是黑马。战之能胜是好汉，屡败屡战亦是英雄。感谢爸爸妈妈和叔叔阿姨对我组长工作的支持，我们小组一起努力！

五、精准帮扶让临界生出圈

临界生是可上可下的那部分学生，把临界生抓上去，一个班级的成绩就上一个档次了。我班的临界生怎么抓呢？

1. 精准确定目标人群

我校一个年级12个班级，490名学生，我们班41人。期中考试前100名没有达到平均数（8~9人），200—300名人数较少，都排到300名以后了，说明中等生成绩偏低了。按照我们班级的目标情况，理想人数如表8第三栏所示。

表8　不同名次段内的理想人数

名次段	1—100	101—200	201—300	301—400	401—450
期中考试	7	13	5	14	2
理想状态	12	10	10	8	1
临界生	5		5		

根据学校以往成绩，考上重点高中约100名，考上优秀高中约300名。我的理想目标是班级里有12人进入重点高中，那么，靠近前100名、曾经进入过这个水平或将近达到这个层面的5人，就是我们重点高中的临界生。同理，靠近300名的5名学生，就是优秀高中临界生。

2. 重点关注精准帮扶

（1）与任课教师一起开"包班会"，分析每个临界生的情况。与任课教师一起开会的原因，是提醒大家一个事实——孩子是靠总分上去的，不是靠一门学科成绩上去的，我们要协同作战。

（2）瞄准学生个人弱势学科和导师结对帮扶。陈同学英语58分，有些偏科，英语老师就是他的专职导师。一般每个任课老师不超过4个学生，一个学生最多找两名导师。

（3）和家长一起给孩子寻找资源，缺什么补什么。最简单省钱的方法，就是家长买一个小黑板，孩子在家讲题，这个方法提升很快。除了给孩子资源，我们还教孩子减少失误的方法，比如——"回看一眼，一秒止损"。

这是我发明的做题反思法，教会学生不要一直埋头做题，要学会自我反思：回看一眼，看单位和物理量是否匹配；回看一眼，看所答是否和所问对应；回看一眼，看结果是否和事实相符合；回看一眼，看填涂卡是否写错了位置。

学生按照这样的方法做了，成绩也就慢慢进步了。临界生抓上来了，孩子从学习中找到了自我效能感，其学习劲头会越来越大，从成功就走向了成功，因此我常常说，成功才是成功之母。

六、让孩子成功一次

我们班有一个孩子，同学们都叫他祥哥。之所以叫祥哥，是因为他是有"江湖地位"的。

他从小学到初中，从不交作业。考试时他可以手不拿笔，默默地看着试卷两个小时不写字；在语文试卷上都是选择题的情况下，只考了17分。他的卷面上除了名字，其余没有一个字。语文老师简直要哭。

但是祥哥还是祥哥，依然不为所动。我们进行家访，他爸妈只跟我讲了一句话："徐老师，算了吧，这个孩子就是这样的，你也不要着急，他在你们班跟着就行。"家里也拿他没办法，父母都已经放弃他了。

他不搭理老师，也不搭理家长，但是搭理同学。祥哥在同学中人缘还不错，很多同学喜欢跟他玩。能不能让同伴帮助他成功一次，带动他进步呢？

因为我知道,成功是一种很让人成瘾的东西,好多人不上进,是因为从来没有看见过生活中的好。一旦体验到了好生活,他还会沉溺在劣质生活中不动吗?

于是,我发动成绩比祥哥略好的杜一航去帮他。杜一航一听,挺高兴,于是马上行动。祥哥的作业没订正,杜一航下课之后就坐在祥哥身边,把自己会做的题教祥哥一遍,然后擦掉,让翔哥再写一遍。放学时,杜一航跑过来说:"徐老师你看,祥哥订正作业非常专业啊!"杜一航很兴奋,祥哥居然有些害羞。我觉得这事儿有谱。

我任命杜一航为我的"老四"——第四任科学课代表,专职做一件事情——专门啃翔哥这一个"硬骨头"。此后杜一航就成了祥哥的督促者、指导者。师傅不能够太强,太强了徒弟会没有成功感,会绝望。杜一航做祥哥的师傅,稍不注意,还可能被超越。结果,他们俩越来越好,期中考试中杜一航的科学成绩进步了20分,祥哥从40多分进步到及格分数。

每个人都需要成就感支撑,当每个学生在班级能够有成就感的时候,班主任在家长眼中,就是一个会来事、能成事的人。

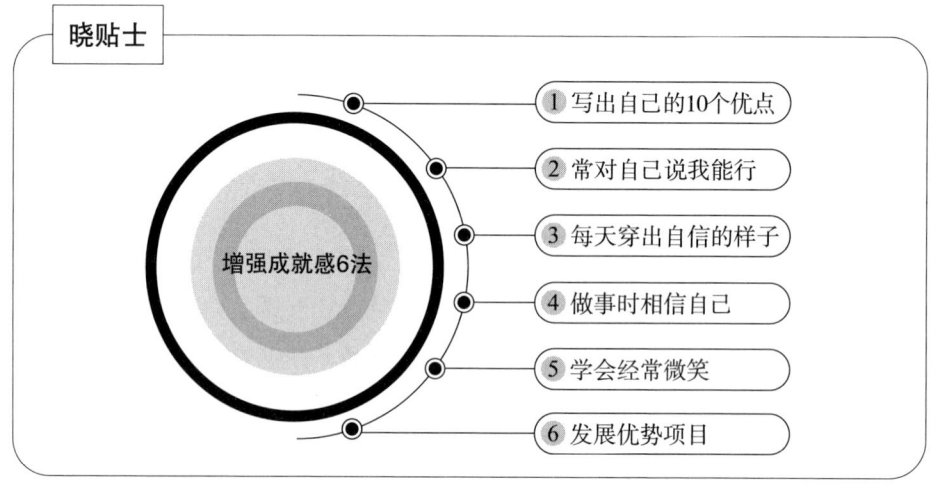

晓贴士

增强成就感6法

1. 写出自己的10个优点
2. 常对自己说我能行
3. 每天穿出自信的样子
4. 做事时相信自己
5. 学会经常微笑
6. 发展优势项目

七、帮学生捕捉心流体验

学困生并不是讨厌所有的学科，总有一两门学科是他们喜欢的。那么我们要让这样的学生有一两门喜欢的学科或者有自己的兴趣，并且在喜欢的过程中体验学习的快感，我们把这种感觉叫心流，也就是有能量流动。在这个过程中，如果他很享受做这件事情，甚至感受不到时间的流逝，那么这就是心流体验。

杨同学在全校排名 400 多名，文科成绩较差，英语单词几乎都背不出来。但他特别喜欢时事政治，尤其对军事非常感兴趣。他不是不看书，而是只看军事、政治类的书。凡是不考的知识他都有兴趣，为此他的妈妈非常发愁。

"这孩子简直就是瞎搞，不学无术，把时间都花在一些没用的地方。"他妈妈说。

我其实不这么认为，杨同学其实是有亮点的——他的阅读量大，课外知识丰富，他是班里同学中最精通时事政治知识的人。为什么不扬长呢？有一次区里搞文综知识竞赛，我就强烈推荐他去参加，结果他一举拿到了区级二等奖。虽然对学校来说不是一个很理想的奖项，但对学生个人来说，是他自己获得的首次区级奖项。

那一次给了他非常好的心流体验。心流体验的理念就是让孩子从成功走向成功，抓住了火花，我们把它变成火苗，慢慢发扬光大。我鼓励杨同学："你文综成绩都这么好，别的学科一样能学好，对不对？因为你知识面广，善于去整理知识，别的学科成绩也一样能提升起来。"

当然，简单地提要求是没有用的，我们得给孩子工具。工具一是单点突破，我先在课堂上多次关注他，课外对他有个别辅导，慢慢地先从我教的科学开始，把成绩提上来。工具二是抓关键词。他语文答题找不到套路，我就让语文老师教会他读题时抓关键词，学会每个题目读两遍，并用笔圈画出关键词。然后从关键词里提炼出题干，问什么答什么。在接下来的语文测试中，他取得了98分的成绩。这一次杨同学彻底突破了他的弱点，自信心倍增。

从此以后杨同学一发不可收，在初三的时候，他最好的成绩是进步到了年级180名。最后他去了心目中的理想高中。现在，杨同学已经是中国美术学院的学生了。

心流体验能够让孩子心无旁骛地做一件事情，从而增加成长内驱力。希望这个方法能够帮助班主任朋友成就孩子的学业。

晓莉姐说

◆ 以结果为导向来衡量班主任工作，把事情做好、做成功，这是我们有行动力的标志。

◆ 从简单的事情开始，一步一步地走，也能够尽快提升我们的行动力。

◆ 提升成绩，需要精准。"回看一眼，一秒止损"、高分"五步法"可以帮助学生高效提升成绩。

第四节 时间管理：高效工作的10个小技巧

时间是可以统筹安排的，生活是可以策划的，只要有统筹意识，很多资源产生的效益可以更大化。

无论在生活还是工作中，许多人都有这样的困扰：手头需要执行的事不少，但就是一直拖着，不肯动手，表现出一种顽强的情感抗拒。即使开始做了，三分钟热度，没几天又找到一万个理由搁浅下来。还有些人，整天忙忙碌碌，看起来很充实，可是，当夜幕降临，或者他躺在床上梳理一天的生活、工作时，又会感到十分空虚，觉得自己什么都没有做……最后，空虚感、挫败感交织，整个人的心情都受到影响。

行动力不强，很多时候，不是我们能力不行，而是我们的时间管理出了问题。作为一个得力的班主任，我们应该是时间管理上的表率。只有自己把时间管理好了，我们才会收获更多的效率感和幸福感。很难想象，一个整天疲于奔命的人，会有心灵的自由和生活的幸福感。

我给大家分享自己高效管理时间的10个小技巧，希望能够对大家有所裨益。

1. 家务外包

我很认同一句话："烦琐的家务会消磨一个人的理想、激情和才华。"现在的社会分工已经越来越精细，除非我们想把家务当作解放自己脑力劳动的一个载体，否则，如果经济条件允许，有些家务可以外包给专业的人做。

省出时间可以让自己修身、养性、阅读、写作、陪孩子等，让疲倦的身体得以解放，我们的生活、工作品质会提升几个档次。我家半个月一次大扫除、一个月做一次油烟机清洁、半年洗一次窗帘和空调滤网，这些工作我不擅长，也没有时间，就交给钟点工完成。

有人说，这样很费钱，其实还好，我们少买一件衣服，这些钱也就省出来了。关键看自己想过怎样的生活，当然，把做家务当作锻炼的除外。

2. 利用平台

高效利用平台，可以更好地管理时间。生活中，拿买菜而言，在线上平台买菜，只需要手机点几下，菜就会送到家，不用开车去菜场，去了菜场还找不到停车位，乱停车还得交罚单。下班回到家，菜就同步到家了。除了用平台买菜，还可以预约各种服务，如美容、美发、做指甲、专车等，这样的平台服务避免了无谓的等待，我们就高效管理了时间。

工作中，利用钉钉上的办公系统，也可以很方便地处理事务；通过电子邮件、微信群和其他在线协作工具，我可以更有效地与同事、学生和家长沟通。这不仅节省了面对面交流的时间，还让信息传递更加迅速、准确。

3. 做好约定

和家长沟通往往需要大量的时间。有时一天打几个电话就感觉时间都没有了，这时候我们要觉察。我们可以通过约定来提高沟通的效率：预约好约谈时间；提醒家长"说重点"。

比如，我们可以这样说："××妈妈，您好！我们有 20 分钟的谈话时间，后面我还有一节课要去上。请您说重点，看看我能给您做些什么。"如果时间到了，我们就要及时停下来，约定下次再谈。或者要长话短说，如果没有聊完，那么可以借助于后面的电话、短信等方式补充。

自己没有时间概念，就会陷入忙乱中，不能平衡工作和生活，也难以陪伴好家人。

4. 任务清单

任务清单可以包括各种形式，如纸质笔记本、电子表格，或者是手机应用等。关键是找到一种适合自己的方式，让任务清单成为提高行动力的有效工具。通过任务清单，我们可以一目了然地看到所有需要完成的工作，避免漏掉重要任务，提高工作效率。

将任务列出来，有助于将大的任务拆分成小任务，让我们更容易应对。每天扫描一下任务清单让我们能够更好地判断任务的优先级，合理安排时间，提高工作质量。此外，在完成任务时，将其从清单上划去，会带来成就感，减轻工作压力。

我常用的任务清单有如下这几种。

（1）每日任务清单。我会在每天早晨制定一份当日的任务清单，包括需要完成的教学工作、班级管理事务、与家长和同事沟通等。这样，我可以清晰地了解当天需要完成的任务，并有针对性地安排时间，确保工作的顺利进行。

（2）周计划清单。这份清单包括本周需要完成的教学内容、班级活动、家长会议等。周计划清单主要是提前预测可能遇到的问题，并提前做好准备。

（3）重要时间节点与长期目标清单，如期中考试、期末考试、运动会等。这样，我可以确保自己在关键时刻准备充分，为学生提供更好的支持。

（4）个人成长与提升清单。例如，参加培训、学习新的教育理念、提高自己的专业素养等。这样，我可以确保自己在忙碌的工作中不忘个人成长，不断提升自己的能力。

5. 番茄闹钟

番茄工作法是一种高效的时间管理方法，由弗朗西斯科·西里洛（Francesco Cirillo）提出。它将工作时间划分为25分钟的专注时间段（称为"番茄时间"）和5分钟的休息时间段。每完成四个番茄时间，就进行一次长休息，时长为15~30分钟。这种方法旨在提高专注度、降低疲劳，从而提高工作效率。

通过设定番茄时间，我们将注意力集中在一个任务上，而不是同时处理多个任务。这有助于提高专注力，从而提高工作效率；通过规律的短暂休息，我们能在工作过程中保持充沛的精力，避免疲劳。每完成一个番茄时间内的任务，就会产生成就感，增强自我激励、提高行动力的效果。番茄工作法无须特殊工具，仅需一个计时器就可实施。

如何运用番茄工作法备课？

【任务分解】

将备课任务分解成六个子任务，即：研读教材、研究学生、查找资料、设计课堂活动、制作课件、设计作业。

【设定番茄闹钟】

研读教材：研读教材，对比新旧课标的差异，把握教学重难点，25分钟。

研究学生：根据班上学生对本节课学习内容的基础情况，分析难点所在及突破办法，25分钟。

查找资料：包括上网搜索、翻阅资料，限时 25 分钟，因为上网易增加新的关注点。

设计课堂活动：这个注意力会集中，25 分钟足够。

制作课件：在原有课件上修改，25 分钟足够；新课件，侧重核心内容，25 分钟也行。

设计作业：25 分钟足够。

我用手机设定一个 25 分钟的倒计时。当倒计时开始时，我会全身心投入任务中，直到闹钟响起。这样可以确保我在每个番茄时间里保持高度专注。

【休息与奖励】

完成一个番茄时间后，我会给自己 5 分钟的短暂休息。在这段时间内，我可以进行伸展运动、喝水、看看窗外等，让大脑得到恢复。这样的休息对于保持工作效率和避免疲劳至关重要。而当我连续完成四个番茄时间后，我会给自己一个更长的休息时间，如 15~30 分钟，作为对自己的奖励。

【记录与反思】

本次任务完成后感觉比较轻松，我以为自己坚持不住，结果发现完成任务并没有想象中的那么难。需要改进的是制作新课件的时间太短，下一步需要调整。

6. 统筹安排

时间可以被统筹安排，比如我每天遛狗，早晚需要一次。在遛狗的同时，我可以适当锻炼，还可以戴上耳机听电子书，很多心理学的课程都是我在遛狗时完成的。

一边遛狗，一边慢跑，一边听歌或听课程，是不是很享受？聚少成多，在这一年的遛狗时光里，我听了 10 本电子书，收获很大。

我深信一点：时间是可以统筹安排的，生活是可以策划设计的，只要有统筹意识，可以将很多资源的效益更大化。

7. 立刻去做

一个人不去做一件事，是因为"懒"吗？不完全是。很多时候，我们是因为想得太多，在心理层面预设了事情的艰巨性，又顾及他者的眼光和评价，担心结局不尽如人意……行动尚未展开，思虑已经折损了大半元气。这也是书生造反、十年不成的原因——想多了。

光瞄准不射击，肯定没有办法直达靶心。怎么办？从具体的、能完成的小事开始，一点点来。任何庞大复杂的事，我们都可以通过把它拆解成小单元、小模块、小碎片的方式来逐步完成。完成这些你会有发自内心的轻松感、胜任感，继而，会生起"再解锁一件"的念头。

我建议，如果一件事情可以在 5 分钟内完成，那就马上去做，不要拖延。人在事上磨，只有做事，才能真正摆脱焦虑。不论是什么工作，先做起来，再追求完美。

8. 工作前置

"工作前置"，又叫作"预防性工作"，这是提升行动力的好办法。

篮球赛马上要开始了，班级有哪些工作需要前置呢？

第一，安全教育。要教育孩子们注意安全，特别是戴眼镜打篮球的同学，要尽量避免碰撞。建议戴运动型眼镜，防止玻璃破碎扎伤眼睛。要注意保护自己，避免身体出现剧烈的冲撞。

第二，文明教育。文明观赛，不说脏话，不讽刺挖苦。不说引起矛盾的话，在打球时也要尊重裁判，言行文明。

第三，风格教育。友谊第一，比赛第二。如果我们班级赢了，就说"运气好"；我们输了，真诚地说"谢谢赐教"。对待别人班级挑衅或者说难听的话，当作没有听见。我们赢球了，别人难免难受，就让他们发泄几句吧，不听就无所谓了。我还对几个容易冲动的男生进行了玩笑式警告：如果有人

"惹事"，弄出大的矛盾、引起打架什么的，我就把他一个人送到对方班级，让别人"群殴"他。谁让他不听劝呢？

当然，技术教育也是不可少的一环。这样，又是教育，又是警告，同时还教方法，篮球赛后我们的班级什么矛盾都没有发生，获得了一等奖的同时，还收获了文明班级的评价。

凡事预则立，不预则废。前置性工作就是"预"的过程，"预"能够避免意外的事情发生，减少麻烦。

9. 会做减法

精简不必要的任务、活动或责任，将精力集中在最重要的目标上，这是提升行动力的重要窍门。事情多，压力就大，心情就会受到影响，思路也打不开。做减法有助于班主任找到更多的时间投入自身的学习与成长，提升自己的专业素养。

在班级管理中如何做减法？

（1）鼓励学生干部积极参与班级管理，将一些日常事务分配给他们。

（2）培养工作管理员。在早读、晚读、午休、跑操、做眼保健操、带队、值日等事项上都设置学生管理员，把班级事务分担给同学们，班主任就不用事事亲力亲为、时时在线在场。

（3）多设课代表。我的学科有4名课代表，各自有不同的分工：一位负责检查上交作业情况及登记，一位负责整理加减分和评价记录，一位负责收发，还有一位课代表特别擅长"盯困难户"。不肯写作业、家里又不管的学生，交给"盯代表"，"盯代表"能够全部盯到位。

（4）只做关键任务。例如，对于抓班级午休，我就一直盯一件事情——养成午休好习惯。午休习惯好，纪律问题便迎刃而解。

做减法三问：非我不可吗？非做不可吗？能否代替？只有非我不可、一定要做、不能代替的，我才做。

10. 利用碎片时间

作为成人，不要幻想着有大块的时间可供挥霍和学习。我们每天很多的时间都处于碎片状态。利用好了这些碎片时间，也可以做很多事情。

如何进行碎片化时间管理？

首先，审视自己的日常工作和生活，发现那些可以利用的碎片化时间。例如，课间休息、午休时间、通勤时间等。找到这些时间段后，我会思考如何将它们用于完成有意义的任务。

其次，制定碎片化任务清单。将适合在碎片化时间完成的任务（如回复电子邮件、给家长打电话、查阅教育资讯等）整理在一张清单上。在零散的时间里，我会根据实际情况，选择合适的任务（如阅读教育类文章、观看教学视频或参加在线研讨会）进行处理。这样的学习方式不仅让我充实自己的知识储备，还能让我在繁忙的工作中找到成长的机会。

再次，养成习惯。当我们习惯用零碎的时间做点事情，很多好处就会随之而来。

最后，不断反思与调整。定期对自己的时间使用情况进行反思，分析哪些时间段利用得好，哪些时间安排需要改进。根据反思结果，我会调整自己的时间管理策略，以实现更高效的碎片化时间管理。

晓莉姐说

◆ 关键在于行动，一个行动胜过一打纲领。

◆ 别着急，我们可以从小事做起，从微行动做起，这样信心和兴趣就会慢慢建立。

第五节　学习提升：自我赋能，迭代成长

只要不断重复更新，几十、上百、上千次做同样一件事，我们就可能进入大师级别了。

梁实秋在《中年》一文中写道："如果说人生如花，那么20岁如热情的玫瑰，30岁如高贵的牡丹，40岁则像淡雅的兰花，那是一种诗意的从容：花开无语，芳华烁烁；花落无言，余香阵阵。"无论是人生的上半场还是下半场，都值得被期待。无论是第几个20岁，都要保持热爱之心，不断学习，善待自己、完善自己。

知识需要更新，以往的经验有时不能解决当下的问题。长江后浪推前浪，不学习的前浪就会被后浪"拍死"在沙滩上。有人说，时代抛弃你，连招呼都不会打。所以，成长是一辈子的事情，任何时候都来得及。老的不是年龄，而是你的心态。现在就是最好的时间，想到了，就要马上去做。

你的自信来自你的智慧，你的行动来自你的认知，保持热爱才是年轻的原因。行动力是一个不断成长的过程，我们要学会不断地修炼自己，自我赋能，迭代成长。

一、成长是一辈子的事情

1. 从进入到浸入：找到理想，植入土壤

我当班主任有26年，其中前20年一直在靠经验工作。不说志得意满，也算顺风顺水。前二十年我的工作态度是——我是一块砖，哪里需要哪里搬。没有中断一年，领导说接管哪个年级，我就去哪个年级，接什么班都由领导说了算。

我"进入"班主任工作领域的时间较长，但是我真的"浸入"了吗？我

没有想过。2014 年，我获得了"滨江区首届优秀人民教师"称号，我对自己的工作状态还非常满意。直到 2019 年，当我成为杭州市名班主任工作室的领衔人之后，工作由做好自己转变为带领大家做好时，我发现，仅仅"进入"是不够的。我还得"浸入"——得研究、梳理、学习，得努力提升自己，从直觉型、经验型班主任向思考型、领导型班主任转变。

这一年，我加入了韩似萍老师的青春期教育研究团队。自此，我正式进入了德育研究的圈子，有了专业研究家庭教育和青春期教育的导师，有了一群志同道合的小伙伴，也有了自己的团队。

第二年，我报名参加了区首届中坚班主任的评比。要在很多班主任里面选拔 10 名优秀的班主任，现场演讲、现场答辩，压力还有些大。我记得我最后一个发言，我把我的思考浓缩整理成 10 分钟的内容，激情满满的我自信笃定：我足够认真，可以把稿子背下来；我真实热爱，坚持做了 20 多年。我要好好地展示我的热爱和思考！那次发言，我顺理成章地拿了高分，评上了区级中坚班主任，也是我校第一个获此荣誉的人。

此后，我的工作思路越来越清晰，原来耗时很久才能够做到的事情，现在几分钟就能够想清楚里面的奥妙。

从"进入"到"浸入"，我用了两三年的时间转变。这个转变让我深有体会：一个人无论在哪个年龄都不要自我设限。梁启超说，人生四十岁才开始，我们要怀抱理想，向上成长，这样，我们的行动力才越来越强。当我把自己的理想埋于肥沃的研究性土壤时，我相信生命会有新的力量！

2. 从心动到行动：努力攀爬，生根发芽

成长的机会要主动去"抢"。

第一次培训，导师给我们布置了参加第二届全国陶行知研究会青春期教育课堂教学比赛的任务，我们需要先报名，再选拔，最后参加全国比赛。

问题来了：我不知道怎样教青春期课程啊！没有教过，完全没"套路"。怎么办？最好的办法，就是先观摩学习。导师和小伙伴们商量，试讲放在哪个学校比较好呢？我马上抢着说：放在我们学校，我们学校大，班级多，我可以帮忙安排教师试讲。

事实证明，抢来的机会让我和我们学校收获很多：学习了20多节参加选拔的课，收罗了一些好课件，最惊喜的是我也拿到了去上比赛课的机会。我的课题是"迎接姗姗而来的朋友"，这个"诗意"的名字还是导师给我起的——她总有办法一语中的，特别擅长拟出美妙的课题。她取题目的思维给我很好的启迪。虽然只拿了全国二等奖，但是我知道了青春期课程和常规班会课的异同点，还学到了如何设置问题，如何用一个案例贯穿于整节课，如何利用3W[①]模型解决问题。最重要的是，我成了杭州市青春期教育首批领衔人。

有一就有二，第二年我又报名参加了青春期教育全国课程教学比赛。这次课题的主题是"春风十里我和你"，是关于青春期性保护的内容，讲解青春期异性交往的三道防线——学会交往、学会拒绝、学会性保护，在这次比赛中，我的课最终获得了全国青春期课程展示一等奖。

努力攀爬，理想的种子最终会生根发芽。2021年，我成了全国青春期教育首批工作室领衔人，我终于有了一些属于自己的思考，发表了一些论文，有了省级、市级的课题，我的工作室也被评为优秀工作室。

3. 从外力到内力：调整认知，不断挑战

鸡蛋从外打破只能成为食物，从内部打破才能有生命。真正具有强大行动力的人具有强劲的内驱力。要想在专业发展上有更高的成就，我们还需要不断突破自己的瓶颈，调整现有认知，不断挑战更大的难题。

2020年，我有幸进入了区首届卓越教师培训班。这个班的16名同学都是区非常优秀的人才，很多教师已经发表了多篇论文，大部分都有省级荣誉，如省级教坛新秀奖、省春蚕奖获得者。我只是一个一线班主任，我进去后明

---

① 是"what"（是什么）、"why"（为什么）和"how"（怎么办）的简称。

显感觉底气不足，自愧不如。我暗暗下定决心：我也要努力，我也要发表科研文章。

在这种力量的驱使下，我从写案例评析开始思考，向专家请教，一篇文章至少修改了五六次。终于，我的专业文章在各级媒体上发表，而且，我第一年就发表了8篇。2021年5月，因为文章专业，我成了《班主任之友》的封面人物；第二年，我又成了《班主任》杂志的封面人物，同年4月，我还在《人民教育》上发表了文章。

我不仅挑战写作，还接受了电视台的访谈，参加了《学习强国》的微课录制，参加了省教育厅主持的班会课的教材编写，多次主动开设班会课，也多次给教师做培训……忙碌而充实，我觉得自己走上了一条不断攀升的路，走这条路虽辛苦，但是沿途风景美好，我笃定前行。

有教师问，一线班主任哪有时间做那么多事情啊？我淡淡一笑：时间真的是挤出来的。我有了专业写作的想法之后，给自己下死命令：今天文章不写完不回家。下班后我会到咖啡馆，点上一杯咖啡和点心，从晚上6点一口气写到晚上10点。第二天继续修改，然后放几天再思考，再修改，直到我觉得很满意后，我再去请教专家们。渐渐地，我越做越顺。

我对自己的评价，是做什么都靠谱。我每确定一个选题，不思考半月以上不罢休。我思考的那段时间，满脑子都是相关事件、人物和素材。

二、学习是自我进化的钥匙

26年的"老班主任"，看起来身份没有变，可是我的"系统"一直在更新迭代。自我进化的钥匙，就是一直保持专业学习。

1. 广读班主任专业领域资讯

我对班主任专业领域知识的学习源于下面几个途径。

（1）研读当下出版的一些热门书籍。如魏书生老师的《班主任工作漫谈》、李镇西老师的《做最好的老师》、郑学志老师的《做一个会"偷懒"的班主任》等。读这些图书的好处是什么呢？站在别人的肩膀上成长，他们走过的路、做过的事情，我们正在经历，他山之石可以攻玉。

（2）研读热门的教育杂志。如《班主任》《新班主任》《班主任之友》《中小学班主任》《中小学德育》等。为什么要读杂志呢？因为杂志更新快，杂志上的观点是新的，即使杂志上有些教师分享的做法不完美，但是其中发生的事情都是当下的，可以用来借鉴。

值得注意的是，有一类文章我们要学会辨析。这些文章是假的，把一些企业管理的做法套用在班级管理上，闭门造车，它们是没有意义的。怎么区别？看细节。细节不真实，落实不下去，不管有什么名号，是班主任专业发展第几人，参考意义都不大。

（3）主动阅读班主任工作者的相关文章。我有一个观点，不知道有没有价值。那就是现在是资讯泛滥的时代，一个人可以获得的资源太丰富了，只要这个人想学习。很多班主任名家都有微信公众号、视频号，他们分享的一些做法，其实是值得参考的。

2. 研读教育类综合刊物

班主任专业学习要触类旁通，不能自我设限，把自己封闭在班主任工作领域一个狭小的天地里。《人民教育》《中国教育报》《中国教师报》等综合性刊物很值得阅读。

综合性刊物的好处就是，一本杂志或者报纸在手，你可以获得多方面的资讯。

还有一类刊物——教育文摘刊物，我也把它当作综合性教育刊物，如《教师博览》《教师》等。各省的一些刊物也不错。在地方刊物中，《福建教育》《湖南教育》《湖北教育》等都不错，文章彰显的视野比较开阔。

我习惯于先看封面，再看目录，遇到好文章，就剪贴下来，自己专门收藏。

3. 深研教育类理论书籍

下面将我学习过的教育理论分享给大家。

（1）教育心理学理论。例如，马斯洛的需求层次理论可以帮助班主任更好地关注学生的需求，从而提高学习积极性和学习效果；青春期原理帮助我们了解学生的身心发展规律，从而更好地理解学生的需求，提供不同的赛道让学生找到价值感。

我建议大家看《发展心理学》《教育心理学》等书。近期我也很喜欢看《被讨厌的勇气》，这本书里的很多观点可能会颠覆我们以前的认知，比如：愤怒是一种目的，而不是原因；人选择愤怒，也可以不选择。这个观点让我们明白，人可以控制自己的情绪，生气是因为我们需要用生气达到自己的目的。

（2）教育管理学理论。教育管理学为初中班主任提供了一套系统的教育管理方法和原则，包括课程设计、教学组织、评价与反馈等方面。通过运用这些理论，班主任可以更好地组织和管理班级，提高工作效率。这个理论的相关著作，如施良方的《学习论》。

（3）情境领导理论。情境领导理论强调领导者需要根据不同情境采取不同的领导方式。初中班主任可以运用这一理论，根据学生的个性、能力和需求，采用不同的教育方法和管理策略，提高教育效果。

（4）皮亚杰的认知发展阶段理论。皮亚杰将人的认知发展分为感觉运动阶段、前运算阶段、具体运算阶段和形式运算阶段。根据这一理论，我们需要设计符合学生发展阶段的教育活动，提高教学质量。

此外，还有行为管理理论、多元智能理论等。

三、实践是最重要的进阶途径

一个人要提升行动力，除了需要学习、研究，最重要的还是实践。我结合自身作为母亲的经历，介绍几点关于提升家庭教育实践能力的一些感悟和体会。

1. 做好母性的不同时期"角色定位"

母亲和母性是不同的，母性更偏向于是一个家庭性别的心理定位。母性有三个不同的阶段：

小学阶段，是以接纳为核心的情绪容纳者角色；

初中阶段，是以深度交流为核心的思想引导者角色；

高中阶段，是以自身示范为核心的给予空间和希望的角色。

作为一名母亲，一个孩子的妈妈，我想对其他女教师说：你们自己是好的，你们的孩子才会是好的。这三个阶段，妈妈们需要不断进行自我觉察、修炼，随着孩子的长大，妈妈的修炼也要到位。

2. 小学阶段适度放手

主要方法是尽早放手、抓大放小、温柔而坚定。不随意发脾气，不要过多地否定孩子，不要什么都管，嘴巴一天到晚都在孩子身上。我们看到过太多优秀的孩子，一比较，就容易对自己的孩子提出更高、更多的要求；孩子达不到，我们就会焦虑、生气甚至情绪失控。这样不利于孩子的个性发展。家长一边包办，一边埋怨孩子的能力差，久而久之，孩子容易脾气暴躁且能力弱。

我的孩子喜欢运动，10岁时喜欢买好看的运动鞋。我建议他买深色的鞋子，不显脏。结果孩子非要买白色的鞋子，说白色好看，还放出狠话：我就要买白色，大不了我自己洗！

我一听，马上就同意了。有什么关系呢？反正不要我洗，反正洗坏了也是他自己负责。最终，他买了一双自己喜欢的白色板鞋。接下来，孩子经常坐在小凳子上认真洗鞋子，有时一口气洗好几双攒下来的臭烘烘的球鞋。这一洗，就是十几年。

我的放手，把孩子培养得能干。他常常这样评价我："我妈妈很笨，什么事都不会干，她根本帮不了我的忙！"每次我都笑眯眯地回答："你这么能干，要不要感谢妈妈不管之恩？"

3. 初中阶段做好"分离"

家长一定要学一些心理学知识，而且要在实践中运用。

我家孩子 15 岁的时候，有女生对他示好，问他愿不愿意做她的"男朋友"。孩子这样回答："谢谢你，我不想做什么人的男朋友，我希望和你们是好朋友。如果你要找男朋友，我的哥们儿张锋（化名）很喜欢你。"你看，拒绝明确还不失礼貌，而且还给人家找了"备胎"。这情商，我偷偷给打了高分。

初中阶段，我们要在心理上学会分离，但是一些父母不明白，对孩子严格控制，结果出了问题。学会分离的父母，亲子关系才会好。

初中时，孩子没有手机，他和女生聊天都是用我的手机 QQ 登录。一次他忘记退出来，聊天内容就"社死"在我面前。我没有质问，也绝不开口提，"什么都没有看见"，怕孩子难为情。过了很久，孩子自己憋不住，主动说了这件事。我就装作第一次听到，对孩子表示了理解和肯定，并和孩子就青春期的情感问题进行了很深入的沟通。自那以后，孩子遇到情感问题从不避开我们，他觉得安全，我们的亲子沟通一直都很畅通。

4. 高中以后做好榜样

我观察到，很多高中厌学孩子的家庭，父母往往在情绪容纳、思想引领方面做得很差，孩子和妈妈容易形成对抗的关系，根本无法完成高中阶段该完成的角色任务。

从高中阶段开始，妈妈要用示范的方式，传递给孩子更多的信任。一方面给予孩子思想、要求、行为甚至恋爱方面更多的自由空间，在心理方面对孩子放手；另一方面，妈妈的注意力要转向自身，要关注自身的生命状态是消耗性的还是建设性的，向孩子示范的是一种好的生活状态还是糟糕的生活状态。

孩子看着父母的背影长大，在家里，更多的是根据母亲的行为感知家庭。我们自己需要做出更多的改变。妈妈成长了，才能给孩子输送更多的精神食粮和力量。妈妈不学习，其精神成长是停滞的，学习就成了孩子满足自己的精神需求的唯一途径。母亲不能给孩子输入更多、更丰富的精神养分，对孩子的未来也会造成一定的影响。

在我们家，每次孩子回家，父母都在书房看书、工作，家里的电视几乎不看。孩子受到熏陶，慢慢地也开始看我嘴里常提及的"好有意思"的书。今年，儿子从悉尼大学研究生毕业，我们的交流话题随着孩子的成长也会发生变化。无论怎样变化，我们约定：彼此做好课题分离[①]，彼此相互祝福；各自美好，各自成长为更好的自己。

> **晓莉姐说**
>
> ◆ 理念和技术是班主任工作的"底层思维"。班主任需自身带光，拥有强大的心理能量，相信"向上的力量"，投身其中，并笃定坚持。
> ◆ 输入和输出是班主任工作的"成长思维"。向优秀的同行学习，从书本中学习，提升自己的输出能力。

晓贴士

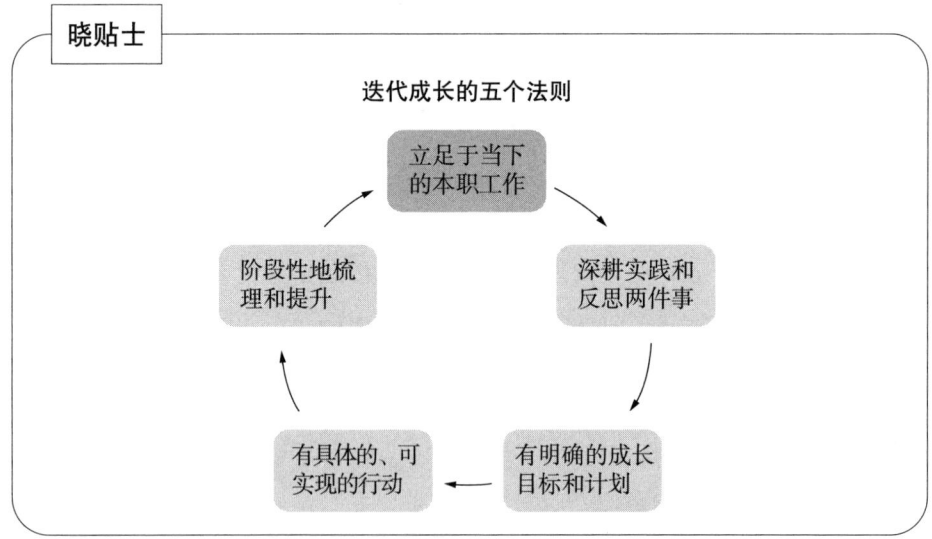

迭代成长的五个法则

---

① "课题分离"，心理学专用词语，指的是在人际交往中，关注自己的课题，不干涉别人的课题。

第六章　做有沟通力的班主任
——沟通让教育更美好

沟通的品质决定了做人、做事和生活的品质。好的沟通能够让你一帆风顺、生活幸福，不良的沟通像一把剑，伤人又伤己。

在任何一个组织里，所有的决策和共识，都是透过沟通来达成的。

沟通是管理工作的灵魂，是提高工作效率，实现共同目标，满足各种需要的重要工具。

沟通有三要素——目标、情感、信息，任何一次高效沟通，无不是在巧妙地传递情感、精准传递信息、高效达成目标。

沟通有特殊的底层逻辑。管理工作中70%的错误是不善于沟通造成的，而成功的管理人士通常会将90%以上的工作时间用于内部之间的良性沟通。

沟通是有技巧的。"上下同欲，士可为之死，为之生。"只有沟通才能创造如此和谐的境界，从而赢得人心，振奋力量，创造出一片事业蓝天。

第一节　沟通逻辑：充分了解，主动共情

班主任是情绪工作者，让大家的情绪平顺，才能让沟通之路畅通无阻，工作事半功倍。

班主任的沟通力真是一门值得好好研究的学问。沟通的好坏确实关系着教育成败。

沟通有三要素：情感、信息、目的。情感排第一，是因为沟通不只是语

言交流，还包括面部表情、身体语言等非语言交流方式。这些方式中传递的不仅仅是信息，还有情绪和情感。在沟通过程中调控情绪至关重要，是实现其他两个要素的基础。

具有良好沟通力的班主任，会通过调控情绪营造一个良好的沟通氛围。

一、沟通中的底层逻辑

1. 把握自己的底层逻辑

沟通是有底层逻辑的。任何一次高效沟通，都潜藏着沟通行为发出者的三个心理需求（或目的）。

第一，我想通过这次沟通解决什么问题？比如，学生学习态度不好、学习品质不佳、学习效果不理想。

第二，我想通过这次沟通达成什么共识？家长和学生要引起重视，我们一起来解决这些问题。

第三，是否能够通过沟通让彼此的关系更进一步？比如，消除了误会、澄清了事实、给予了帮助等，让关系更紧密，更信任彼此。

为了促进这三大目的的达成，一个基本的指导思想就是："基于共同的目标，用坦诚开放的态度，更能够达成高效沟通的目的。"意思是，不管双方的分歧有多大，我们都能够找到彼此共同的目标。

比如，出现个人意见分歧，可以谈"我们是××团队的一分子"的团队目标；针对部门分歧，可以谈"我们都是××一家人"的部门目标；针对夫妻分歧，可以谈"执子之手与子偕老"的家庭目标……

不能够统一思想，那么，我们就达成共同目标吧，这比改变思想更容易。

2. 理解他人的底层逻辑

一般来说，理解他人、高效沟通的底层逻辑主要体现在这三个方面。

第一，没有人喜欢被改变。我们都知道，每个人脑中既有的看法、想法，已然存在的观念或立场，都是无数他过去生活经验当中的偏好与选择的结果。

他选择了相信他现在脑子里相信的事情，他选择了他现在脑子里的理念、立场、价值观。如果谁要改变他这一点，他就视为受到挑战。所以，我们不要轻易改变别人的观念或想法，除非他自己想改变。

第二，没有人喜欢不知情。没有人愿意被蒙在鼓里，知情能够带来安全感，我们要想有效地说服一个人，告诉他人理由，知情往往是最简单的说服方式。因为，他需要知情。

第三，所有人都希望有退路。本节开头中，两个孩子走了极端，是因为我们与家长沟通的时候，把人家的退路给断了。好的沟通，一般都会给别人留下退路，留有退路的沟通，别人会觉得你为他着想。

3. 知晓学生的底层逻辑

知晓青春期孩子也有三个底层逻辑。

第一，青春期孩子需要通过各种冲突、搞怪行为来探索自己与世界的关系，寻找和组装对自我真实的认知，从而建立真实的自我。

第二，如果家长和教师的接纳度高，孩子的内在自我就会顺利发展壮大；如果不被接纳，其自我就会变得单薄甚至破碎。

第三，自我越强大，就越有力量、越有灵活度和创造性去面对学业的困难和暂时的挫败。反之，自我越单薄，就越无力，越无助，很容易陷入习得性无助的陷阱。答案是显而易见的，孩子在青春期的时候，教师和家长需要对孩子的各种探索行为有高度的接纳性。

底层逻辑一般都是人最本质的需求，掌握沟通中的几个底层逻辑，我们的沟通会更有说服力。

二、好的沟通者都有情绪风险意识

我想和大家重提两件网上旧闻。

事件1：2019年4月，因为和妈妈在车内吵架，上海17岁男孩一怒之下打开车门，跳下高架桥当场身亡……

事件2：2020年9月，湖北省武汉市江夏区初三男生张同学被母亲扇耳光后跳楼身亡。

这是网上的两个典型事件，在网上传播都很广。这两起事件的背后，都有家长因为孩子在学校表现不好而被老师约谈的背景。

不少教师喜欢约谈家长，而在我看来，约谈家长是一件需要谨慎考虑的事情。本意是为了请家长帮忙配合教育，但是如果家长没处理好情绪，最后的结果也许会违背教育的初衷。

一个好的沟通者，或者说一个具有良好沟通力的班主任，本身就是一个善于掌控自己的情绪和他人情绪的人。"如沐春风"，从某种层面上说，就是好的沟通者给人带来的感觉。因此，教师在和学生、家长沟通时，要有情绪风险意识，敏锐地感知家长和学生的需求，不要因为沟通不畅而给教育带来风险。

在这一点上我们必须要有一个意识——影响家长的情绪比影响孩子的情绪更重要，因为在家庭关系中，孩子毕竟属于从属地位，家长是主导者。家长与教师如何指导孩子的成长，如何教育孩子，尤其是出现成长问题的孩子，需要教育智慧与教育艺术。起码不能把孩子逼到墙角，那样做往往会导致灾难性的后果。一次次撕破孩子的脸皮，不留一点尊严，也容易造成不可挽回的损失。

因此，我们要善于感知家长情绪背后的需求。当家长情绪失控时，原因可能是这几点。

1. 发泄自己的不满

多年的班主任经验告诉我，如果是因为孩子犯了错误被叫去学校，有些家长很难理性控制自己的情绪。一些家长羞辱难当，又气愤又难受，就很容易失控。这些失控的原因，一般是向孩子表达失望和不满，潜台词是"你让我很失望，我已经很愤怒了……"

2. 对学校或老师表达不满

有时候，家长对教师动不动喊自己来学校的行为很不满，碍于面子，或怕教师给孩子"穿小鞋"，就把气撒到孩子身上。请看下面这个案例。

一个小学生的家长被喊到学校。因不方便进学校，家长就在校门口教育孩子。人来人往，孩子的头越来越低，家长的嗓门却越来越高。一名年轻的女教师就站在旁边看。孩子的爸爸越说越生气，一边说："就你爱讲话！你吵着别人了！"一边用手指指着孩子的脑门。女教师也没有制止家长的动作。此时的家长好像用行动表明："你看！我教育了，看你还怎么说！"

看到这个案例的那一瞬间，我为孩子感到担心，也为这样大庭广众之下的教育感到汗颜。这样的打骂一定不是教育，不仅破坏了亲子关系，也破坏了师生关系，孩子只会更恨家长和老师。

3. 对自己的"无力"感到生气

我有一句口头禅："班主任都感到棘手的事情，家长就更难了！"因为我们是老师，有着师道尊严和校纪校规的约束，孩子们对我们客气，在家里就肆无忌惮了。有些家长情绪失控，是因为面对孩子出现的问题感到无力。

还有些家长在事业上受挫、在生活中也不如意，再碰到孩子在学校犯事或者考试成绩不好等，一旦被通知到学校一趟，其失败感就更强了。"孩子不乖"就成了压倒家长的最后一根稻草。

我们和家长是合伙人，每一次不好的沟通都会带来严重的后果，这对教育来说非常不好。所以，我们要时刻树立一个意识——沟通是双刃剑，要注意风险。

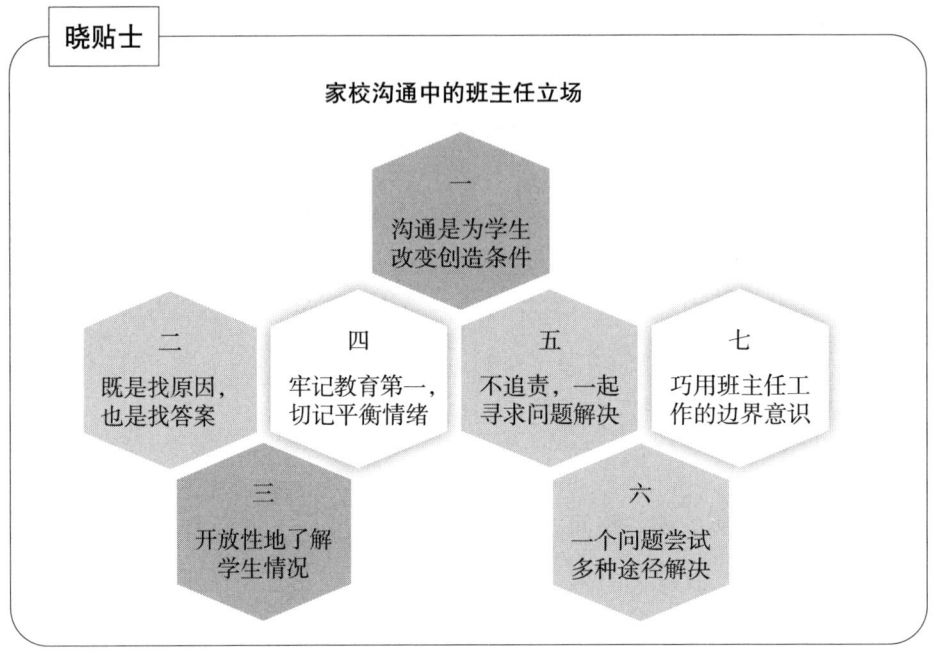

三、沟通中体现我们的专业能力

孩子是成长中的人,怎么可能一点也不犯错?如果是因为作业问题、成绩下滑、小的违纪等,教师可以自己先处理,再与家长电话沟通。喊家长到学校配合教育孩子,一般是因为孩子发生了较大的事情,单凭班主任和学校教育还不能妥善解决等。既然是大问题、大事情,我们就要谨慎,更要体现我们的专业能力。

下面是我班上出现了男生向女生伸出"咸猪手"的情况,我需要找家长沟通时,酝酿的两种不同的话术。

话术1:××妈妈好,××在学校对女生进行性骚扰,摸了女生的身体。我们请您来学校一起处理。

话术2:××妈妈,孩子这段时间在家里有什么异常吗?他一直表现很好的,学习也不错。这段时间我们观察到他在性发育的过程中出现了一些较为明显的困惑。我想邀请您来学校,一起商量一下如何给孩子更多的指导和帮助。您方便来一趟学校吗?

毫无疑问，第二种话术更容易被家长接受，因为它具有这些专业特征。

1. 沟通者语气平静、亲切

第一种语言客观、生硬，容易给人公事公办的感觉，仔细揣摩，还感觉到了教师的不满和愤怒，使用到了"性骚扰""处理"等词语。第二种就温和得多，对孩子成长中的问题定位于困惑，而不是把孩子定性为"问题孩子"，邀请家长的目的是"指导和帮助"。事实证明，第二种语言设计是对的。

和年轻班主任交流的时候，我经常说："我们一定要等自己平静的时候再打电话。"打电话时语气礼貌温和，先表扬孩子做得好的一面，再邀约家长帮助自己，一起给孩子助力，家长一般都容易接受。这叫什么？这就叫专业。

又如，和家长说成绩："××妈妈，您有空吗？我可以和您聊聊您孩子的学习情况吗？前几次测试中，孩子表现还很不错，（××学科）成绩进步很大，近期我发现他的成绩可能有一点下滑，离中考的时间只有3个月了，咱们一起商量一下为孩子助力加油……"家长还会拒绝、愤怒或者无助吗？

2. 把目标聚焦于自己能够做的

什么叫专业？一眼看穿本质，不会被纷繁复杂的表象困扰，眼睛盯紧自己能够做的，不说自己做不到的，这也叫专业。

比如，孩子在学校打扑克，的确需要教育，但是教师不妨和孩子合作，给孩子一次机会，让他感恩老师并用努力学习来回报。等过几天，再通知家长知晓这件事，提醒家长在家也关注孩子的表现。

请注意这个案例的表达——"合作""机会"，这是我们教师能够给予的，等过几天再提醒，这就是我们教师能够做的。聚焦目标做自己能够做的事情，成功率就会因此而提高。

3. 关注沟通细节的作用

家长来学校和教师沟通，一定要有一个安静、安全的空间，做到尊重孩子的隐私。这是我们要注意的细节。人都是有自尊心的，我们给予家长理解和尊重，需要从小事着手：一间安静的房间，一把凳子，一杯水，就给了家长安定情绪的好空间；然后轻言细语，先抑后扬，家长也就会慢慢冷静下来，和孩子一起来打败问题，而不是和问题一起打败孩子。

4. 不随意给孩子贴标签

孩子收到了情书，或者玩手机，我们不要说："孩子谈恋爱了！"或者说："孩子这么不自控，贪玩！"……随意贴上的标签，既让孩子失望，也会让家长更加焦虑和生气，不利于有效沟通和解决问题。

四、好的沟通需要我们主动同频

仔细回忆我们自己成功的沟通案例，我们就会发现一个共同的规律——在好的沟通过程中我们都能够和对方同频共振。这其实是良好沟通的一个前提。

班主任工作的对象主要是孩子和家长，孩子的情绪变化可以像天气一样多变。有时候，他们会像阳光明媚的春天一样充满活力和热情，有时候他们会感到无所不能，充满自信和勇气，但有时候，他们也会像阴雨连绵的秋天一样情绪低落和沮丧，他们会感到困惑、无助和孤独，不知道自己该如何应对日益增长的压力和挑战……要做好他们的工作，就需要我们和他们共情。

1. 了解青春期孩子的心理特点

青春期孩子有哪些心理特点呢？

长得像大人，心理上是小孩。由于营养、基因、运动等原因，很多初一的孩子长到1.7米以上，看起来和大人一个样。但他们看起来像大人，心理上还不是很成熟。

学业压力大，内心想法多。心里知道读书很重要，但是想法多：手机、游戏、篮球、小说……哪个都想要。

自我意识觉醒，渴望认同。进入青春期后，随着自我意识的觉醒，孩子特别在意同伴价值感、同性价值感和异性价值感，关注社交，他们试图与同龄人建立关系，并寻找自己在社会中的位置。在这个阶段，他们可能会因为不被接受或排斥而感到沮丧和孤独，每一次考试后都急于和同伴比较成绩，希望自己是更好的那个，害怕因为成绩差而被同伴嫌弃。特别在意同伴的评价，渴望得到友情，甚至希望得到爱情，异性喜欢自己，会偷偷开心。

逆反心加剧，易起冲突。如果家长、教师还继续像小时候那样，过多控制和包办，说话简单粗暴，就容易引起他们的强烈反感，表现为叛逆。本质上，"叛逆"这个词其实是大人们定义的，就是孩子不听大人的话了，大人觉得再也控制不了、管理不好，于是认为孩子叛逆。但是换一个角度来看，叛逆意味着孩子成长了，敢于去表达自己的想法，永不叛逆的孩子让人担心，可能以后的能力会很弱。我们需要正确理解孩子的叛逆，和孩子沟通时多一些理解和尊重。

情绪不稳定，喜怒变化大。由于荷尔蒙的影响和身体的变化，青少年的情绪非常不稳定。他们可能会经历强烈的情感波动，如情绪低落、兴奋和愤怒等，这可能导致他们难以控制自己的情绪。

2. 理解孩子成长中的难

小宁是初二男生，14岁的他已经有1.83米了。他很不快乐，负面情绪很多，也不搭理老师和同学，家校联系册上写的都是负能量的话。自习课时，他气呼呼地离开座位，跑出了教室，老师在后面喊，他也不理。

从第二天的家校联系册上，我才知道他的难处："今天自习课，坐我旁边的姓高的，在座位上大声说话还弄别人，我让他不要吵，他不听还回头骂我一句……"

孩子成长中有许多他们难以处理的问题，我们要能够理解他们。我经常对他们说：

愤怒就像一堵高墙，阻挡了我们的互动。当人感到愤怒时，思维会变得狭窄，难以听取他人的意见和建议，表达也会变得偏激和具有攻击性。

焦虑就像一条毒蛇，威胁着双方的联系。当人感到焦虑时，思维会变得混乱，难以集中精力和表达自己，也会变得猜疑和不信任他人，从而使交流更加困难。

沮丧就像一座山峰，挡住了视线。当人感到沮丧时，思维变得消极，难以找到自己和他人之间的共同点，会对他人的建议和意见不屑一顾，从而无法接受和吸收新的想法。

我理解你们，也能够看清楚这些负面情绪的坏处。很多时候，我的话还没有说完，孩子们就已经泣不成声。

3. 和学生同频

郑学志老师曾经说过："也许，教师眼中的问题，是孩子们想了好久才找到的问题解决方案。"这句话深深地影响了我。

他举了一个例子：孩子逃课，是因为他觉得这是逃避同伴欺凌的最好办法；如果我们不能够觉察和解决他被欺凌的问题，逃课就是他认为的最好选择。

孩子锋芒毕露，不好说话，也许是他在自我保护。我想起班上的一个孩子，总是错误不断，教师找他，他总是一言不发、冷眼相对。不少教师说，这孩子没有救了。但是，在我连续观察了几个星期后，我的一句话，让他彻底投降。我对他说："孩子，青春期的时候，我也用你这种方法来保护自己。这些年，你一定过得不容易吧？"

还是我经常说的那句话：我们一定要把"孩子问题"和"问题孩子"区分开，要成为好的沟通者，一定要能够从内心深处理解对方的需求，并和对方同频共振。这样，我们才能够真正解决问题。

晓莉姐说

◆ 冷语言像刀，冷酷粗暴能杀人；暖语言像太阳，像春风，能让人振奋。

◆ 班主任要学会巧妙地使用正能量的语言，让孩子感受到被看见、被理解和被需要。

◆ 和家长共情，就解决了家校矛盾中的一大半问题。

第二节　沟通前提：调整心态，稳定情绪

我们不需要一次次展示自己无能为力的发泄，而是要钝化自己的情绪，调整自己的状态，静心思考，改变自己的困局，做问题的解决者。

班主任不是神，也有普通人的所有情绪，在一天的工作中，从早到晚，在体力和精力都不足时情绪难免会失控。

网上有一个段子：刚上班的小姑娘清纯可人，美丽优雅，当了一年的班主任后，就变得不讲究打扮，脾气暴躁，偶尔还大声咆哮，终于活成了自己讨厌的人。在现实工作中，我们常看到有的班主任气得用本子大声拍打讲桌，撕学生的试卷，大声呵斥……嗓门大的时候，不要说学生，我们看了也害怕。

可是，我们能够轻易责备吗？我非常认同这样一句话："世上从来没有真正的感同身受，你崩溃的那一刻，只有你自己最清楚。"辛苦一周，因为一张纸屑，这一周的流动红旗又没了；因为体育老师有事，他的课又变成了你的任务，最要命的是你自己的孩子今天又发烧了……

熊孩子那么多，家长又不靠谱，学校太不给力了，家里拖累……别说我们情绪崩溃，确实有很多我们所不能控制的方面，在绝望和失望中，只要有上进心，谁又能够彻底避免发脾气？

问题是脾气发完了，我们会发现，这没有用，有时候还会让问题更加严重。自己的乱摊子，还得自己慢慢收拾。所有过不去的"节"，最后都会变成"结节"。每年的教师体检，我们都看到，报告书上又多了很多结节：乳腺结节、甲状腺结节、肺结节……这些多是"情绪病"，生气、焦虑、紧张或长时间的劳累，让教师（尤其是班主任）"多病早衰"。

——怎么办？

——自己调控。

我们不需要一次次展示自己无能为力的发泄，而是要钝化自己的情绪，调整自己的状态，静心思考，改变自己的困局，做问题的解决者。

一、处理问题之前，先调整好自己的情绪

这几乎成为心理学上常见的一句话了。我在好多地方都说过了，班主任是情绪工作者，我们自身的情绪控制和管理，我们对他人的情绪影响和感染，都直接影响着我们的教育成效。

但是，在说情绪之前，我们得先厘清一个概念——情绪。"情绪"是一个中性词，心理学上是这么定义的："情绪是一种内部的主观体验。""是对一系列主观认知经验的通称，是人对客观事物的态度体验以及相应的行为反应，一般认为，情绪是以个体愿望和需要为中介的一种心理活动。"

从定义来看，情绪本身无所谓好坏。只是在我们日常的生活中，很多人被不良情绪左右，做出了一些不利于沟通的行为，人们在说情绪的时候，才先入为主地把情绪主观定义为坏情绪、不良情绪。而这其实只是具体语境和情景中的关于情绪的特定理解。

但是，就是这特定的理解，不良情绪常给我们带来不可预估的损失。知乎上有这么一句高赞的话："很多职场人，甚至资深管理者，往往会高估自己的情绪管理能力，这为本来不确定性就很强的沟通过程又埋下一枚定时炸弹。"第一节里说到的两起突发事件，其实都是成人没有控制好自己的不良情绪，最后给孩子造成严重后果的案例。

我们的目的是教育人，底线是别让事情变得更糟糕。但是，"怒不可遏时说的话语，往往会留下不可弥补的遗憾。"事后后悔，不如提前预防。所以，近年来心理咨询工作者、班主任都在传送一句话，"处理问题之前，先处理好自己的情绪"，这具有一定的警示作用。

二、班主任调整情绪的 5 个建议

班主任是"工具人",要经常保养自己,让"工具"保持好的状态。那么,学会调节情绪就是很重要的一课。班主任如何调节自己的情绪呢?我有以下这些建议。

1. 学会倾诉

我喜欢散步,经常邀约三两个好友,一边散步一边聊天。相互倾诉,说着说着,心情就好多了。放假时和朋友去咖啡馆,喝喝咖啡,吃点甜品,聊聊心情,真是很解忧。有时和家人一边做饭一边聊天,有人开导开导,那些觉得放不下的事情也就放下了。

和正能量的人聊天,您会发现"一切都不是事!"。让我们烦躁的事情其实根本不值一提,就是自己在当时过于夸大了后果,经历多了,也就习惯应对了。

小吴老师在这次职称评级中没有过关,分数比其他老师少了 0.5 分。如果他多写一篇论文,手上有一两个课题立项,或者有更多的获奖,立马就有优势了。遗憾的是,假设不存在。

这天,他正在办公室里抱怨:班级被扣了分,学生也不听话,班级篮球赛也输了,他连去教室里上课的心情都没有了。

"你已经错过了星星,不要再错过月亮了!有生气的时间,不如和师傅一起写个课题怎么样?"他的班主任师傅告诉他:"上次已帮你拟好了提纲的哦。"

他很奇怪:师傅咋就心态这么好?每天都笑呵呵的。"我根本没有时间生气啊,总是很忙碌,手上不是有文章要写,就是有学校的讲座要参加。哪有时间生气啊!"师傅说:"心大了,难道就容不下一张小小的扣分单了?"

师傅建议他:不妨把问题当作资源,开个班会,大家讨论一下如何做到自主管理?学生管理有序,扣分的事情就会减少。多研究班级发生的问题,不仅可以有效管理班级，还可以给自己积累论文素材，一举多得，干吗还要生气？多好的事啊！

有道是："听君一席话，胜读十年书。"当我们郁闷、心情不好的时候，找心态积极、阳光开朗的人聊聊天，找那些事业有建树又会经营家庭的人聊聊天，你会豁然开朗。

需要提醒的是，聊天倾诉是一个很好的方法，但是我们不要只沉溺于负面表达。因为，总向别人吐槽你的不良情绪，对别人来说也是一种不礼貌的行为。互利互惠，互相成全，这样双方才好。

2. 强化练习

情绪 ABC 理论告诉我们，引起情绪的事情（即 A）本身可能难以改变，但是我们改变对这件事的看法（即 B），最终也就改变了我们的情绪（即 C）。

比如，你穿了一件漂亮的衣服去见客户，准备签个合同。客户已经到达，你急匆匆地赶到餐厅，却和服务员撞了个满怀，一杯水洒在你的衣服上。这时候你怎么办？

第一种方式：你很生气。衣服被弄脏了，你批评服务员，嗓门大而严厉："怎么走路的？害得我衣服脏了，今天我的合同要是没有签好，你要负责的！"服务员一边擦一边赶紧道歉，对面的客户都看见了，我估计好感也快没有了吧！

还有一种方式：换个角度看问题。你可以说："呀，这么有运气，水都到我身上，水就是财呀，看来今天我的合同不签都不行啊！财运挡都挡不住啊！"然后和气地感谢服务员，并让服务员不要紧张。您觉得客户会怎么看？

同样的事情，你可以当作倒霉运，也可以当作财运。

这是好情绪对事件结果走向的影响，我们都想这样做，只是，我们需要日常练习。如果不把一种美好的行为修炼成习惯、锤炼成定式思维，美好的行为不一定就能够恰如其分地发生。

同样，教室里的玻璃被学生撞碎了。大家不妨练习一下，如何把破碎的玻璃事件转化为教育学生的优势资源呢？可以做的事情是不是太多了呢？

手机问题是让我们头疼的，但是如果我们转换思路，会发现手机不仅是个"中立之词"，还是把"双刃剑"，更是一个好的"教育之机"。借由手机问题，我们能和孩子一起商讨，如何成为手机的"主人"，从而教孩子形成规则意识、培养孩子的自主管理能力、帮助孩子学会沟通和合作、教孩子健康的生活理念、培养孩子的自我保护能力。孩子因为手机问题和成人产生冲突，成人可以引导孩子思考自我成长，培养与人沟通的能力……

问题就是资源，每次遇到问题，我们不是产生情绪，而是产生兴趣，产生研究的习惯，心态怎么能不好呢？一些资深班主任，好多时候他们还忧虑自己班上没有事情发生，自己没有研究对象了呢！

3. 学会转移

不良情绪来了，不要硬憋着，这样也会有"内伤"的。我们可以借助于运动、美容、按摩、阅读等来转移和化解。

我每周有 3 小时"躺"在美容院里，按摩我酸痛的肩颈，做个面膜，好好地睡一觉。个人也觉得奇怪，在家睡眠不好的我，一到美容院，就深度放松了，很快就进入了睡眠。起来以后，容光焕发，精神饱满。

我写东西的时候，喜欢带着笔记本电脑去咖啡厅，一边听音乐，一边喝咖啡，一边写东西，思路泉涌。有时候写东西多了，头部僵硬，人也晕晕的，在专业洗头店里享受一次按摩，从而放松头部。

固定在一种生活状态里，人很容易产生厌倦情绪。我们需要改变，如果感知自己的情绪不好，我们要及时转移。如果你喜欢运动，那就更好了，出一身汗，就瞬间活力拉满。

我还喜欢去图书馆、书店看书，经常买几本自己喜欢的书，提升自己的认知；认知提升了，不良情绪的控制能力就强了。和我在一起的人，对我评价最高的方面就是我对情绪的控制和转移能力。

4. 安静独处

我爱热闹，也爱独处。最享受的是冬天的夜晚，一边泡脚，一边看书，还放着音乐。生活如此幸福，而幸福又如此简单。

忘掉白天的烦恼和疲惫，每一个夜晚，我们都可以好好治愈自己和修复自己。

因此，我的第四个建议，就是安静独处。我们要育什么样的人，我们自己就要成为这样的人。班主任可以静下来思考这几个问题：我到底要什么？我要去哪里？我可以做什么？

班主任每天的工作都安排得满满的，少有时间来思考。但是不思考就会发现，走着走着，我们却忘记了自己为什么出发。

我们到底要成为一个什么样的人？

每天焦虑和愤怒是我们的初衷吗？

如何让自己保持感知幸福的能力？

慢下来，静下来。我们去觉察自己，去觉察学生，去感知整个事件，我们就会有完全不同的收获。不要急着去批评教育，留一点时间给自己，也给学生自我反思和自我教育的机会。

在安静独处的时候，我们可以去操场遛遛，去嗅一嗅花香，做个冥想，感受大自然的浩瀚和个人的渺小，那一刻，你会有新的感悟。

5. 写教育日记

写教育日记是一举多得的事情。在教育中，有时候我们觉察到了有趣、有价值的事情，有了"灵感"，但是由于没有及时记录和梳理，灵感就不见了。等到下次要交论文、课题、教育故事等，我们又会发现自己没有积累，开始像挤牙膏一样完成任务，自然也没有好的收获。多写，自然就不会存在这样的问题。

其实，写教育日记也是调整自己情绪的好办法。郑学志老师在《教师的专业写作》课程里讲道："写教育日记，更多的是对自己的熏陶和感染。"我经常通过阅读自己的教育日记，感受自己的变化，感受自己的内在力量。

下面分享一篇小日记《教育，无须刻意》。

在升国旗的时候，我会走到每个学生的面前，观察孩子的仪容仪表。

先看红领巾是否戴好，再观察他们的头发符不符合中学生的要求。女生的刘海不超过眉毛，旁边两边的刘海整齐，不能散。如果看到有些女生的发型过于凌乱，我会让学生重新整理发型。有的学生早上急匆匆地来，衣服没有穿好，衣领都在里面，我就帮他整理整理衣领。

今天早上，我发现三个女生的头发是凌乱的。我让她们站在旁边，把头发梳起来，并且教她用夹子把发型固定。有同学的橡皮筋比较松，在跑跳过程中其发型很容易乱。我从口袋里随手就"变出"一根橡皮筋，女生有点蒙。短头发的徐老师口袋里怎么会随时变出橡皮筋？

走着，走着，我发现一个漂亮的小女生的眼角有眼屎。我轻轻地帮她擦掉，开玩笑地说："你是不是早上慌里慌张的，下次洗脸要看一下镜子，女孩子要把脸洗干净。"

我在队伍中发现一个小个子男生站在队伍的最后面，于是问："你怎么跑到最后去了？"他说："我来迟了不想影响队伍，就在后面。"

他也没有洗脸，脸上也有眼屎。我问他，他说没洗脸。我对他说："卫生间那边有热水龙头，下课后你好好地去洗个脸，一定很帅气。"他开心地笑了，我也笑了。

一路走过来，观察学生的仪容仪表，我像一个妈妈，被查到的孩子也不觉得是批评，更多的是一种关心，师生的良好关系就在不经意间的"给皮筋、擦眼屎、整理衣领"中建构了。

原来，有时候我们不需要刻意去做，教育就在不经意间完成了。

这篇小日记没有发表，我也不刻意寻求发表。但是，每当夜深人静的时候，每当自己累的时候，看看自己的这些日记，被自己的那些小行为感动，觉得力量满满，也很不错。这叫"自娱自乐"。

三、10 条建议助你做到"悦人悦己"

"悦人悦己"是我的生活理念，要做到并不难。

"悦人"有两层意思：悦纳他人，并使他人高兴。对长辈，是"顺"，顺比孝更好，让我们的父母开心；对同辈，是"悦"，悦是欣赏，多说赞扬的话，多看别人的优点；对晚辈，是慈爱，是接纳和理解。

"悦己"也有两层意思：悦纳自己，也要做让自己开心的事情。接纳不完美的自己，允许自己挫败，也想办法让自己开心：吃美食，穿好看的衣服，买喜欢的东西，看好看的电影等。

在这里，我根据自己的体会，给教师这十条建议，帮助教师做到"悦人悦己"。

① 先处理好自己的情绪，再处理学生的问题；
② 要承认问题不是"一下子就可以解决的"；
③ 真诚地赞美每一个人，哪怕没有回应；
④ 多示弱，弱的是态度，强的是能力；
⑤ 教给学生多种解决问题的方法，允许学生做出选择；
⑥ "功夫在平时"，所以别人的方法你不一定能照搬；
⑦ 面对其他教师的抱怨，要有自己的判断；
⑧ 内心强大是教师工作的底气，幸福感是教师工作的"氧气"；
⑨ 问题孩子背后一定有问题父母，要把力用在关键处；
⑩ 请同情孩子，甚至要学习宠爱他们，虽然他们不是你的儿女。

> **晓莉姐说**
>
> ◆ 我们不要被情绪裹挟，我们感受到了幸福，学生也会感受到。
> ◆ 把学生的优点放在嘴上，缺点放在心上，学生就会进步。

晓贴士

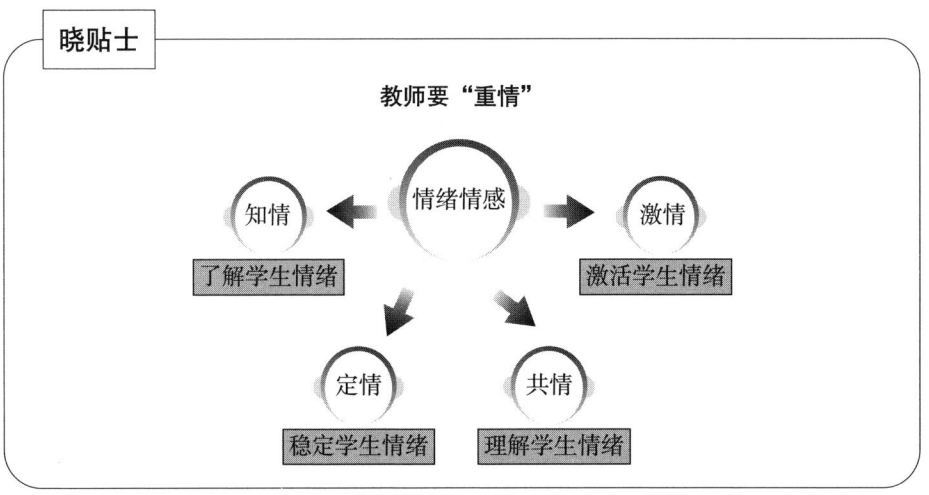

第三节　沟通目标：建构关系，促成改变

孩子们为什么啥都愿意写，啥都愿意说呢？因为被理解，被看见，被倾听，被欣赏，被悦纳，我们之间有了充分的信任感。

任何一次有效沟通，一定有三要素：表达情感，传递信息，达成目标。哪怕是当下流行的提倡"无主题沟通""无目的沟通"，表面上没有目标，其实还是有目标的，即把沟通的目的隐藏起来，和对方建立链接。

无目标的沟通是不存在的。具有良好沟通能力的班主任，每一次高效沟通，都是一次伴随着信息传达、巧妙建立情感纽带、促进目标达成的过程。说得有些复杂，简单梳理一下：高效沟通中，信息是载体，关系是关键，达成共识、解决问题是目标。我们在和学生、家长和同事沟通之前，这三个要素要铭记于心。

一、让关系走在教育的前面

"让关系走在教育的前面"，这是我一贯的想法。在教育中，最重要的是构建关系，甚至有人提出来，"关系大于教育"，当师生关系好了，家校关系好了，教育就发生了。

那么，怎样让关系走在教育的前面呢？

1. 把握学生需求

学生不喜欢被一本正经地说教，这种方式既显得死板又会使学生感到尴尬。回忆一下，我们自己在青春期是不是喜欢写信和读信？以前没有手机和网络，我们给笔友写信，信寄出后，就开始焦灼地等待回复，收到信后，找一个没有人的地方，慢慢读、细细品、默默想，是不是很浪漫？后来有了网络和手机，和朋友之间也喜欢用手机发短信，感觉文字比语言更有"味道"，并可以收藏起来反复看。

人的每一个动作背后，都是有潜在的心理需求的。例如，我们在与他人聊天的过程中通过他人的回应来认识自己、诠释自我的需求。当需求得到满足，安全、信任和幸福感就因此而产生。

青春期的孩子也是正常人，也会有这种需求。理解青春期学生的这种需求后，我就一直借助于家校联系册和学生聊天。在联系册上，学生什么都可以说，我呼应、回答、解释、指导、劝慰……好像不仅仅是教师，更像一个知心大姐姐，如果巧妙自然地运用学生的"话语体系"，如"奥里给[①]""YYDS[②]"，就更像是学生同辈的朋友了，师生关系一下子就拉近了。

[①] 网络流行词，可以作为一个感叹词，表达赞美、加油等感情。
[②] 网络流行词，是"永远的神"汉语拼音（yǒng yuǎn de shén）的首字母缩写，用于表达赞美之情。

有一个值得骄傲的例子，就是我成功地用这种方式赢取了班级最优秀、最有才华也最有个性的学霸林同学的好感和信任。短短一个月，她就从不参加班级运动会、不搭理我，转变为主动去竞选小组长、课代表，并主动要去为班级表演舞蹈，产生了巨大的变化。现在我们的关系非常好，经常一个眼神就能明白对方要表达什么。

其实这一点也不神奇，因为关系在前，改变在后；当我们与学生建立良好的师生关系之后，教育就是水到渠成的事情了。

2. 重视孩子的体验

我们都是社会中的人，每个人都渴望被重视。重视孩子的体验，是构建好的师生关系的重要法宝。

每天到学校，我的第一件事情就是翻阅学生上交的家校联系册，这也是我最开心的事情。虽然我批阅这些本子，至少需要花 50 分钟，但是我依然乐此不疲。因为这是我了解学生需求的最重要的途径。

通过阅读家校联系册，我能够把握孩子们的各种体验和需求。下面是家校联系册上的部分摘录内容。

有求助的："老师，昨天晚上的作业有点多哦，而且不约而同都是试卷！您可以和其他老师商量一下吗？我差一点来不及做，呜呜呜……谢谢可亲可敬的徐老师！"（学生又求助又撒娇又卖萌，还附上可怜的小表情。）

有抒情的："我昨天用了您说的高效利用碎片化时间的方法，结果作业在晚自习下课前就完成了！真好哦。"（我赶快点个赞，竖个大拇指。）

有花样拍马屁的："徐老师，您今天的衣服好好看，可是只有好好看的人穿这样的衣服才好好看！"（我这一天仿佛就被孩子们灌了蜜，心里美美的，自信满满。）

有给班级提建议的："老师，午休时间您不在教室里时，班里有点吵。我觉得管理员有点随意，他自己还和我们讲话。我们可以轮流做管理员吗？建议不愿意午睡的人可以申请做管理员。"

有吐槽的："总感觉我们组的组长不喜欢我，总是对我大喊大叫，有错叫我改了，没有错也大叫！而且她说话的声音还很大，全班都听见了。晕啊！"

有报告重大事件的："今天上课陈同学的电话手表突然响起来了，数学老师没收了……""今天音乐课我们很吵，老师很生气，没有上课，骂了我们……""今天4班有个同学把吃剩的鸡骨头扔在小章同学的餐盘里，已经好几次了，小章都没有好好吃饱饭。"……

天哪，你有没有感觉信息量好大？是的，每天都这样。我很感谢孩子们什么都对我说，及时说，我就能够掌握班级现状，并立即处理。

有些教师感到很好奇：为什么你们班的学生有什么都和你说？秘密很简单——我重视他们的体验。他们提出什么问题，我马上去调查，马上去处理。换位思考，如果你的体验、你的意见被对方重视，那么你乐不乐意和对方说呢？

我重视他们的体验，并且乐意给他们解决问题，所以，我们班的孩子什么都喜欢跟我说。我曾经在班上和学生开玩笑："告诉大家一个秘密，就是——在我们班上，根本就没有秘密！哈哈哈……"

3. 及时做出回应

有一次外出分享班级工作经验的时候，一名教师提问："我也非常重视孩子们的体验，可是，为什么我们班的孩子还是和我有隔阂呢？"我仔细追问，才发现问题的症结：她性格内向，对学生的爱总是藏在心底，哪怕对孩子非常在乎，有时候表面上体现出来的，却是波澜不惊。

这就涉及一个技巧——在乎，我们就要及时回应。我经常说："爱需要大声说出来。"他人不是我们肚子里的蛔虫，我们不表达出来，孩子们怎么知道我们在乎他们呢？

虽然平时在工作中很忙，但是我还是会抽时间回复学生在家校联系册上写的内容。即使有时候确实想不出什么对策，脑袋里一个字都没有，我也会认真地在家校联系册上写下"我看到了,谢谢你哦",然后郑重地签上日期。

学生们习惯用这种方式,把开心或不开心的事统统说给我听。我也用这种方式及时回应,帮他们解决了很多问题。

小方和妈妈有一段时间一度剑拔弩张,他在家校联系册上写道:"徐老师,你能不能跟我妈说一下,让她别来烦我?"当时看到小方潦草的字迹,我就知道这孩子可能正处于情绪崩溃的边缘,特意来向我求助。于是,我放下手头的工作,立即联系小方妈妈,看看是出了什么问题。

结果,小方妈妈告诉我:那段时间,她对孩子升学很焦虑,发现小方作业没订正或者成绩不太理想,都会数落儿子一番。初三本来就学习压力大,又遇上青春叛逆期,小方就和妈妈闹僵了。

我告诉小方妈妈:我们要处理好自己的焦虑情绪,我们的焦虑转嫁到孩子身上,孩子不理解,容易对立。以后怎么办?小事别管,大事讲底线。后来小方再也没在家校联系册上吐槽妈妈,进入高中后还当上了班干部。孩子和妈妈非常感谢我。

孩子们为什么愿意向我表达一切呢?因为他们能够被理解、被看见、被倾听、被欣赏、被接纳,我们之间有了充分的信任感。孩子要上课,我们也要备课,我们不可能每天找每个孩子谈心3分钟,但家校联系册真是神奇的所在,让我有可能将眼光落在每名学生身上,笔能触及他们每个人的心灵。

二、让规则为沟通保驾护航

1. 沟通:无序则乱

我曾亲眼看到一名家长和教师聊天,本来双方目的都很明确——一起教育好孩子,但是聊着聊着,双方竟然吵起来了,结果不欢而散。事后,该教师和我复盘:问题究竟出在哪里呢?仔细回顾整个过程,我们发现问题症结所在:大家都急于表达,总想说清楚,总担心对方没有听明白,结果不断插嘴、解释，于是矛盾就升级了。

同样的问题，也在各种家校群里发生。现在网上有一个说法：家校群是一颗定时炸弹，不知道哪一天会爆炸。也有家长在群里抱怨，家校群就是一个小社会……

对此，教师也有苦难言，有教师特意把家校群的一些典型发言梳理了出来。

"老师，麻烦你通知小明放学后自己回家，我们没有时间来接。"

"老师，麻烦你让小敏下午2点在学校传达室门口等着，我接她去看牙医。"

"今天几点放学？"

"小章今天没有多穿衣服，我怕他感冒，把带给他的衣服放在校门口了，麻烦老师通知他去拿一下。"

一位班主任刚刚在群里发了一个通知，家长就在群里让他通知孩子去校门口拿东西。他没有回复，家长就在群里发飙："你明明在线，我刚刚看到你发通知了，为什么你不理我？"

有些教师说，家长这样提要求，是不是很过分？难道教师得一天24小时随时随刻眼睛都得盯着家校群？那样教师还能专心教书吗，还要育人吗？

立场不同，看到的问题和需求点就不同。前面谈话和群案例告诉我们，当我们的立场、观点、需求不同时，我们很难统一思想层面的东西。但是，我们可以统一行动上的要求。如果没有建立好双方认同的沟通规则，就会出现上述问题。

2. 规则：需要先说

规则是良好关系的保障，关系不好，很多时候是规则没有落实或者落实得不到位。

我在和家长沟通的时候，会首先协商彼此尊重的规则。我先表态："家长，有什么问题您请说，在您说的时候，我绝不打断您的谈话，我会用笔记录下您说的要点。我觉得，这是我对您应该具有的尊重，请您理解。等会儿我回复您的时候，也请您别打断我的发言，让我一次性把话说完，好吗？"

争吵往往是因为没有把别人的话一次性完整地听完，建立好这样的沟通规则之后，后面的沟通就好办了。

对于家校群呢？我也在第一次家长会上就明确了家校群的功能、作用和要求。我告诉家长：班级群的功能以发布通知为主，有时也会发布班级集体活动的照片、通讯报道或任课老师提出的作业要求、需要家长配合的内容等，这些都不需要家长特意回复。

我和家长明确约定的家校群规则如下。

"不要重复问几点放学"。正常放学一般是统一规定的，周一到周四，放学时间都是下午5点左右，周五放学时间是下午4:30，前后不超过20分钟；如果有值日要做，再晚半小时，请大家知晓。原则上教师不集体拖堂，如果教师留下个别学生辅导或订正，会短信通知家长知晓。

"非必要和紧急的情况下，最好不要让教师通知孩子"。紧急情况下可以直接打电话，群短信容易被覆盖，私发信息可能来不及看。请家长存好班主任和任课老师的电话号码，必要时也要存好年级组长的电话号码。

"学生忘记带衣服和书本，不建议送！"要让孩子自己承担后果，或者自己想办法去解决！总之，不要把孩子培养成"妈宝"，让孩子"吃一堑"，才会"长一智"。家长要学会放手。

讲清原因，讲清道理，让家长明白这也是一种教育，他们还是愿意配合的。

3. 方法：彼此协商

为了让规则真正能够落实下来，我们需要制定三方沟通规则。这里，我重点说一下家校群规则。

我们学校的家校群规则是我们邀请家长志愿者一起，多次协商，最后诞生的公约。区教育局觉得非常好，又在此基础上，邀请我们学校的老师和家长代表讨论出台了《滨江区学校班级微信群公约》。

滨江区学校班级微信群公约

家长篇

（1）遵守公序良俗。群内言论要践行社会主义核心价值观。未经考证的社会传闻或对学校教育教学的个性化意见，不在群内发布。杜绝发布商业广告、募捐、求投求转等与教育教学无关的信息。为避免信息覆盖，杜绝刷屏，若非老师要求，一般不用回复。

（2）遵守班级规则。群内实行家长实名制，未经班主任同意，不擅自邀请学生、非本班家长等无关人员进群。尊重每个人合理的表达权利，若出现意见相左的情况，不强求一致。

（3）表达理性诉求。群内用语温和理性，避免过激性、煽动性的言论，自觉维护班级群的教育属性，不发无关信息。

（4）理解老师的忙碌。当老师未及时回复信息时，请多份耐心，安心等待。遇到紧急事情可择时致电，以便及时解决问题。

（5）欣赏他人的孩子。群内成员都应以宽容、发展的眼光看待每个孩子的成长，学会欣赏其他孩子的优点，做一个充满正能量的家长，为孩子做出表率。

（6）把控交流时间。群内的信息主要是与教育教学相关的通知，若事情并非十万火急，群内成员在当晚 9:30 到次日 7:00 的休息时间，尽量不打扰老师。

教师篇

（1）约定班级规则。班主任是班级群第一责任人，负责群成员实名制、聊天监管、违规提醒删除等。

（2）发布合理信息。教师要有强烈的保护学生个人隐私的意识，不得在群里公布学生成绩排名（分数）、优劣对比、表扬少数学生等信息。若非情况紧急，信息发布的时间一般控制在当晚 9:00 前，尽量通过书面或电话通知重要信息，确保每一位家长知晓。

（3）进行多元评价。教师在群里多做共性问题的讨论和评价，多表扬、鼓励学生，表扬的涉及面尽可能广，角度尽可能多元。

（4）分清作业边界。家庭作业宜当面布置，不让家长转告，重要学习资料尽可能直接提供给学生，不建议在群内要求家长打印资料，不要求家长批改作业并在群内上传。

（5）坚持理性沟通。教师和家长因沟通不畅而引起负面情绪时，教师要先保持冷静，积极寻求其他合适的解决途径，忌在群内抱怨，忌有损教师自身形象的对话。

（6）维护网络纯洁。不发布与教育教学无关的任何信息，包括时政评论、商业广告、募捐筹款、红包求投等。

三、让改变真实而生动地发生

沟通是为了解决问题。解决问题最显著的标志，就是家长、学生和教师发生了显著的改变。

1. 让改变发生在关键人身上

我每天都会找 3 个以上的孩子聊天，一般用 1 个月左右的时间，就可以跟班级所有学生都"聊一次"了。

这三个人是随机、随意的吗？当然不是。而是我根据班级发生的事情，根据孩子们和家长传递的信息，寻找的关键人物。班级管理要蒸蒸日上，重点在于关键人物发生改变。那么，谁是关键人物呢？

第一类是每个事件里的当事人，如被欺负的、欺负人的、吵闹的、吐槽的组员，被吐槽的组长，管理不给力的管理员……我首先约谈这些人，这些人出问题，一定是有原因的。

第二类是同事在工作中发现的行为不当的学生，如涉嫌抄袭作业的、上课睡觉的、考试成绩垫底的……我需要配合任课老师，帮助这些孩子重回正轨。

第三类来自家长的求助。家里手机管理不力，或亲子之间出现了矛盾，还有孩子生活习惯不好，早上不吃早饭等，家长搞不定的，他们就会告诉我。我就抽空和孩子来谈一谈，而且要有策略：显得不经意，不能让孩子看出是家长告了状的。

当然，还有一类，那就是孩子遇到成长困惑的。这一类孩子需要我仔细观察，他们不一定会主动说，但是教师一定要密切观察，及时解决他们遇到的问题，这样他们才会顺利成长。

2. 让改变发生在关键事情上

什么叫关键事件？对班级班风建设影响最大的事件，或者是对孩子成长影响最大的事件，叫关键事件，如学习品质训练、班级精神建设、集体生日等。

关键事件发生改变，容易产生直观的教育效果。怎么观察呢？我给大家介绍一个国际上流行的"星星观测法"。"星星观测法"有两个意思。第一，这个方法是由四个英文单词的第一个字母汇集在一起的，这四个英语单词分别是"Situation、Target、Action、Result"，每个单词的第一个英文字母连在一起，就是"STAR"（星星）。第二，这个方法侧重于建立一个十字形观测模板，分成四个角，每次观测一个事件，也都从四个方面来写，构造形状像星星。

星星观测法主要有下面四个维度。

第一个维度 S 是"情境"（Situation）。这件事情发生时的情境是怎样的？

第二个维度 T 是"目标"（Target）。我们为什么要做这件事？其意义和价值在哪里？

第三个维度 A 是"行动"（Action）。为做这件事大家采取了什么样的有效行动？

第四个维度 R 是"结果"(Result)。这些有效行动最后获得了什么结果？

对于任何一个关键事件，一旦用这四个维度去观察，我们立马就能够发现存在的问题、改进方向和具体行动措施。做得好与不好，用预设的结果来衡量。

3. 让改变发生在关键行为上

我们班有三个"经常"：经常把学生进步的情况分享给家长；经常把家长为班级做的事情分享给大家，让家长看见，并形成正向示范；经常把任课老师付出、做得好的地方分享到群里，让家长看见，学会理解和更加配合。做好这三个经常，学生回家受表扬，教师在校被看见，家长付出被关注，整个班级氛围就好了。

有班主任吐槽：我们班级死气沉沉，每发出一个号召，都没有人回应，怎么办？还有的班主任会问：班级篮球赛，志愿者都招不到，怎么办？

怎么办？把我们期待的行为用表扬的方式说出来。

我班每月会开一次家委复盘会，有时会邀请其他个别家长参加观摩。开这样的会议，我们期待来宾都准时参加，但是有时候家长抽不出时间参加，怎么办？我就用表扬的方式，把期待家长的行为说出来。比如说："非常感谢……家长，这位家长本来要上班，但是为了参加这个会议，特意找人换班。"这样，其他有同类事情的家长就会想办法换班了。

上个星期的篮球赛，我们缺篮球教练，我在群里说："孩子们非常期待有经验的家长来给他们做指导。"结果马同学 70 岁的外公主动承担了教练一职，老人家每周日无偿训练小伙子们打篮球，家委会的几个爸爸也来陪伴，对"篮球"一无所知的我就这样做起了"甩手掌柜"。

好的沟通能够带来幸福，当班级因为沟通，真实而深刻地发生改变，这种幸福就会油然而生。值得注意的是，幸福的团队是沟通和磨合出来的，我们需要不断尝试以找到适合自己班级的沟通方式，让每一个人因为自己的存在而让班级变得更加美好。

晓莉姐说

◆ 学会从学生和家长的角度去思考问题，理解他们的情感和思维方式，沟通就有效了。

◆ 先觉察，再沟通；觉察是沟通的基础和条件。

◆ 不加评论的倾听需要练习，学会"闭嘴"，我们就会得到更多的信息。

晓贴士

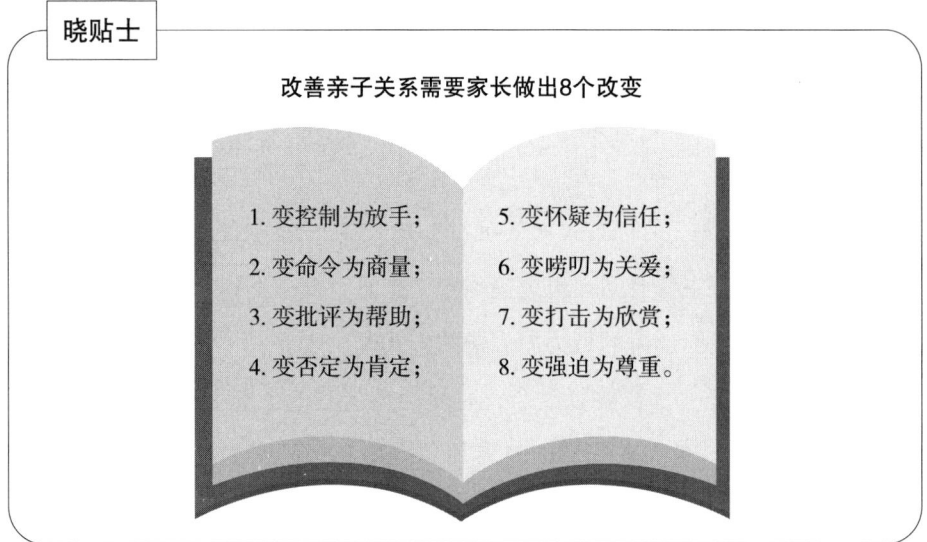

改善亲子关系需要家长做出8个改变

1. 变控制为放手；
2. 变命令为商量；
3. 变批评为帮助；
4. 变否定为肯定；
5. 变怀疑为信任；
6. 变唠叨为关爱；
7. 变打击为欣赏；
8. 变强迫为尊重。

第四节 沟通训练：指导家长成为问题的解决者

与其让家长成为问题的制造者，不如让家长成为问题的解决者。

问题孩子的背后一般都会有一个或一对问题父母。于是，一些教师花了很大精力去改变家长，向家长灌输很多大道理。从效率上说，这个想法没有错，观念的改变确实能够带来更大的效益。

问题是人成年之后，很多观念已经根深蒂固地成为他们生活中的一部分，很难改变了。有时候，观念改变还会带来新的矛盾。所以，在我的家校工作中，我就把工作重心转移到家长训练上。与其给家长说空道理，还不如让他们看到具体做法带来的直接收益。当看到别的家长做什么学什么，孩子进步了，他们就会直接模仿和套用。

放弃说教，训练技能，熟悉工具，进行沟通训练，指导家长成为问题的解决者，是我近年来在家校沟通中做的主要事情。

一、建构通用的训练模式

模式的好处，在于我们无论遇到什么问题，无论我们有没有想好，按照它去做，至少能够不坏事。所以，在工作中，我总有意识地引导自己归纳、梳理恰当的工作模式。

在家校沟通训练中，我觉得最好的模式，就是组织家长和家长互相研讨、交流。我惊喜地发现，家长们聚在一起解决问题的方法实在太丰富了，同伴交流，进行思维碰撞，这本身就会带来最好的学习资源。

家长如何做一个合格的教育合伙人，家长面对孩子提出的种种问题如何进行有智慧的回答和沟通？我们均有固定的家长互助学习模式。这个模式的具体做法如下。

① 收集问题。让学生或家长把问题写在家校联系册上，由班主任整理出较为普遍或有代表性的问题。

② 随机分组。班级40个家长随机分组，5人一个小组，一共分为8个小组。为什么随机分组呢？随机分组的好处是，能够避免思维固化，大家能够获得更多的资讯。如果只在原来固定的小组，家长之间都比较熟悉，他们的思维就不会那么活跃与开放了。

③ 代表抽签。每组派一个代表上台抽签，选取其中一个问题。

④ 组内讨论。组内先用一分钟分工。记录员1名，质疑员1名，计时员1名，发言人1名，组织员1名。讨论10～15分钟，针对抽取的问题做出

回答。每个人先发言一分钟，然后有专人记录、提出质疑、做出修改。

⑤ 互动交流。按照顺序，每组派代表上台发言、交流，与各组互动，解答或回应其他关心的家长问题。这个环节大约10分钟。

⑥ 梳理总结。分组互动交流的时候，每个小组的记录员要记录下其他小组成员的建议、补充意见，梳理成自己小组问题的专项工具单。

⑦ 结果共享。全部分享完毕，家委会主任做小结，把大家整理出来的问题解决的基本流程和方法做成电子版，在家长群里共享。

每次家长会都这样做，只要培训两三次，家长就知道怎么配合了。

二、让智慧演变成工具条

每次交流，家长们中间都有很多充满智慧的点子诞生，为让这些个性化的点子能够变成普适性的工具，以后遇到同类问题的时候能够举一反三地操作，我逐步训练家长学会归纳和提炼。每次研讨，都借用"问题—情景—方法—工具单"的模型，把它们的智慧演变成工具。

下面是这些年我逐步积累的部分工具条。

问题1：如何应对孩子各类评优失败？

【案例情景】妈妈，我军训也很认真，为什么没有评上优秀？

第一小组发言代表：杜同学家长

首先，家长要肯定那些被评选上的同学在军训中表现确实比较优秀，引导孩子不能对评选上的同学心存嫉妒，要看到同学的优点。

其次，我们要认可自己的孩子，让孩子向我们表达自己的优秀在哪里，鼓励他罗列自己在军训中的优秀表现。家长也可以适当地提醒他做的不足之处，相信他以后可以做得更好。

最后，爸爸妈妈可以通过拥抱或者击掌等方法肯定孩子的优秀表现，并向他解释：评选优秀的名额有限，没有选上不表示教师和教官不认可。鼓励他保持自己的优秀之处，机会总是留给有准备的人，只要我们坚持做到最优，以后会有很多机会让孩子获奖。

另外，可以由爸爸妈妈给予一定的奖励，安慰一下孩子。

【工具条】肯定同伴—认可自己—坚持优秀—适当奖励。

问题2：家长如何协调处理师生矛盾？

【案例情景】爸爸，我很讨厌我的某科老师，明明我的作业已经很认真，她还要批评我，我不想看见她！

第二小组发言代表：姜同学家长

帮助孩子解决问题的过程也是成就孩子的过程。当孩子遇到此类情况，作为家长——

首先应该重视孩子的情绪反应，避免孩子产生不被重视的感受。

孩子反映老师对待不公是一种主观认知，是相对简单的思考，作为家长应该引导孩子理解事物的本质与影响，引导孩子换位思考，理解老师的不易和有可能产生的误会。

在与孩子达成正确共识的基础上，鼓励孩子面对问题，而非逃避。引导孩子思考解决办法并帮他出主意，让孩子在过程中提升对家长的信任度。在解决问题的过程中提升孩子的自信心，培养孩子积极乐观的人生态度。

【工具条】重视孩子的感受—引导换位思考—一起达成共识—适度改变观念。

问题3：如何应对孩子不想写作业？

【案例情景】今天的作业真多啊，尤其是某科的作业，烦死了！

第三小组发言代表：吴同学家长

倾听与安慰。先耐心地倾听一下孩子为什么今天的作业多，或者为什么这一科的作业多，对孩子表示理解，然后安慰孩子不要着急。

分析与共鸣。再跟孩子一起分析今天作业多或这一科作业多的主客观原因：如果确实是孩子本身对这一科的学习比较薄弱，平时要多注意加强学科思维培养；如果是因为本身临近考试导致今天这一科的作业多，可以帮助孩子做好时间管理，合理利用时间；如果是孩子觉得紧张，引导孩子释放紧张情绪，不要去特别关注此事，可以陪孩子吃顿大餐或者陪他去运动等。

鼓励与开导。鼓励孩子在作业多的情况下，也要按时完成目标，要有抗压能力。同时引导孩子们客观认识到，随着年龄的增长和学业难度的增大，需要有毅力和耐力去完成所有作业。

【工具条】倾听与安慰—分析与共鸣—鼓励与开导。

问题 4：如何应对孩子饮食上的挑剔？

【案例情景】我不想在学校上晚自习，饭菜不好吃，我要回家！

第四小组发言代表：章同学家长

我们先要回应一下孩子的问题。学校的饭菜不能和家里的定制款相比，但是和其他学校比较，有自己的大食堂，而且有很多可以自选的菜，还是很不错的。学校也一直在想方设法改善伙食，我们可以拭目以待啊。

了解孩子提出这样的问题，可能是为不去上晚自习找借口，毕竟在家里自由多了，因此，这个时候家长就要列举一些在学校上晚自习的好处：比如遇到不懂的问题可以随时向老师请教，同学们一起学习还能互相讨论、增进感情。

还要再说一些鼓励的话，比如自从上晚自习以来，明显效率提高。以前上小学的时候还要做作业做到晚上 9 点多，现在晚上 8 点就在学校完成。剩下的时间可以看课外书，还可以在小区里跑跑步、逛逛，挺不错的啊。

【工具条】回应关切—寻找优点—肯定当下—鼓励挑战。

限于篇幅，我只列举这么多。大家可以从中发现一个规律：每个问题解决，都有相应的主题、案例情景和家长的应对措施，而且，最重要的是，最后都能够用关键词概括、梳理问题的处理流程。

这个流程，就是我们普适性的工具条。以后遇到类似问题，都按照这个工具条操作，反复多次训练，不会解决问题的家长，也变成解决问题的高手了。

三、日常沟通中反复训练

问题解决的最大障碍，就是知易行难。有道是"纸上得来终觉浅，绝知此事要躬行"，好的工具诞生之后，如果不在实际生活与工作中持续使用，时间一长，也就被淡忘了。等到小问题积累成大问题，再来解决就难了。

请注意我说的关键词——"持续使用"。人都是有惰性的，能够一锤子买卖完成的事情，很多人不愿意重复第二次。这就导致很多好的沟通方法，如果不多次使用，就会变成束之高阁的"教条"和"经验"。看起来很好，实际不中用。

因此，好方法一旦形成共识，我会创造各种机会，让家长们在生活中反复运用、反复训练。

如何应对孩子在亲子沟通中的不良情绪？

1. 知识提示

在沟通的过程中，孩子接收到家长的信息，55%来自家长的面部表情和身体语言，38%来自家长的语气语调，只有7%的沟通信息来自语言表达的内容。因此，我们要尽量避免条件反射式的反应，避免暴力沟通，用低声的语言来做批评教育。

2. 方法指导

当我们在沟通中和孩子发生了不愉快的交流时，请注意用合适的言行，让孩子内心的"情绪、感受、期待"浮出水面，并巧妙地处理。如果遇到孩子情绪不好，请用下列模型去解决。

3. 具体流程

（1）倾听心声（此时不要打断，也不要提建议；一开始提建议会让孩子

觉得有挫败感）

（2）确认情绪（用复述的方式确认孩子委屈和困惑）

（3）理解共情（讲述自己的类似经历以示理解）

（4）阐述影响（引导孩子理解如果不解决这个问题将带来哪些影响）

（5）达成共识（明确我们谁也不想看到那样的结果）

（6）共同解决（启发孩子思考解决办法，并给出建议和解决方案）

（7）真诚赞美（赞美孩子的勇敢和智慧，让他有成就感和信心去解决问题）

（8）启动行动（持续关注）

（9）复盘总结（实施一段时间后，可选择阳光午后，漫步林荫时，和孩子一起总结全过程。提升孩子沟通能力的同时也让孩子与家长间的情感得以升华）

4.效果评价

孩子感觉好了，才是真的好。最后的检验标准，是孩子和家长都觉得舒服。

上述材料中最有价值的，就是具体流程。因为步骤多、操作要点有些复杂，如果不经常训练，临时有问题时就不一定铺得开。

所以，我每次在开家长会的时候，都会设置一个同类问题的情景，让家长们在活动中演练。多次演练之后，好方法就成为他们的习惯了。一般来说，我们班建班半个学期之后，就会有学生高兴地对我说："徐老师，我告诉您一个秘密——现在我爸爸妈妈的情商更高了！"

四、训练最佳调整机制

我们发现，家长在孩子跟前很容易情绪失控。一旦家长的情绪失控，很多好意就会变成坏结果，尤其是孩子不配合的时候，家长更容易恼羞成怒。当大人愤怒的时候，教育就终止了，剩下的只有对抗、躲避和彼此伤害。

如何跳出这个怪圈？我们需要训练家长在日常沟通中的心理调整机制。

亲子沟通中如何平衡家长和孩子的需求？

当孩子不配合的时候，我们得去想孩子想要什么。我们要积极地想办法去跟他合作，而不是想当然地觉得，他就应该满足我们的要求。拥有了这样一种心态，我们就能找到很多办法，既可以满足我们的需要，也可以满足孩子的需要。生活中并非"非此即彼"，还可以"既……又……甚至还……"。

解决问题的关键，在于家长在沟通中要平衡孩子想要的和自己想要的。

下面是具体平衡方法。

（1）分清一件事情，到底是孩子的需求，还是我们想让他做的。如果是孩子自己的需求，他自己就会去负责，如果是我们的需求，我们就要跟孩子寻求合作。

（2）把孩子该负责的事情还给他。有时候我们跟孩子之间的需求会混淆，比如说把控写作业的节奏，这是孩子自己的事儿。有时候家长会揽过来一遍又一遍地催促孩子，这时候就把写作业变成了家长的需求。怎么解决？把按时写作业、好好学习，变成他自己的需要。

如果是小一点的孩子，可以帮助他制订计划和制定规则，直面反馈。如果是比较大一点的孩子，我们就让他自己去掌控节奏。有的家长会担心让孩子掌控节奏，是不是什么都不管？不是，我们还是可以表达我们的期待和担心，这是我们的需要。

当孩子不配合我们的时候，就要意识到关系双方的需求常常是不一致的，这是一个正常现象，我们要学会自我心理暗示。

（3）面对矛盾，重要的是调整我们的心态和视角。"你想这样，而我希望那样。"这种矛盾经常会出现。我们要意识到，我跟孩子是两个独立的人，永远都不要去想："他怎么可以跟我想的不一样？肯定是他有问题。"这种心态下我们就会开始批评、指责、抱怨，双方都会叫苦连天。

> 这时候,我们得换一个视角想一想:他需要什么,我们就可以跟他去谈合作。既然是合作,就得有合作的态度和方法,现在我可以尝试改变……

什么叫修养?修炼自己的态度和格局,给别人以心理滋养,让人家愿意和你在一起,这就叫修养。这是我经常和家长们一起共勉的话。教育孩子是我们最大的人生使命,只有把我们的性格、格局、行为修养好了,孩子才会有更美好的未来。当家长明白这一点,训练他们的沟通技巧,就成为我和他们一起愿意做的事情了。

晓莉姐说

◆ 家长沟通技术的训练活动,本身就促进了家校之间的良好沟通。

◆ 教育需要爱,爱是需要表达和实践的,当爱变成方法和技巧,变成好的习惯,教育就真实地发生了。

晓贴士

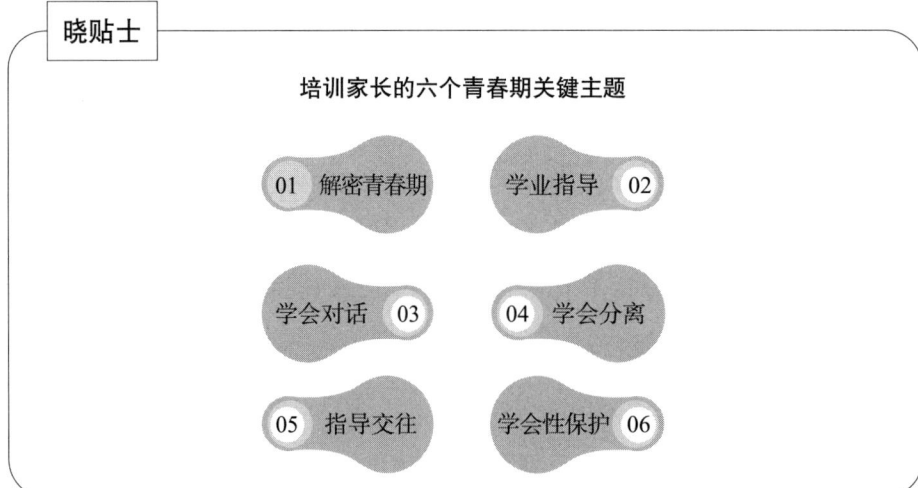

培训家长的六个青春期关键主题

01 解密青春期　　02 学业指导
03 学会对话　　　04 学会分离
05 指导交往　　　06 学会性保护

参考文献

[1] 崔庆珍. 卓越班主任生涯成长初期的困境审思[J]. 中小学班主任，2023（3）：16-18.

[2] 蒋凌雪. 以合伙人之名塑班主任角色之义——"班主任合伙人"教师管理团队的建设实践[J]. 江苏教育，2018（15）：52-54.

[3] 金庞. 新时代班主任的角色转变[J]. 江苏教育，2019（95）：19-21+27.

[4] 马克思. 哥达纲领批判[M]. 北京：人民出版社，2018.

[5] 陶丽娟. 初中班主任管理工作中运用沟通艺术的探究[J]. 学周刊，2023（20）：160-162.

[6] 田英. 幸福成长呼唤赋能型班主任[J]. 江苏教育，2021（92）：14-15.

[7] 王萌萌. 初中班主任教育领导力提升策略研究[J]. 黑龙江教育（理论与实践），2019（4）：33-34.

[8] 邢晖. 班主任有效指导家庭教育的策略[J]. 教学与管理，2020（2）：14.

[9] 徐晓莉. 发现让学生"善学""笃学""爱学"的金钥匙[J]. 人民教育，2022（7）：51-53.

[10] 徐晓莉. 让每次评优都成为好的教育契机[J]. 班主任之友（中学版），2021（5）：4-8.

[11] 徐晓莉. 五方赋能，助学困生摆脱困境[J]. 班主任，2020（12）：18-19.

[12] 曾琦，李月，刘艺，等. 班主任沟通能力的应用特征分析与发展建议[J]. 班主任，2021（6）：5-9.

[13] 朱建芳. 班主任家庭教育指导力提升的有效途径[J]. 科教文汇，2022（16）：21-23.

万千教育 基础教育类书目

书号	书名	著、译者	定价(元)
班主任工作理念与方法系列			
4576	做一个得力的班主任	徐晓莉 著	52.00
5170	班主任高效常规管理课32讲	郑学志 著	72.00
2877	班主任工作的60个"鬼点子"	刘坚新 郑学志 编著	52.00
2879	班主任与家长沟通的艺术 ——创建优质家校关系的60个策略	郑学志 著	52.00
2204	做一个会"偷懒"的班主任（第二版）	郑学志 著	48.00
1708	怎样教授道德才有效 ——德育心理学家给教师的建议	杨韶刚 等译	48.00
7316	把班级还给学生 ——班集体建设与管理的创新艺术	郑立平 著	26.00
7344	遭遇问题学生 ——问题学生的教育与转化技巧	万玮 编著	25.00
7317	魅力班会是怎样炼成的	杨兵 著	25.00
8631	家校沟通，没有痛过你不会懂 ——知名班主任梅洪建的心路历程	梅洪建 著	32.00
0539	如何上好班级心理辅导活动课 ——钟志农答疑50问	钟志农 著	42.00
9902	德育主任新方略	丁如许 著	32.00
8611	班主任工作中的心理效应	刘儒德 主编	35.00

1135	班主任有效沟通的艺术与技巧	李进成 著	36.00
9135	班主任，青春万岁——王君带班之道	王 君 著	34.00
8770	班主任如何带好差班	赵 坡 著	30.00
7926	教师必须掌握的教育惩戒艺术	郑立平 等著	28.00
7928	做一个聪明的班主任 ——对常见七类学生的教育艺术	郑立平 等著	28.00
班主任工作理念与方法系列合计			697.00
中学/中职班主任专业技能系列			
0938	好班是怎样炼成的 ——中学班主任班级建设之道	谢 云 主编	38.00
9882	初中主题班会设计技巧与优秀案例	郑学志 主编	34.00
9056	高中主题班会设计技巧与优秀案例	郑学志 主编	32.00
9557	打造高中卓越班级的42个策略	覃丽兰 著	38.00
9990	打造中职卓越班级的41个策略	李 迪 著	32.00
9905	中职主题班会设计技巧与优秀案例	李 迪 著	35.00
9604	中学德育问题与对策	李 季 贾高见 著	35.00
8463	中学班主任的70个临场应变技巧	刘令军 等著	34.00
中学/中职班主任专业技能系列合计			278.00

……

欲了解更多图书信息，请登录：www.wqedu.com

联系地址：北京市西城区三里河路6号院2号楼213室 万千教育

咨询电话：010-65181109，65262933

*本目录定价如有错误或变动，以实际出书为准。